CHINA

| 環境 | 社会 | 経済 |

中国都市ランキング
中心都市発展戦略
2017

中国国家発展改革委員会発展計画司+雲河都市研究院
周牧之+陳亜軍+徐林 編著　周牧之 訳

CITY INTEGRATED INDEX

NTT出版

中国城市综合发展指标2017
ZHONGGUO CHENGSHI ZONGHE FAZHAN ZHIBIAO 2017
——中心城市发展战略
周牧之　陈亚军　徐林　主编
人民出版社　出版发行
（100706　北京市东城区隆福寺街99号）

审图号：GS（2016）2609号

China Integrated City Index 2017
Copyright © 2017 by the Department of Development Planning of
the National Development and Reform Commission (NDRC) and
Cloud River Urban Research Institute
All rights reserved

Japanese translation published by arrangement with Cloud River Urban Research Institute

発刊にあたって

世界経済のパラダイムシフトと大都市化

周牧之
Zhou Muzhi
東京経済大学教授／経済学博士

　20世紀が「都市化の世紀」であるなら、21世紀はまさに「都市の世紀」、ひいては「大都市の世紀」である。

　20世紀、世界の都市人口は2.5億人から、10倍増の28億人にまで膨れ上がった。20世紀は地球規模での「都市化の世紀」と位置づけられよう。都市化率は猛然と高まり、都市化のスピードは勢いを増した。

　世界の都市人口は2008年、初めて農村人口を超え、地球は正真正銘の「都市惑星」となった。国連の予測によれば、世界人口は2050年に90億人に達し、都市人口は60億人を超えると見られている。

１．急激に進む大都市化、メガシティ化

　さらに注目すべきは、1980年代から急激に進んだ大都市化の潮流である。1980年から2015年までの35年間、人口が100万人以上増えた都市が全世界で何と274都市を数えた。その中で人口が250万人以上増えた都市が92都市、500万人以上増えた都市は35都市、さらに1,000万人以上増えた都市は11都市もあった。この間、同274都市で7.8億人もの人口が増えた。人類はかつてない勢いで大都市に集まった。

　今日、世界には1,000万人以上の人口を抱えるメガシティが29都市ある。この大半は1980年以降、急速に人口が膨れ上がってできたものである。この29都市のうち19都市が臨海型都市、8都市が内陸部に位置する首都で、2都市が内陸部の地域中心都市であった。臨海部あるいは首都などの中心都市であることが、都市経済巨大化の要であることを示している。

　大都市の爆発的発展は、世界経済のパラダイムシフトによって生まれた。1980年代以降、情報革命とグローバリゼーションとが相まって、異なる技術、異なる産業、異なる領域の間での大融合が起こった。同時にそれは、国と国、都市と都市、都市と農村の大融合も起こった。大融合は大変革を生み、大変革は大発展を引き起こした。交流と交易の上に立った融合と変革は、大都市を急速に発展させた。国民経済はまさにこの大融合によってその役割を弱め、これに対して大都市はグローバル化の波に乗り、世界経済の新しい主役として登場してきた。とりわけ沿海都市と行政センター都市は、その開放性、交通利便性そして各種のセンター機能をもって、大融合、大変革、大再編の大舞台となった。

2．中国の都市大発展は世界経済のパラダイムシフトの産物

　世界の大都市化、メガシティ化の時期は、ちょうど中国の改革開放期と重なった。上述の1980年から2015年までの間、中国で人口が100万人以上増えた都市が72に達し、世界の同様の都市の３分の１を占めた。その中で250万人以上増加した都市は中国で30都市を数え、これも世界のおよそ同３分の１を占めた。人口が500万人以上増えた都市は中国で12都市となり、これも世界の３分の１を超えた。都市人口が1,000万人以上増加したのは中国で５都市にのぼる。

　この間、中国の都市人口は3.8億人増加し、同時期、世界の都市人口増加分の３割を占めた。中国で人口が250万人以上増加した30都市の合計人口増加数は1.7億人に達し、同時期の世界同92都市の人口増加総量の３割を占めるに至った。

　さらに注目すべきは、中国の都市で人口が250万人以上増えた30都市（上海、北京、深圳、広州、重慶、天津、東莞、仏山、南京、成都、武漢、杭州、蘇州、西安、厦門、鄭州、汕頭、青島、ハルビン、中山、昆明、大連、長沙、瀋陽、済南、寧波、ウルムチ、南寧、合肥、福州）が、ことごとく首都、直轄市、省都など行政センター都市および沿海地区に集中していたことである。

　言うなれば、中国の急速な都市化、大都市化、メガロポリス化は世界の趨勢と高度に一致し、世界経済のパラダイムシフトの産物と言っても過言ではない。

3．イノベーションと起業の条件

　イノベーションと起業は、交流交易経済の大融合と大変革の時代に繁栄を生み出す重要なアプローチである。上場企業数はイノベーションと起業の進展を測る一つの重要な指数として捉えられる。筆者は〈中国都市総合発展指標2017〉を利用して、中国の地級市以上の297都市を対象とし、上海・深圳・香港の３証券取引所のメインボードに上場する企業数と都市の交通中枢機能、開放交流状況、各輻射力（都市の、ある機能を外部が利用する度合い）などとの相関関係を分析した。

　相関分析は、二つの要素の相互関連性の強弱を分析する手法である。「正」の相関係数は０－１の間で、係数が１に近いほど二つの要素の間の関連性が強い。中でも0.9－１の間は「完全な相関」、0.8－0.9は「非常に強い相関」、0.6－0.8は「強い相関」とする。

　分析の結果、上場企業と空港の利便性、コンテナ港の利便性、鉄道の利便性との相関係数は各々、0.79、0.7、0.66であった。つまり上場企業数と都市の各交通中枢機能とは「強い相関」にあった。

　また、上場企業と貨物輸出・輸入、実行ベース外資導入額、海外旅行客との相関係数は各々0.83、0.74、0.71に達した。つまり上場企業数と都市対外交流の各ファクターとは「強い相関」あるいは「非常に強い相関」にあった。

　さらに、上場企業と金融業輻射力、IT産業輻射力、卸売・小売輻射力、飲食・ホテル輻射力、科学技術輻射力、文化・スポーツ・娯楽輻射力、高等教育輻射力との相関係数は各々0.97、

0.93、0.89、0.88、0.88、0.86、0.84に達した。すなわち上場企業数と都市の各輻射力との間にはっきりした「非常に強い相関」あるいは「完全な相関」があった。ここでの輻射力とは、産業の広域影響力を評価する指標である。輻射力が高いことは、当該産業の外部への輸出・移出力が高いことを示す。

以上のことから、上場企業と交通中枢機能、開放交流、都市輻射力といった数多くの要素との間に、極めて強い相関関係があることがわかった。都市機能が豊富多彩なことが、企業の成長に大きな影響を与えている。つまり、都市における多種多様な要素の融合こそが、新時代の繁栄の基礎を形作っているのだ。

当然ながら、豊富で強大な都市機能は、都市人口を膨れ上がらせる。上場企業数とDID（人口集中地区）人口規模との相関係数は、0.85にまで高まり、「非常に強い相関」を示している。

もっとも、都市人口規模の膨張は、都市の積載力にかかわってくる。インフラ整備や都市マネジメント能力のレベルアップにより、都市は人口密度と人口規模の積載力を大幅に伸ばすことができる。1都3県から成る東京大都市圏を例にとると、1950年前後に1,000万人口を突破した同大都市圏は、環境汚染、交通渋滞、住宅不足、インフラ未整備などの「大都市病」に悩まされ、深刻な「過密」問題が起こった。これを受けて日本政府は人口と産業の東京一極集中の阻止を図る一連の政策措置を採り、一時は東京からの遷都さえ取り沙汰された。しかしながら、インフラ整備と都市マネジメント能力が上がり、都市としての積載力が大幅に高まったことで、東京大都市圏の人口規模は今や世界最大で3,800万人となった。同時に「大都市病」もほとんど弾け飛んだ。

4．決め手は都市の智力水準

とはいえ、世界各地にまだまだ「過密」問題で苦しむ大都市が沢山ある。例えばインドのニューデリー、ムンバイ、メキシコのメキシコシティ、エジプトのカイロ、バングラデシュのダッカ、パキスタンのカラチ、ナイジェリアのラゴス、ブラジルのリオデジャネイロなど発展途上国のメガシティは、巨大なスラム街を抱えたままにある。

同じような大規模人口を有していても、都市のパフォーマンスはまったくかけ離れている。これは都市発展にかかわる「智力水準」の格差ゆえであろう。都市智力とは、都市計画、インフラ整備、交通システム、エネルギーシステム、環境対策、そして富の分配などを含む都市のマネジメントとガバナンス能力である。

このような問題意識をもとに、〈中国都市総合発展指標〉は世界経済のパラダイムシフトと都市発展メカニズムを研究し、さらに膨大なデータ指標を用いて都市を評価することで、中国の都市「智力」アップにつなげたい。

５．〈中国都市総合発展指標2017〉の特色

　大都市化、メガロポリス化の本質は、すなわち中心都市の競争にある。都市のセンター機能の強化により、人、企業の吸引力と積載力を高めることが、中心都市の競争力を高める肝心要である。〈中国都市総合発展指標2016〉のメインレポートでは、「メガロポリスの発展戦略」に焦点をあてたが、続く〈中国都市総合発展指標2017〉では、「中心都市の発展戦略」をテーマとする。

　また、〈中国都市総合発展指標2017〉は〈同2016〉のフレームワークを継承した上、衛星リモートセンシングデータとビックデータの採用を増やし、指標の数を133から175へと大幅に増やした。評価システムとして一層の進化を目指した。

　さらに、〈中国都市総合発展指標2016〉はトップ20都市のランキングだけを公表していたのに対して、〈同2017〉では150都市のランキングを一気に公表し、読者の中国都市の分析をより広範囲にした。

　このように進化した〈中国都市総合発展指標2017〉が、都市センター機能の評価を通して、中心都市の発展を促し、世界に広がる大都市、メガシティ間競争において、参考となる指針を示すことができるよう願っている。

プロジェクトメンバー
中国都市総合発展指標2017

中国都市総合発展指標（CICI）＆中国中心都市指数（CCCI）専門委員長・本書編著者

周牧之	東京経済大学教授
陳亜軍	中国国家発展改革委員会発展計画司〔局〕司長〔局長〕
徐 林	中米グリーンファンド会長
	元中国国家発展改革委員会発展計画司司長

首席専門委員

楊偉民	中国人民政治協商会議全国委員会常務委員
	元中国共産党中央財経領導小組弁公室副主任

専門家委員（アルファベット順）

杜 平	中国第13次５カ年計画専門家委員会秘書長
	元中国国家信息センター常務副主任
胡存智	元中国国土資源部〔省〕副部長〔副大臣〕
南川秀樹	日本環境衛生センター理事長、元環境事務次官
李 昕	中国科学院研究員（教授）、中国人民政治協商会議北京市委員会副秘書長
明暁東	中国国家発展改革委員会発展計画司副司長
穆栄平	中国科学院創新発展研究センター主任
大西隆	豊橋技術科学大学学長、元日本学術会議会長、東京大学名誉教授
武内和彦	東京大学国際高等研究所サステイナビリティ学連携研究機構機構長・特任教授
	中央環境審議会会長、元国際連合大学上級副学長
山本和彦	元森ビル都市企画代表取締役社長
横山禎徳	東京大学EMP特任教授、元マッキンゼー東京支社長
岳修虎	中国国家発展改革委員会価格司司長
張仲梁	中国国家統計局社会科学技術文化産業司司長
周其仁	北京大学教授

雲河都市研究院CICI＆CCCI開発実務チーム主要メンバー

杉田正明	雲河都市研究院研究主幹
甄雪華	雲河都市研究院主任研究員
栗本賢一	雲河都市研究院主任研究員
数野純哉	雲河都市研究院主任研究員
趙 建	雲河都市研究院主任研究員

企画協力：東京経済大学周牧之研究室、株式会社ズノー

環境・社会・経済
中国都市ランキング2017〈中心都市発展戦略〉

発刊にあたって	周牧之	i
プロジェクトメンバー		v
日本語版刊行によせて	中井徳太郎／陳亜軍／徐林	ix

第1部　〈中国都市総合発展指標〉と都市ランキング　　1

第1章　〈中国都市総合発展指標〉とは　　3

　　1　指標対象都市　　4
　　2　指標構成　　8
　　3　指標ランキング方法　　11
　　4　指標一覧表　　12

第2章　中国都市ランキング｜トップ150都市　　15

　　1　総合ランキング　　16
　　2　環境ランキング　　20
　　3　社会ランキング　　24
　　4　経済ランキング　　28

第3章　中国都市ランキング｜トップ10都市分析　　33

　　第1位　北京市　　34
　　第2位　上海市　　44
　　第3位　深圳市　　54
　　第4位　広州市　　64
　　第5位　天津市　　74
　　第6位　重慶市　　84
　　第7位　杭州市　　94
　　第8位　蘇州市　　104
　　第9位　南京市　　114
　　第10位　成都市　　124

第4章 図で見る中国都市パフォーマンス　　135

 1 GDP規模　　136
 2 DID人口　　137
 3 人口流動：流入　　138
 4 人口流動：流出　　139
 5 規模以上工業産出額　　140
 6 貨物輸出額　　141
 7 コンテナ港利便性　　142
 8 空港利便性　　143
 9 空気質指数（AQI）　　144
 10 $PM_{2.5}$指数　　145
 11 降雨量　　146
 12 1人当たり水資源量　　147
 13 森林面積率　　148
 14 耕作面積比率　　149
 15 気候快適度　　150
 16 歴史遺産　　151
 17 国内旅行客　　152
 18 海外旅行客　　153
 19 メインボード上場企業　　154
 20 金融業輻射力　　155
 21 製造業輻射力　　156
 22 IT産業輻射力　　157
 23 高等教育輻射力　　158
 24 科学技術輻射力　　159
 25 医療輻射力　　160
 26 文化・スポーツ・娯楽輻射力　　161
 27 飲食・ホテル輻射力　　162
 28 卸売・小売輻射力　　163

第2部　メインレポートとレビュー		165
第5章　メインレポート｜中心都市発展戦略	周牧之	167
1　メガシティ時代		168
2　東京大都市圏の経験		175
3　中心都市指数の意義と構造		187
4　中国中心都市指数総合ランキング		190
5　中国中心都市指数総合ランキングトップ20都市分析		193
第6章　専門家レビュー		225
1　集中化かそれとも分散化？	張仲梁	226
2　中心都市の「移動」戦略	横山禎徳	233
3　コンパクトシティとスマートシティ	森本章倫	236
4　「集中化」と「分散化」のバランスを如何に	李昕	240
巻末資料　指標項目詳細		243

日本語版刊行によせて

生態環境社会への移行に寄与

中井 徳太郎

Nakai Tokutaro
環境省総合環境政策統括官

　気候変動・地球温暖化の影響が深刻化し、猛暑や豪雨、巨大ハリケーンなどによる人的・物的災害が大きな経済・社会的負担となり、異常気象を日々実感する状況が地球全体に及んでいる。2015年、国際社会は地球エコシステムと人類社会の未来への危機感を共有し、2つのエポックメーキングな合意に至った。すなわち、21世紀中に脱炭素化を実現し地球温暖化を2℃までにくい止める目標を掲げるパリ協定と、「環境・経済・社会」の17の目標を掲げ2030年までにその統合的達成を目指す国連の持続可能な開発目標（SDGs）である。

　2018年4月、我が国が閣議決定した第5次環境基本計画では、パリ協定とSDGsという世界の大潮流を受け止め、目指すべき脱炭素でSDGsを実現するサステナブルな経済・社会の姿として「地域循環共生圏」を提唱し、これが実現する真に持続可能な循環共生型の社会である「環境・生命文明社会」を目指すとしている。

　「地域循環共生圏」とは、情報通信技術をはじめテクノロジーをフル活用し、各地域において再生エネルギーや衣食住を支える地域資源の活用をすることで自立・分散型の地域を形成しつつ、地域の特性に応じた人的・物的資源を補完し支え合うネットワークをつくりだすことで、脱炭素でサステナブルな循環共生型の経済・社会構造を目指すものである。森里川海といった自然資本に支えられ、水の循環系に象徴される自然のエコシステムの一部として人類は生存しているという原点にまで立ち返って、この人類生存の基盤であるエコシステムが、テクノロジーの有効活用によりそのポテンシャルを発揮し、いかに健全でありうるかという視点で地域や経済・社会をとらえ直すものである。循環・共生という生命・生態系の基本原理すなわち自然界の摂理に人類活動が調和することにより、地下資源依存型の大量生産・大量消費・大量廃棄の経済から脱却し、結果的に脱炭素が達成されることになる。日本の産業界はテクノロジーが切り拓く調和型の未来社会Society5.0を提唱しているが、「地域循環共生圏」とはSociety5.0が描くスマート・テクノロジーの展開を地域において具体化するものに他ならない。この「地域循環共生圏」に向かった経済・社会の資源配分シフトが今後数十年規模で起こるであろうし、またそれを加速しなければならない。そしてこのシフトこそが世界の新たな成長の原動力となるであろう。中国では一足先に「生態文明建設」を国家方針として掲げたが、我が国からの「環境・生命文明社会」の創造、それを具体化する「地域循環共生圏」はまさしくこれと軌を一にしており、今後日本から世界に発信していくこととしている。

　パリ協定により、今世紀後半には従来通りには化石燃料を燃やせない時代が到来するという

コンセンサスが共有される中で、すでに脱炭素でSDGsを実現するサステナブルな経済・社会を目指したビジネスの潮流が世界において主流化し、産業構造、経済・社会システムの転換が始まっている。そして、これを金融面で牽引しているのが、ESG投資の顕著な拡大である。2015年のパリ協定とSDGsの採択以降、ESG投資は世界で急拡大をしている。日本のESG投資が世界に占めるウエイトはまだ小さいものの直近の2年で2.4倍になった。またこの文脈で大手の金融機関や機関投資家が石炭関連投融資から撤退するダイベストメントも広がっている。このような資金の流れの潮流により、脱炭素でサステナブルな経済・社会に沿ったビジネスが成長すると同時に、これに逆行するビジネスは、資金調達等が困難になってきている。また、主要なグローバル大企業が、事業活動に必要なエネルギーを全て再生エネルギーで賄うことを目指すRE100に参画してきており、参画企業数は今後さらに増えていくと見られる。この動きはサプライチェーン全体での動きになりつつあり、調達先となる地域の企業で環境経営に優れたところにはグローバル大企業からも注文が入る一方で、環境面で遅れた企業はサプライチェーンから外されるということが現実になってきている。

　21世紀は本書『中国都市ランキング』が指摘するように「大都市の世紀」である。グローバルな資源獲得、生産、流通上の便益や効率性を求めての競争の結果、本書の研究対象である中国をはじめ、世界においては人口移動とビジネスの集中が都市化をもたらした。都市機能の充実が更なる大都市化につながり、周牧之教授が早くから着目してきたようにメガロポリス化は世界の必然の趨勢であった。そのプロセスが進む中で世界は気候変動や資源枯渇をはじめとした環境制約に直面した。今やこの環境制約に目覚めることで人類の文明パラダイムの転換が起きつつある。今後の都市においては、脱炭素化とSDGsの要請を受けて、都市のサステナブルなエコシステムの構築が最重要課題となり、それへの移行こそが新たな成長をもたらすであろう。「環境、社会、経済」の三大項目で構成される本書の〈中国都市総合発展指標〉が「生態環境」を広義に評価し、指標化によりその質的充実度を促す役割を担うことは極めて重要である。

　SDGsの国連での採択以前から、都市化という大潮流の中でいかに生態環境調和を実現するかという問題意識を持ち、周牧之教授を統括プロデューサーに、我が国環境省と中国国家発展改革委員会発展計画司の協力プロジェクトとして、環境、社会、経済のトータルな観点で都市を評価することを研究してきた。その研究がベースになり、〈中国都市総合発展指標〉がサステナブルな経済・社会への移行に寄与すべく発展していることを心から喜びたい。

プロフィール
中井徳太郎（なかい とくたろう）
1962年生まれ。大蔵省（当時）入省後、主計局主査などを経て、富山県庁へ出向中に日本海学の確立・普及に携わる。財務省広報室長、東京大学医科学研究所教授、金融庁監督局協同組織金融室長、財務省理財局計画官、財務省主計局主計官（農林水産省担当）、環境省総合環境政策局総務課長、環境省大臣官房会計課長、環境省大臣官房環境政策官兼秘書課長、環境省大臣官房審議官、環境省廃棄物・リサイクル対策部長を経て、2017年より現職。

発展する都市と発展する指標

陳亜軍
Chen Yajun
中国国家発展改革委員会発展計画司司長
管理学博士

　世界は「フラットではない」。アメリカ、EU、日本を代表とする先進国は世界経済の中で主導的な地位を占め、大多数の発展途上国は従属的地位にある。こうした「不均衡」は、一国の中でも見られる。世界銀行の『2009年世界発展報告』は、都市を単位に地域発展の差異を図解し、その驚くべき格差を示した。例えば、東京大都市圏は世界最大の"都市"で、人口は3,800万人にも達し、3.6%の国土面積で日本の32.3%のGDPを生み出している。また日本全国の上場企業の58.2%、科学技術者の68.7%、そして特許取得数の60.6%がこの大都市圏に集中している。大都市は内外から人材、資金、企業を吸収し、急激に膨張している。これに対して他の地方都市の発展は相対的に不十分で、都市間の格差は時に国家間の格差さえ超える勢いで広がっている。

　この意味では、中国もまた「フラットではない」。

　中国では「黒河・騰衝線（胡煥庸線）」[1] 東南側に位置する43%の国土に、なんと94%の人口が集中している。これに対して、国土の57%に当たる西北地域にはわずか6%の人しか住んでいない。これが中国の空間構造の最も基本的な特徴である。

　また、「胡煥庸線」東南側でさえ、内部の差異は顕著で、都市と農村、そして都市間においてその発展水準の格差は極めて大きい。

　2016年、上海の常住人口は2,419万人で1人当たりGDPは約11.4万元であったのに、安徽省の省都合肥の常住人口が786万人で1人当たりGDPは約8万元、貴州省の省都貴陽の常住人口は469万人で1人当たりGDPは僅か約6.8万元である。3都市の人口規模および1人当たりGDPの格差は極めて大きい。しかし、これは省都以上の中心都市の比較であり、中心都市とその他の地方都市とを比較すると、その格差は尚、著しい。

　もちろん、GDPという単一的な指標による描写だけでは人を納得させることはなかなか難しい。願わくば、都市発展の実態をしっかり反映できる総合的な指標が必要である。数多くの領域の差異を整理し、より総合的に都市の差異を反映させる指標であることが望ましい。こうした指標は、都市の現状を知り、ビジョンを描き、そして公共政策を導入することに役立つ。

1　黒河・騰衝線とは、中国東北部国境の黒竜江省黒河市から、西南部国境の雲南省保山市騰衝市まで、地図上で引いた線で、中国人口分布の極端な偏りを示す。中国の人口地理学者・胡煥庸が1933年に提唱した。璦琿・騰衝線、あるいは提唱者の名をとって胡煥庸線とも呼ばれる。

中国国家発展改革委員会発展計画司と雲河都市研究院が協力して開発した〈中国都市総合発展指標〉は、まさしく先駆的な都市総合指標である。

　同指標は、都市発展の国際的経験に鑑み、環境、社会、経済を3つの主軸に都市を評価する。それによって中国の都市をより環境に優しく、彩りある社会につなげ、イノベーティブな産業活動を促せるよう期待したい。

　〈中国都市総合発展指標〉は指標を用いて、都市発展の水準を評価し、データを活用して都市発展の方向を探る目的で開発された。都市発展は、動態的過程で、それに影響が及ぶ要素はきわめて複雑であり、さまざまな評価手法が有り得る。同指標はこれに一石を投じるものである。

　今後、進む情報化が「不均衡」をさらに複雑化させるだろう。ビックデータや人口知能など現代技術が都市発展構造に与える影響もさらに広がる。

　中心都市は、最新技術開発と応用における優位性でその集約趨勢はさらに強まるであろう。中小都市も、情報技術を利用し、その低コスト空間における優位性を活かせる道を見つけられるよう願いたい。

　その意味では、〈中国都市総合発展指標〉が、都市発展における変化に対してリアリティのある追跡を行うことが重要な意味を持つ。

　中国では将来、個々の都市の単独発展よりは、都市が連携するメガロポリス的な発展がメインになるだろう。情報ネットワークと交通インフラ整備によって、都市間におけるさまざまな機能の共有が進んでいく。〈中国都市総合発展指標〉の評価対象は個々の都市より、メガロポリスへと重点を移していくだろう。

　都市の発展メカニズムの変化に応じて、〈中国都市総合発展指標〉も進化していく。

中国の発展は都市化のクオリティ向上で

徐　林
Xu Lin
中米グリーンファンド会長
元中国国家発展改革委員会発展計画司司長
経済学修士／公共管理学修士

　都市化は、過去40年における中国経済社会高速発展の原動力の一つである。なぜなら都市化の本質は構造改革であり、都市と地域の制約を超え、人口の流動性と再配置が促されるからである。改革開放以来、中国は人類史上最もハイスピードな都市化を経験した。40年間で、中国の都市化率は年平均1％ポイント向上してきた。その結果、現在、都市化率は57.4％に達し、都市の常住人口は7.9億人に膨れ上がった。

　2017年に開催した中国共産党第19回全国代表大会は、中国がすでに高度成長からハイクオリティな発展にシフトする段階にあると宣言した。ハイクオリティな発展には、ハイクオリティな都市化と都市発展が必要である。その意味では今後なお、都市化は中国のさらなる発展の重要なエンジンとなる。

1. 問題と挑戦
　中国の急速な都市化の中で、軽視できない問題も数多く累積している。

（1）数多くの都市常住人口が市民化されず、都市内部で二元構造が発生
　目下、中国では農村から都市へ移動した人口が約2.7億人に達し、また戸籍の移動を伴わない都市間移動の人口も8,000万人以上いる。問題なのは、戸籍制度が障害となり、こうした人々が居住都市で市民待遇を受けられず、単なる労働力として利用され、社会的に公平な福祉の待遇を受けられないまま差別されていることである。彼らは事実上、中国の都市発展に多大な犠牲を強いられている。都市繁栄の背後には、こうした人々の辛酸、犠牲、そして諦めがある。非戸籍住民にとって都市には市民感覚が持てず、生活の安定感を欠いている。

（2）拡がる都市空間の非効率利用
　中国の多くの都市では、数多くの工業園区、新区そしてニューシティが計画されている。過剰な開発がゴーストタウン、旧市街地の空洞化などの問題をもたらしている。これまで「土地の都市化が人口の都市化」より進んだことで、都市の土地利用率を低下させてきた。こうした傾向をもたらした地方財政における土地売買への依存などについて真剣に改革していく必要がある。

（3）過剰なインフラ整備

　野心的な都市計画は往々にして過大なインフラ投資を生む。過剰なインフラ整備は、現在、中国の地方政府の債務負担を増大させる大きな要因となっている。

（4）都市の開放性と寛容性の欠如

　中国では大規模人口のマネージメントに対する憂慮から、都市の人口規模が大きくなればなるほど開放性と寛容性が低くなる現象がある。このような開放性と寛容性を犠牲にするような都市のマネージメントは、都市の活力と創造力を弱めている。

（5）都市計画における先見性の欠如

　中国では都市計画における先見性が欠如している。人口予測は過小であったり過大であったりする場合が多く、都市建設はそれに翻弄されている。背後には、都市発展のメカニズムに対する理解のなさがある。

（6）産業構造転換の遅れ

　中国では、計画経済時代に作り上げられた工業都市と資源開発型都市が多数ある。これらの都市では産業構造の転換が遅れ、産業力の低下に伴い、人口が外部へと流出し、衰退の危機にさらされている。

２．方向性と施策

　中国の都市化と都市発展のクオリティの向上をはかるには、下記の方向性と施策が必要だ。

（1）農村からの移動人口の市民化

　中国共産党第19回全国代表大会では、農村からの移動人口の市民化の加速を明確に求めた。すべての都市がこの施策に基づき、すでに都市で安定して就業し暮らしている農村からの移動人口に対し、都市戸籍登録をするかしないかを自主的に選ぶ権利を与えるべきである。

　人口流動が主として経済の遅れた地域から経済発展地域へと進むことから、移動人口の市民化は、中国経済の空間分布と人口の空間分布の最適化をはかることから始まる。ゆえに数多くの農村人口が都市に移動し、多彩な現代文明の薫陶を受け、子女の教育条件が改善されれば、中国人口の質的向上と現代化とに大いに役立つであろう。

（2）都市産業の強化

　都市は絶えまない産業高度化を通して持続発展を可能とする。ただし、これは政府が直接産業に投資することを意味するものではない。政府がなすべきことは、インフラ整備や人材育成

を含むビジネス環境の整備である。

(3) 都市マネージメントの改善

都市社会は市民社会である。この意味では、都市マネージメントに住民参画を促すべきである。これは都市の開放性と寛容性そして吸引力の根源となる。現在、世界で最も活力があり、イノベーティブな都市はすべて開放的で寛容性のある都市である。中国も例外ではない。なぜイノベーティブな人材と企業が深圳に集積するかというと、深圳が移民都市であり、中国の他の都市と比べて、より開放性と寛容性を備えているからである。

(4) メガロポリス主体の都市空間作り

メガロポリスを主体とした大中小都市を協調発展させる都市空間作りを進めるべきである。そのために都市計画の理念、制度、方法の改革を加速しなければならない。メガロポリスのフレームワークの中で、個々の都市の経済産業、インフラ整備、生態保護、社会生活などを総合的にとらえ、最適化を図るべきである。

(5) 新たな都市インフラ整備融資制度

都市インフラ整備は膨大な投資を必要とする。現在、中国の多くの都市ではインフラ整備における融資困難と、都市の債務リスクの双方を抱えている。その原因の一つは、都市インフラ建設の規模が過大で、投資規模と債務規模を拡大したことにある。もう一つは、有効な投融資メカニズムの欠如である。ゆえに、都市インフラ整備における新しい投融資制度の開発が必須である。

(6) 都市建築の品質向上

中国は40年間で都市化率を40％引き上げた。各都市で建築物が雨後の筍のように立ち並んでいる。世界でも例を見ない巨大な建設ラッシュが中国で起こっている。しかし現在、建築物の品質問題も露呈している。ゆえに中国は都市建築の品質向上を急がなければならない。建築設計と工事標準を迅速に改め、建築物の耐久年数を上げ、低炭素かつ省エネを標準とすべきである。

3.〈中国都市総合発展指標〉の意義

上述したように、都市化と都市発展のクオリティは極めて総合的な概念である。この問題に取り掛かるにあたり、私たち中国国家発展改革委員会発展計画司は東京経済大学の周牧之教授が率いる雲河都市研究院と協力し、〈中国都市総合発展指標〉を開発した。中国の地級市以上の297都市を統一された指標システムによって評価し、総合的に都市発展クオリティをはかることができた。

もちろん、指標体系自身も都市評価を通じて議論し改善し続けるべきであろう。最も大切なのは、こうした評価の継続である。それによって、都市の発展クオリティを年毎にシステマティックに観測できると同時に、時間軸に沿って都市発展の歴史も記録できる。

第1部 〈中国都市総合発展指標〉と都市ランキング

1 〈中国都市総合発展指標〉とは

1. 指標対象都市

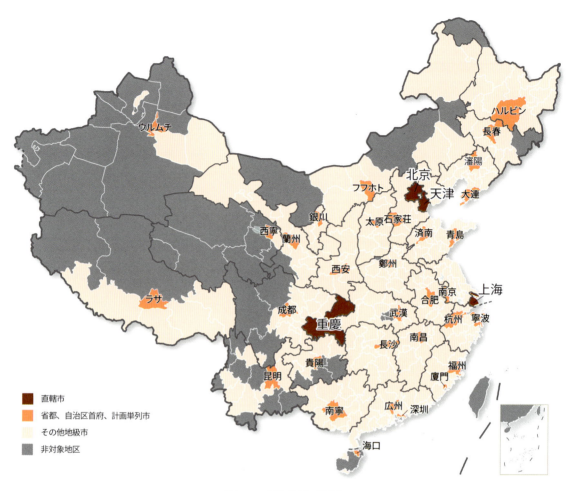

図1-1　指標対象都市[1]

指標対象都市

〈中国都市総合発展指標2017〉は、山南地区とクムル地区の地級市への昇格を受け、新たにこの2都市を加え、297地級市（地区級市）以上の都市を研究分析および評価対象とする。すなわち以下の直轄市、省都、地級市の行政区分を対象都市としている（図1-1、1-2参照）。

- 直轄市（4都市：北京市、天津市、上海市、重慶市）
- 省都・自治区首府（27都市：石家荘市、太原市、フフホト市、瀋陽市、長春市、ハルビン市、南京市、杭州市、合肥市、福州市、南昌市、済南市、鄭州市、武漢市、長沙市、広州市、南寧市、海口市、成都市、貴陽市、昆明市、ラサ市、西安市、蘭州市、西寧市、銀川市、ウルムチ市）
- 計画単列市（5都市：大連、青島市、寧波市、厦門市、深圳市）
- その他地級市（261都市）

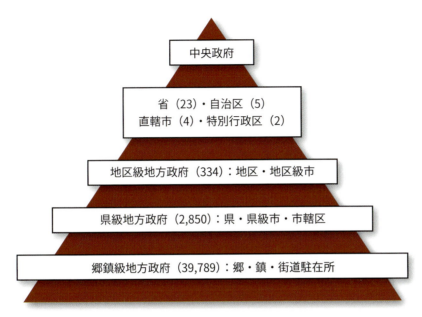

図1-2　中国の行政階層

出典：中国国家統計局『中国統計年鑑』、国土資源部資料より作成。

中国の行政区分

　現在、中国の地方政府には省・自治区・直轄市・特別行政区といった「省級政府」と、地区級、県級、郷鎮級という4つの階層に分かれる「地方政府」がある。都市の中にも、北京、上海のような「直轄市」、蘇州、無錫のような「地級市（地区級市）」、昆山、江陰のような「県級市」の3つの階層がある。

　なお、地級市は市と称するものの、都市部と周辺の農村部を含む比較的大きな行政単位であり、人口や面積の規模は、日本の市より県に近い。

　また、地級市の中でも有力な市は「計画単列市」と称され、行政管理上「直轄市」に準じる権限が与えられている。日本で言えば、政令指定都市に似た扱いの都市である。現在、計画単列市は、大連、青島、寧波、廈門、深圳の5都市である。

1　図1-1は、〈中国都市総合発展指標2017〉のデータより作成。本書では、特に明記のない限り、データはすべて〈中国都市総合発展指標2017〉によるものである。なお、本書の中で使用するすべての地図は指標の意図を視覚的に表現する意味で作成した「参考図」であり、本来の意味での地図ではない。

表1-1　指標対象都市一覧表

地　級　市　以　上			
華北地区 33都市	**東北地区** 34都市	**華東地区** 78都市	
北京市（直轄市）	**遼寧省** 14都市	**上海市**（直轄市）	**江蘇省** 13都市
天津市（直轄市）	瀋陽市（省都） 大連市（計画単列市） 鞍山市 撫順市 本渓市 丹東市 錦州市 営口市 阜新市 遼陽市 盤錦市 鉄嶺市 朝陽市 葫芦島市	**福建省** 9都市	南京市（省都） 無錫市 徐州市 常州市 蘇州市 南通市 連雲港市 淮安市 塩城市 揚州市 鎮江市 泰州市 宿遷市
河北省 11都市		福州市（省都） 廈門市（計画単列市） 莆田市 三明市 泉州市 漳州市 南平市 竜岩市 寧徳市	
石家荘市（省都） 唐山市 秦皇島市 邯鄲市 邢台市 保定市 張家口市 承徳市 滄州市 廊坊市 衡水市		**江西省** 11都市	**浙江省** 11都市
	吉林省 8都市	南昌市（省都） 景徳鎮市 萍郷市 九江市 新余市 鷹潭市 贛州市 吉安市 宜春市 撫州市 上饒市	杭州市（省都） 寧波市（計画単列市） 温州市 嘉興市 湖州市 紹興市 金華市 衢州市 舟山市 台州市 麗水市
山西省 11都市	長春市（省都） 吉林市 四平市 遼源市 通化市 白山市 松原市 白城市		
太原市（省都） 大同市 陽泉市 長治市 晋城市 朔州市 晋中市 運城市 忻州市 臨汾市 呂梁市		**山東省** 17都市	**安徽省** 16都市
	黒竜江省 12都市		
内モンゴル自治区 9都市	ハルビン市（省都） チチハル市 鶏西市 鶴崗市 双鴨山市 大慶市 伊春市 ジャムス市 七台河市 牡丹江市 黒河市 綏化市	済南市（省都） 青島市（計画単列市） 淄博市 棗荘市 東営市 煙台市 濰坊市 済寧市 泰安市 威海市 日照市 莱蕪市 臨沂市 徳州市 聊城市 浜州市 菏沢市	合肥市（省都） 蕪湖市 蚌埠市 淮南市 馬鞍山市 淮北市 銅陵市 安慶市 黄山市 滁州市 阜陽市 宿州市 六安市 亳州市 池州市 宣城市
フフホト市（自治区首府） 包頭市 烏海市 赤峰市 通遼市 オルドス市 フルンボイル市 バヤンノール市 ウランチャブ市			

の都市（297都市）

華中地区 42都市	華南地区 39都市	西南地区 38都市	西北地区 33都市
河南省 17都市 鄭州市（省都） 開封市 洛陽市 平頂山市 安陽市 鶴壁市 新郷市 焦作市 濮陽市 許昌市 漯河市 三門峡市 南陽市 商丘市 信陽市 周口市 駐馬店市 **湖北省 12都市** 武漢市（省都） 黄石市 十堰市 宜昌市 襄陽市 鄂州市 荊門市 孝感市 荊州市 黄岡市 咸寧市 随州市 **湖南省 13都市** 長沙市（省都） 株洲市 湘潭市 衡陽市 邵陽市 岳陽市 常徳市 張家界市 益陽市 郴州市 永州市 懐化市 婁底市	**広東省 21都市** 広州市（省都） 韶関市 深圳市（計画単列市） 珠海市 汕頭市 仏山市 江門市 湛江市 茂名市 肇慶市 恵州市 梅州市 汕尾市 河源市 陽江市 清遠市 東莞市 中山市 潮州市 揭陽市 雲浮市 **広西チワン族自治区 14都市** 南寧市（自治区首府） 柳州市 桂林市 梧州市 北海市 防城港市 欽州市 貴港市 玉林市 百色市 賀州市 河池市 来賓市 崇左市 **海南省 4都市** 海口市（省都） 三亜市 三沙市 儋州市	**重慶市（直轄市）** **四川省 18都市** 成都市（省都） 自貢市 攀枝花市 瀘州市 徳陽市 綿陽市 広元市 遂寧市 内江市 楽山市 南充市 眉山市 宜賓市 広安市 達州市 雅安市 巴中市 資陽市 **貴州省 6都市** 貴陽市（省都） 六盤水市 遵義市 安順市 畢節市 銅仁市 **雲南省 8都市** 昆明市（省都） 曲靖市 玉溪市 保山市 昭通市 麗江市 普洱市 臨滄市 **チベット自治区 5都市** ラサ市（自治区首府） シガツェ市 チャムド市 ニンティ市 山南市	**陝西省 10都市** 西安市（省都） 銅川市 宝鶏市 咸陽市 渭南市 延安市 漢中市 楡林市 安康市 商洛市 **甘粛省 12都市** 蘭州市（省都） 嘉峪関市 金昌市 白銀市 天水市 武威市 張掖市 平涼市 酒泉市 慶陽市 定西市 隴南市 **青海省 2都市** 西寧市（省都） 海東市 **寧夏回族自治区 5都市** 銀川市（自治区首府） 石嘴山市 呉忠市 固原市 中衛市 **新疆ウイグル自治区 4都市** ウルムチ市（自治区首府） カラマイ市 トルファン市 クムル市

2. 指標構成

指標構成

〈中国都市総合発展指標2017〉は、2016年版と同様、環境・社会・経済のトリプルボトムライン（TBL：Triple Bottom Line）の観点から都市の持続可能な発展を立体的に評価・分析している。

ここで言うトリプルボトムラインとはある種の持続可能性を評価する代表的な方法であり、「環境」「社会」「経済」の３つの軸で人々の活動を評価するものである。国連持続可能な開発会議（UNCSD：United Nations Conference on Sustainable Development）が発表した「持続可能な発展指標（SDIs）」、2015年９月の国連サミットで採択された「持続可能な開発目標（SDGs）」をはじめ、世界の多くの持続可能性に関する調査研究がトリプルボトムラインによって評価されている。一つの大国の全都市をトリプルボトムラインによって評価した〈中国都市総合発展指標〉は、先駆的な取り組みである。

３×３×３構造

〈中国都市総合発展指標2017〉は2016年版の「３×３×３構造」を踏襲している。指標体系は環境、社会、経済の各三大項目が、それぞれ３つの中項目で構成され、計９つの中項目指標がさらに各々３つの小項目で構成されている。すなわち、大、中、小項目、合計39項目の指標で構成され、簡潔明瞭なピラミッド型の「３×３×３構造」となっている。この明快な構造を通して、複雑な都市の状況を全方位的に定量化し、可視化して分析を行っている。

中項目	小項目
自然生態 Natural Ecology	水土賦存 Soil and Water Condition 気候条件 Climate Condition 自然災害 Natural Disaster
環境品質 Environmental Quality	汚染負荷 Pollution Load 環境努力 Environmental Protection Effort 資源効率 Resource Efficiency
空間構造 Spatial Structure	コンパクトシティ Compact City 交通ネットワーク Transportation Network 都市インフラ Urban Facilities
ステータス・ガバナンス Status and Governance	都市地位 City Status 人口資質 Quality of Population 社会マネジメント Social Management
伝承・交流 Inheritance and Exchange	歴史遺産 Historical Relics 文化娯楽 Cultural and Entertainment 人的交流 Personal Exchange
生活品質 Quality of Life	居住環境 Residential Environment 消費水準 Level of Consumption 生活サービス Life Services
経済品質 Quality of Economic Development	経済規模 Economic Scale 経済構造 Economic Structure 経済効率 Economic Efficiency
発展活力 Dynamic Development	ビジネス環境 Business Environment 開放度 Openness イノベーション・起業 Innovation and Entrepreneurship
都市影響 Urban Influence	都市農村共生 Urban and Rural Integration 広域中枢機能 Wide-area Hab 広域輻射力 Core Influence

図1-3　中国都市総合発展指標構造図

データサポート

　〈中国都市総合発展指標2017〉は、2016年版133項目の指標データに対して大幅な増補を行った。衛星リモートセンシングデータとビックデータの利用をさらに強化し、最終的に175項目の指標データにより「3×3×3構造」を支え、より多角的で正確な指標体系を確立した。各大項目に使用した指標データは、環境56項目、社会55項目、経済64項目から構成されている。環境大項目を例にとれば、新たに追加された衛星リモートセンシングデータは、生態資源をより包括的かつ正確に把握している。2016年版の生態資源は、1人当たりでの評価を重視していたが、2017年版では総量の評価を重視した。同時に各地で、空気汚染の状況が改善されたことを受け、2017年の空気汚染指標の重みづけを調整した。これらの改善と変更は、環境の主要都市のランキングに一定の影響を与えた。

　にもかかわらず、スピアマンの相関係数を用いた2016年と2017年のランキングの比較分析では、総合ランキング、環境ランキング、社会ランキング、経済ランキングの相関係数がそれぞれ0.94、0.87、0.90、0.88と高いことがわかった。指標データの増減や重みづけの調整は実施されているものの、総合ランキングの安定性は保たれた。

3. 指標ランキング方法

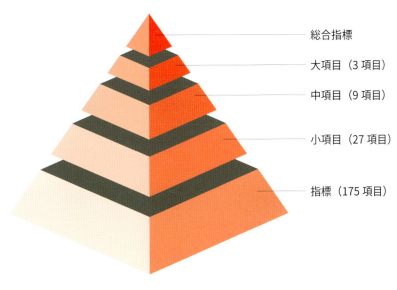

図1-4　指標構成概念図

データの採集と指標化

〈中国都市総合発展指標2017〉のデータ出所は、①各地方政府機関発表による統計データ（2015年度データ）、②ビックデータの収集（2016年度データ）、③衛星リモートセンシングデータ（2015年度データ）の3種に分類される。本書で取り上げたデータは特記しない限りは以上の年度のものである。

〈中国都市総合発展指標〉では採用した175指標について偏差値を算出し、評点付けを行った。偏差値は、その値が全体の中でどの辺りに位置しているのかを相対的に表現する指標で、さまざまな指標で使われている単位を統一した尺度に変換して比較することが可能となる。

評価方法

〈中国都市総合発展指標〉はそれぞれ175の指標データについて平均値を50とする偏差値を算出し、それらの偏差値を統合し総合評価を算出している。まず27の小項目レベルの偏差値をそれぞれ計算する。小項目レベルの偏差値から、9つの中項目レベルの偏差値を算出する。中項目レベルの偏差値を合成し、大項目レベルの偏差値を算出する。大項目レベルの偏差値を合成し、総合評価を算出する。〈中国都市総合発展指標〉の重要な特徴の一つは、各階層まで分解して評価を行い、都市の詳細な発展状況を立体的に分析したことである。

4. 指標一覧表

表1-2 指標一覧表：環境

大項目	中項目	小項目	ID	指標
環境	自然生態	水土賦存	1	1万人当たり利用可能国土面積
			2	森林面積
			3	耕作面積
			4	牧草地面積
			5	水面面積
			6	1人当たり水資源量
			7	国家公園・保護区・景観区指数
		気候条件	8	気候快適度
			9	降雨量
		自然災害	10	自然災害による直接的経済損失指数
			11	地質災害による直接的経済損失指数
			12	災害警報
	環境品質	汚染負荷	13	空気質指数（AQI）
			14	PM$_{2.5}$指数
			15	GDP当たりCO$_2$排出量
			16	工業二酸化硫黄排出量
			17	工業ばいじん（粉じん）排出量
			18	国定、省定断面三類以上水質達成率
			19	地域環境等価騒音レベル
			20	空気吸収線量率
		環境努力	21	環境努力指数
			22	節水努力指数
			23	生態環境社会団体
			24	国家環境保護都市認定指数
			25	国家生態環境評価指数
		資源効率	26	建成区土地産出率
			27	農林牧草水面土地産出率
			28	GDP当たりエネルギー消費量
			29	環境配慮型建築設計評価認証項目
			30	工業固体廃棄物総合利用率
			31	循環経済都市認定指数
	空間構造	コンパクトシティ	32	人口集中地区（DID）人口
			33	人口集中地区（DID）面積
			34	人口集中地区（DID）人口比率
			35	人口集中地区（DID）面積比率
			36	超人口集中地区（超DID）人口
			37	超人口集中地区（超DID）面積
			38	超人口集中地区（超DID）人口比率
			39	超人口集中地区（超DID）面積比率
		交通ネットワーク	40	都市軌道交通密度指数
			41	都市幹線道路密度指数
			42	都市生活道路密度指数
			43	都市歩道・自転車道路密度指数
			44	都市軌道交通距離
			45	1万人当たり公共バス利用客数
			46	1万人当たり公共バス保有量
			47	1万人当たり自家用車保有量
			48	1万人当たりタクシー保有量
			49	ピーク時渋滞遅延指数
		都市インフラ	50	固定資産投資規模指数
			51	公園緑地面積
			52	建成区緑地カバー率
			53	建成区上水道管密度
			54	建成区下水道管密度
			55	都市ガス普及率
			56	都市地下インフラ指数

表1-3　指標一覧表：社会

大項目	中項目	小項目	ID	指標
社会	ステータス・ガバナンス	都市地位	57	行政階層
			58	メガロポリス階層
			59	中核都市階層
			60	大使館・領事館
			61	国際組織
			62	一帯一路指数
		人口資質	63	人口自然増加率指数
			64	人口社会増加率指数
			65	人口構造指数
			66	人口教育構造指数
			67	高等教育指数
			68	傑出人物輩出指数
			69	地方財政教育支出指数
		社会マネジメント	70	社会サービス指数
			71	安心安全都市認定指数
			72	交通安全指数
			73	社会安全指数
			74	社会団体
			75	文明衛生都市認定指標
			76	政府ホームページパフォーマンス
	伝承・交流	歴史遺産	77	歴史的地位
			78	世界遺産
			79	歴史文化名城
			80	無形文化財
			81	重要文化財
		文化娯楽	82	映画館消費指数
			83	博物館・美術館
			84	スタジアム指数
			85	動物園・植物園・水族館
			86	公共図書館蔵書量
			87	傑出文化人指数
			88	オリンピック金メダリスト指数
			89	全国文化先進組織認定指数
		人的交流	90	海外旅行客
			91	国内旅行客
			92	国際旅行外貨収入
			93	国内旅行収入
			94	国際会議
			95	展示会業発展指数
			96	世界観光都市認定指数
	生活品質	居住環境	97	平均寿命
			98	医療保険・養老保険加入指数
			99	住宅価格収入比率
			100	住みやすい都市認定指数
			101	中国幸福感都市認定指数
		消費水準	102	1万人当たり社会消費財小売消費額
			103	1万人当たりホテル飲食業営業収入額
			104	1万人当たり通信費額
			105	1万人当たり住民生活用水量
			106	海外高級ブランド指数
		生活サービス	107	1万人当たり幼稚園在園児童数
			108	高齢者福祉施設ベッド数
			109	開業医師数
			110	病院ベッド数
			111	三甲病院（最高等級病院）

表1-4　指標一覧表：経済

大項目	中項目	小項目	ID	指標
経済	経済品質	経済規模	112	GDP 規模
			113	常住人口規模
			114	税収規模
			115	電力消費量
		経済構造	116	産業構造指数
			117	メインボード上場企業
			118	フォーチュントップ 500 中国企業
			119	中国トップ 500 企業
			120	中国民営企業トップ 500
			121	規模以上工業産出額
		経済効率	122	GDP 成長率指数
			123	1 万人当たり GDP
			124	1 万人当たり財政収入
			125	被扶養人口指数
			126	城投企業[1] 有利子債券規模と債務比率
			127	1 万人当たり失業者数
	発展活力	ビジネス環境	128	平均賃金
			129	事業所向けサービス業従業員数
			130	ハイクラスホテル指数
			131	トップクラスレストラン指数
			132	国家園区指数
		開放度	133	人口流動
			134	貨物輸出・輸入
			135	実行ベース外資導入額
			136	対外直接投資
			137	規模以上外資系企業工業産出額
			138	インターナショナルスクール
			139	自由貿易区指数
		イノベーション・起業	140	世界トップ大学指数
			141	R&D 支出指数
			142	R&D 要員
			143	創業板・新三板上場企業指数
			144	特許取得数指数
			145	商標登録指数
			146	中国科学院・中国工程院院士指数
			147	国家改革試験区指数
			148	国家イノベーション模範都市認定指数
			149	情報・知識産業都市認定指数
			150	国家重点研究所・工学研究センター指数
	都市影響	都市農村共生	151	都市・農村住民収入比
			152	小学校程度教育の人口比率
			153	文盲率
			154	義務教育発展均衡都市認定指数
		広域中枢機能	155	空港利便性
			156	航空輸送指数
			157	コンテナ港利便性
			158	コンテナ取扱量
			159	水運輸送指数
			160	鉄道利便性
			161	鉄道輸送指数
			162	鉄道密度
			163	道路輸送指数
			164	高速道路密度
			165	国道・省道密度
			166	流通都市認定指数
		広域輻射力	167	高等教育輻射力
			168	科学技術輻射力
			169	IT 産業輻射力
			170	文化・スポーツ・娯楽輻射力
			171	金融業輻射力
			172	製造業輻射力
			173	医療輻射力
			174	卸売・小売輻射力
			175	飲食・ホテル輻射力

1　城投企業とは、都市インフラ整備のために各都市が設立した企業である。

2 | 中国都市ランキング
トップ150都市

1. 総合ランキング

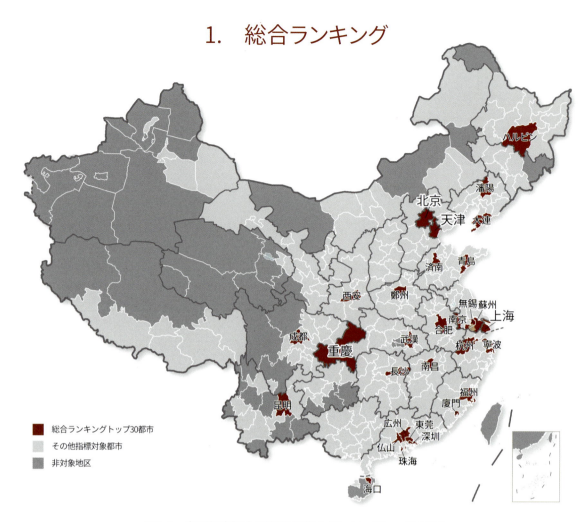

図2-1　中国都市総合発展指標総合ランキングトップ30都市

総合ランキングで北京が首位、上海が第２位、深圳が第３位

　北京、上海、深圳はそれぞれ「社会」「経済」「環境」の三大項目において全国のトップを占めている。

　北京は「社会」大項目において「生活品質」「伝統・交流」「ステータス・ガバナンス」の３つの中項目で第１位を誇る。上海は、「経済」大項目中「経済品質」「都市影響」および「環境」大項目中「空間構造」の３つの中項目で第１位である。深圳は「環境」「経済」「社会」の三大項目が、それぞれ第１位、第３位、第７位で比較的バランスの取れたパフォーマンスを見せている。しかし、北京と上海は「環境」大項目において多くの解決すべき課題があることが、各指標から見られる。

　広州と天津は総合ランキング第４位、第５位で昨年と同位である。両都市は「経済」「社会」２つの大項目で各々特色があるが、天津は「環境」大項目で奮わず、広州の下位に帰した。重慶、杭州、蘇州、南京、成都は、それぞれ第６位から第10位となった。

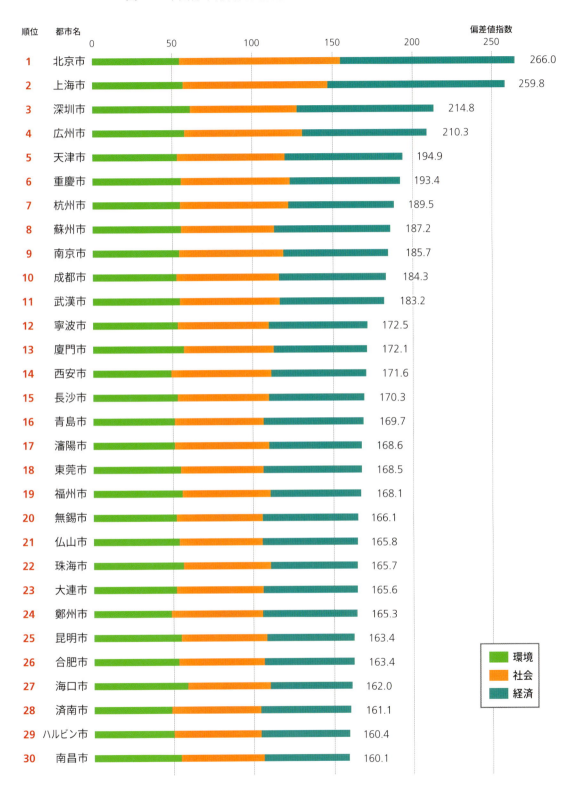

図2-2　中国都市総合発展指標総合ランキング 1位 – 30位

第2章　中国都市ランキング｜トップ150都市

図2-3　中国都市総合発展指標総合ランキング 31位 – 90位

順位	都市名	順位	都市名	順位	都市名
31	三亜市	51	舟山市	71	塩城市
32	長春市	52	揚州市	72	竜岩市
33	中山市	53	威海市	73	南平市
34	常州市	54	汕頭市	74	宜昌市
35	貴陽市	55	蘭州市	75	漳州市
36	南寧市	56	江門市	76	銀川市
37	泉州市	57	フフホト市	77	岳陽市
38	温州市	58	オルドス市	78	肇慶市
39	煙台市	59	濰坊市	79	淄博市
40	南通市	60	徐州市	80	フルンボイル市
41	紹興市	61	湛江市	81	泰州市
42	太原市	62	黄山市	82	上饒市
43	ラサ市	63	九江市	83	三明市
44	石家荘市	64	湖州市	84	株洲市
45	恵州市	65	唐山市	85	寧徳市
46	嘉興市	66	洛陽市	86	済寧市
47	鎮江市	67	莆田市	87	衢州市
48	金華市	68	桂林市	88	麗水市
49	ウルムチ市	69	包頭市	89	贛州市
50	台州市	70	蕪湖市	90	淮安市

図2-4　中国都市総合発展指標総合ランキング 91位 – 150位

順位	都市名	順位	都市名	順位	都市名
91	郴州市	111	梅州市	131	萍郷市
92	陽江市	112	常徳市	132	秦皇島市
93	吉林市	113	泰安市	133	保定市
94	茂名市	114	攀枝花市	134	防城港市
95	景徳鎮市	115	普洱市	135	臨沂市
96	黒河市	116	吉安市	136	新余市
97	麗江市	117	馬鞍山市	137	牡丹江市
98	湘潭市	118	丹東市	138	鄂州市
99	遵義市	119	カラマイ市	139	南陽市
100	北海市	120	清遠市	140	益陽市
101	汕尾市	121	東営市	141	河源市
102	玉渓市	122	鷹潭市	142	チチハル市
103	柳州市	123	衡陽市	143	黄石市
104	掲陽市	124	安慶市	144	開封市
105	連雲港市	125	宜春市	145	玉林市
106	西寧市	126	韶関市	146	咸陽市
107	銅陵市	127	畢節市	147	淮南市
108	鞍山市	128	綿陽市	148	十堰市
109	潮州市	129	楽山市	149	安順市
110	襄陽市	130	大慶市	150	撫順市

2. 環境ランキング

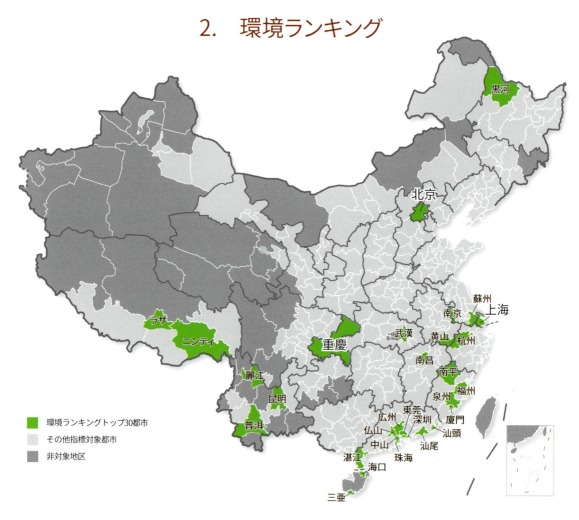

図2-5　中国都市総合発展指標環境ランキングトップ30都市

環境ランキングは深圳が第1位を保持、三亜、海口がそれぞれ第2位、第3位

　深圳の「環境」大項目が第1位の理由として、高水準の都市化、都市交通の利便性の高さ、高密度な人口、コンパクトな空間構造が挙げられる。新興臨海型大都市として、深圳は「環境」「社会」「経済」の三大項目で相対的にバランスがとれている。

　「環境」大項目の第2位から第10位までの都市は、三亜、海口、広州、上海、廈門、珠海、福州、重慶、蘇州である。「環境」大項目ランキングトップ10都市の中で重慶と蘇州は、長江沿いの都市であり、その他8都市は臨海都市である。臨海、そして長江沿いの都市は、改革開放後の大交流、大交易時代に急速な経済発展を遂げただけでなく、交通の利便性と生態資源にも恵まれ、開放と交流、そして空間構造と環境品質のパフォーマンスが優れている。

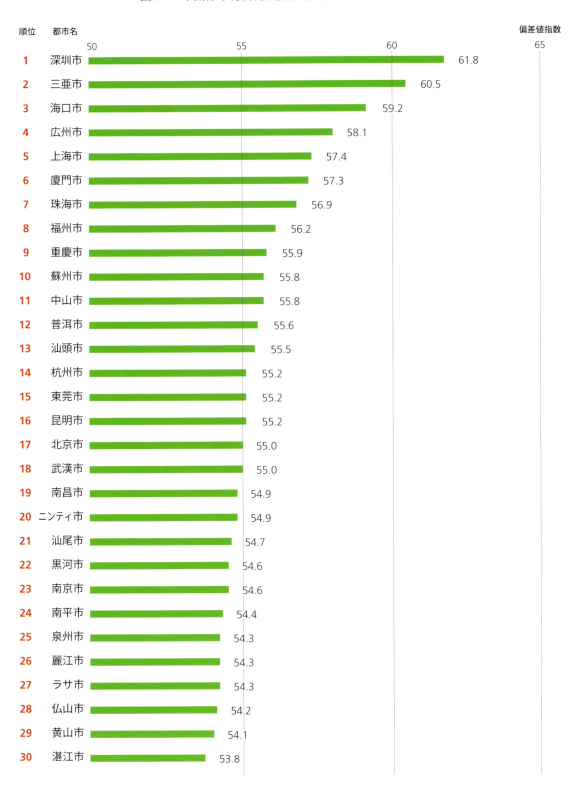

図2-6　中国都市総合発展指標環境ランキング 1位 – 30位

図2-7　中国都市総合発展指標環境ランキング31位 − 90位

順位	都市名	順位	都市名	順位	都市名
31	舟山市	51	畢節市	71	岳陽市
32	莆田市	52	臨滄市	72	チャムド市
33	合肥市	53	台州市	73	桂林市
34	寧波市	54	茂名市	74	銅仁市
35	寧徳市	55	無錫市	75	鎮江市
36	温州市	56	漳州市	76	瀋陽市
37	玉渓市	57	大連市	77	青島市
38	天津市	58	潮州市	78	常州市
39	長沙市	59	江門市	79	安順市
40	南寧市	60	掲陽市	80	曲靖市
41	保山市	61	景徳鎮市	81	鷹潭市
42	竜岩市	62	伊春市	82	蕪湖市
43	恵州市	63	北海市	83	揚州市
44	陽江市	64	贛州市	84	玉林市
45	上饒市	65	オルドス市	85	吉安市
46	貴陽市	66	郴州市	86	肇慶市
47	成都市	67	梅州市	87	清遠市
48	フルンボイル市	68	防城港市	88	巴中市
49	九江市	69	麗水市	89	紹興市
50	三明市	70	河源市	90	威海市

図2-8　中国都市総合発展指標環境ランキング 91位 – 150位

順位	都市名	順位	都市名	順位	都市名
91	欽州市	111	長春市	131	連雲港市
92	遵義市	112	淮安市	132	牡丹江市
93	撫州市	113	雲浮市	133	邵陽市
94	安慶市	114	六盤水市	134	懐化市
95	丹東市	115	湘潭市	135	益陽市
96	河池市	116	常徳市	136	黄岡市
97	鶏西市	117	煙台市	137	衡陽市
98	南通市	118	永州市	138	宜昌市
99	韶関市	119	淮南市	139	賀州市
100	金華市	120	張家界市	140	徐州市
101	ハルビン市	121	黄石市	141	六安市
102	シガツェ市	122	梧州市	142	包頭市
103	宜春市	123	柳州市	143	チチハル市
104	株洲市	124	吉林市	144	崇左市
105	銅陵市	125	ジャムス市	145	貴港市
106	衢州市	126	塩城市	146	南充市
107	攀枝花市	127	嘉興市	147	済南市
108	雅安市	128	新余市	148	綏化市
109	萍郷市	129	遂寧市	149	カラマイ市
110	鄂州市	130	西安市	150	荊州市

3. 社会ランキング

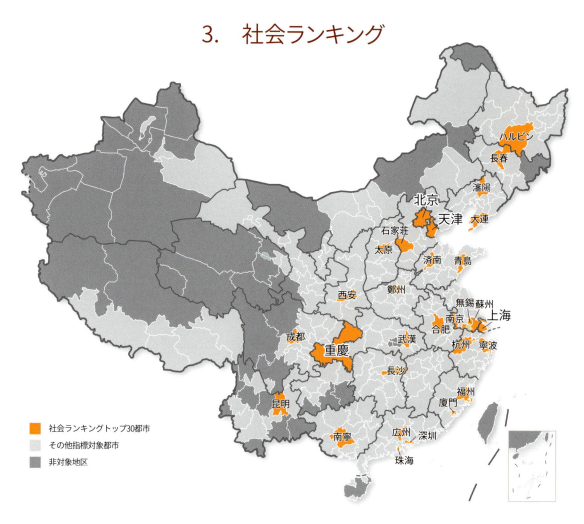

図2-9　中国都市総合発展指標社会ランキングトップ30都市

社会ランキングでは北京は首位、上海、広州がそれぞれ第２位、第３位

　北京は首都ということもあり、「社会」大項目の優位は他の都市とは比べることができないほど明確だ。上海は、「社会」大項目において「生活品質」「伝統・交流」「ステータス・ガバナンス」の３つの中項目ですべて第２位である。広州は「生活品質」中項目の第３位を除き、他の中項目は第４位となっている。

　重慶、杭州、天津、深圳、南京、成都、西安は、「社会」大項目でそれぞれ第４位から第10位である。

　「社会」大項目上位10都市は、直轄市、省都、計画単列市に集中している。深圳は改革開放によって経済特区として発展した新興都市であり、その他９都市は悠久の歴史を湛え、なかでも北京、杭州、南京、西安の４都市が、かつて王朝の古都であった。

　注目すべきは、珠江デルタメガロポリス、長江デルタメガロポリス、京津冀メガロポリスと成渝メガロポリスの４大メガロポリスの中心都市が「社会」大項目の上位９位を占めていたことである。

図2-10　中国都市総合発展指標社会ランキング 1位 − 30位

順位	都市名	偏差値指数
1	北京市	100.0
2	上海市	90.6
3	広州市	73.9
4	重慶市	68.3
5	杭州市	67.9
6	天津市	67.6
7	深圳市	66.9
8	南京市	65.3
9	成都市	64.4
10	西安市	62.9
11	武漢市	62.5
12	瀋陽市	59.3
13	蘇州市	58.4
14	鄭州市	57.5
15	長沙市	57.3
16	寧波市	57.2
17	廈門市	56.4
18	済南市	56.0
19	青島市	55.9
20	福州市	55.2
21	ハルビン市	54.7
22	珠海市	54.6
23	大連市	54.5
24	無錫市	54.1
25	長春市	54.0
26	昆明市	53.7
27	合肥市	53.7
28	太原市	53.7
29	南寧市	52.7
30	石家荘市	52.6

図2-11　中国都市総合発展指標社会ランキング 31位 – 90位

順位	都市名	順位	都市名	順位	都市名
31	仏山市	51	濰坊市	71	衢州市
32	南昌市	52	西寧市	72	黄山市
33	東莞市	53	威海市	73	泰安市
34	海口市	54	泉州市	74	吉林市
35	ウルムチ市	55	揚州市	75	オルドス市
36	貴陽市	56	湖州市	76	九江市
37	ラサ市	57	鎮江市	77	鞍山市
38	フフホト市	58	恵州市	78	秦皇島市
39	煙台市	59	台州市	79	竜岩市
40	蘭州市	60	江門市	80	泰州市
41	常州市	61	淄博市	81	東営市
42	洛陽市	62	唐山市	82	臨沂市
43	温州市	63	済寧市	83	蕪湖市
44	金華市	64	舟山市	84	襄陽市
45	嘉興市	65	宜昌市	85	宝鶏市
46	中山市	66	包頭市	86	嘉峪関市
47	三亜市	67	徐州市	87	肇慶市
48	紹興市	68	桂林市	88	株洲市
49	銀川市	69	保定市	89	麗水市
50	南通市	70	塩城市	90	湛江市

図2-12　中国都市総合発展指標社会ランキング 91位 – 150位

順位	都市名	順位	都市名	順位	都市名
91	大慶市	111	南平市	131	本渓市
92	柳州市	112	チチハル市	132	丹東市
93	開封市	113	上饒市	133	衡陽市
94	汕頭市	114	攀枝花市	134	晋城市
95	岳陽市	115	フルンボイル市	135	安慶市
96	淮安市	116	棗荘市	136	日照市
97	咸陽市	117	郴州市	137	贛州市
98	カラマイ市	118	三明市	138	常徳市
99	綿陽市	119	邯鄲市	139	延安市
100	景徳鎮市	120	廊坊市	140	連雲港市
101	湘潭市	121	盤錦市	141	楽山市
102	晋中市	122	牡丹江市	142	瀘州市
103	新余市	123	徳州市	143	安陽市
104	馬鞍山市	124	焦作市	144	咸寧市
105	渭南市	125	滄州市	145	韶関市
106	承徳市	126	営口市	146	聊城市
107	長治市	127	南陽市	147	荊州市
108	撫順市	128	北海市	148	大同市
109	遵義市	129	荊門市	149	新郷市
110	十堰市	130	黄石市	150	陽江市

4. 経済ランキング

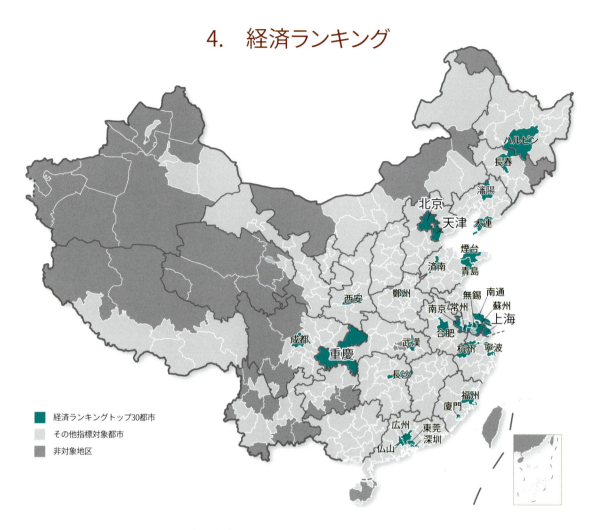

図2-13　中国都市総合発展指標経済ランキングトップ30都市

経済ランキングでは上海、北京、深圳がそれぞれ第1位、第2位、第3位

　上海は長江デルタメガロポリスと長江経済ベルトのエンジンとして、「経済」大項目の首位の座を堅持した。北京は「経済品質」と「都市影響」の2つの中項目を上海に譲ったが、「発展活力」中項目では第1位である。「経済」大項目第3位の深圳は「経済品質」「発展活力」「都市影響」の3つの中項目が各々第3位となった。広州、天津、蘇州、重慶、成都、杭州、南京は、「経済」大項目でそれぞれ第4位から第10位である。

　珠江デルタメガロポリス、長江デルタメガロポリス、京津冀メガロポリスと成渝メガロポリスの4大メガロポリスの中心都市が「経済」大項目の上位10位を総嘗めにした。

図2-14　中国都市総合発展指標経済ランキング 1位 – 30位

図2-15　中国都市総合発展指標経済ランキング 31位 – 90位

順位	都市名	順位	都市名	順位	都市名
31	昆明市	51	包頭市	71	舟山市
32	珠海市	52	台州市	72	蕪湖市
33	泉州市	53	揚州市	73	襄陽市
34	紹興市	54	海口市	74	三亜市
35	中山市	55	オルドス市	75	連雲港市
36	嘉興市	56	威海市	76	株洲市
37	貴陽市	57	塩城市	77	江門市
38	温州市	58	泰州市	78	邯鄲市
39	石家荘市	59	蘭州市	79	漳州市
40	南昌市	60	廊坊市	80	滄州市
41	唐山市	61	咸陽市	81	泰安市
42	ウルムチ市	62	東営市	82	汕頭市
43	濰坊市	63	臨沂市	83	莆田市
44	鎮江市	64	宜昌市	84	淮安市
45	太原市	65	保定市	85	晋城市
46	恵州市	66	フフホト市	86	銅陵市
47	徐州市	67	湖州市	87	湘潭市
48	金華市	68	洛陽市	88	肇慶市
49	淄博市	69	済寧市	89	徳州市
50	南寧市	70	銀川市	90	遼陽市

図2-16　中国都市総合発展指標経済ランキング 91位 – 150位

順位	都市名	順位	都市名	順位	都市名
91	大慶市	111	カラマイ市	131	宝鶏市
92	馬鞍山市	112	日照市	132	焦作市
93	楽山市	113	濮陽市	133	長治市
94	南陽市	114	益陽市	134	孝感市
95	桂林市	115	邢台市	135	棗荘市
96	浜州市	116	贛州市	136	烏海市
97	秦皇島市	117	常徳市	137	清遠市
98	湛江市	118	衢州市	138	フルンボイル市
99	柳州市	119	宿遷市	139	三明市
100	九江市	120	許昌市	140	朔州市
101	松原市	121	徳陽市	141	渭南市
102	衡陽市	122	ラサ市	142	郴州市
103	岳陽市	123	淮南市	143	大同市
104	吉林市	124	萍郷市	144	牡丹江市
105	綿陽市	125	新郷市	145	寧徳市
106	営口市	126	蚌埠市	146	竜岩市
107	鞍山市	127	掲陽市	147	錦州市
108	楡林市	128	宜春市	148	晋中市
109	聊城市	129	菏沢市	149	麗水市
110	西寧市	130	遵義市	150	上饒市

3 | 中国都市ランキング
トップ10都市分析

1位 北京 Beijing

　首都という性質もあり北京は、首位の座を守り2017年総合ランキング第１位。
　「社会」大項目で他都市を大きく引き離してトップを飾った。北京は政治文化の中心であり、国際的大都市であるとともに、史跡、世界遺産に富み、伝統文化と現代文明が互いに輝き合う、多様性と包容性に溢れた都市である。都市地位、国際的な影響力および都市生活と消費水準は、他都市に抜きん出ている。「社会」大項目で北京は、「生活品質」「伝統・交流」「ステータス・ガバナンス」の３つの中項目ですべて第１位となっている。
　「経済」大項目で北京は前年同様、上海に順位を譲り第２位であった。北京は1949年の建国後、計画経済のもとで重化学工業化を推し進めた。しかし、改革開放後、国際大都市へと変身し、転換と革新の巨大な発展活力を擁している。そのため、「経済」大項目の３つの中項目指標の中で「発展活力」中項目が特に秀でて第１位、「経済品質」と「都市影響」の両中項目は双方共に第２位であった。
　北京の「環境」大項目は、前年より上昇し、第17位となった。「環境」大項目の３つの中項目指標の中で「空間構造」中項目が優れ第３位であり、大規模なDID人口、高密度な交通ネットワーク、巨額な都市インフラ投資において功績が大きい。しかし、水資源の不足、大気汚染、深刻な交通渋滞により「自然生態」と「環境品質」の両中項目でのパフォーマンスは優れず、各々第237、第48位に落ち込んでいる。

表3-1 主要指標

環境

常住人口	2171万人
行政区域土地面積	16411 km²
1万人当たり利用可能国土面積全国ランキング	278位
森林面積率全国ランキング	78位
1人当たり水資源量全国ランキング	276位
気候快適度全国ランキング	272位
PM$_{2.5}$指数全国ランキング	265位
人口集中地区（DID）人口全国ランキング	2位
都市軌道交通距離全国ランキング	1位

社会

住宅価格全国ランキング	1位
劇場・映画館全国ランキング	1位
博物館・美術館全国ランキング	1位
国内旅行客数	26859万人
海外旅行客数	420万人
世界遺産全国ランキング	1位
国際会議全国ランキング	2位

経済

GDP規模	23015億元
1万人当たりGDP	106034元/人
GDP成長率	7.3%
1万人当たり財政収入全国ランキング	4位
平均賃金全国ランキング	1位
メインボード上場企業全国ランキング	2位
貨物輸出全国ランキング	9位
空港利便性全国ランキング	2位
コンテナ港利便性全国ランキング	62位
金融業輻射力全国ランキング	2位
製造業輻射力全国ランキング	19位
IT産業輻射力全国ランキング	1位
高等教育輻射力全国ランキング	1位
科学技術輻射力全国ランキング	1位
医療輻射力全国ランキング	1位
文化・スポーツ・娯楽輻射力全国ランキング	1位
飲食・ホテル輻射力全国ランキング	2位
卸売・小売輻射力全国ランキング	2位

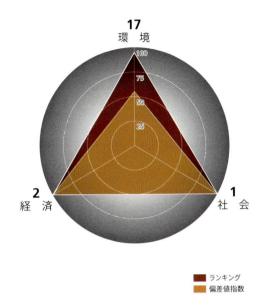

図3-1 大項目指標

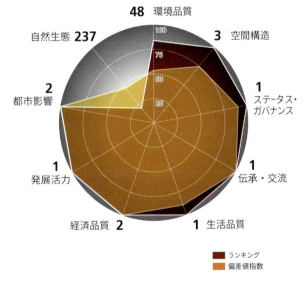

図3-2 中項目指標

北京 | Beijing

建設が進む北京第二国際空港

　首都・北京では現在、世界最大級の国際ハブ空港の建設が進められている。2018年7月、中国民用航空局は、新空港が2019年7月末に完工し、同年9月末に運営を開始する予定であると正式に発表した。

　新国際空港は「北京大興国際空港」、または「北京第二国際空港」と呼称される。新国際空港は北京市の大興区と河北省廊坊市広陽区との間に建設され、天安門広場から直線距離で46km、北京首都国際空港から67km、天津浜海空港から85kmの位置にある。総投資額は約800億元（約1.3兆円）にのぼる。

　計画では、2040年には利用客は年間約1億人、発着回数は同80万の規模となり、7本の滑走路と約140万㎡のターミナルビル（羽田国際空港の約6倍）が建設される。2050年には旅客数は年間約1.3億人、発着回数は同103万、滑走路は9本にまで拡大予定である。空港には高速鉄道や地下鉄、都市間鉄道など、5種類の異なる交通ネットワークが乗り入れ、新空港が完成すれば、中国最大規模の交通ターミナルになる。空港の設計は、日本の新国立競技場のコンペティションで話題となったイギリスの世界的建築家、ザハ・ハディド氏（2016年没）が設立したザハ・ハディド・アーキテクツが担当しており、空港の規模だけではなく、ヒトデのような斬新なデザイン案も国内外から大きな注目を集めている。

　新国際空港が建設されたのは、北京の空港の処理能力が限界に達していることが背景にある。〈中国都市総合発展指標2017〉によれば、現在、北京の「空港利便性」は全国第2位であり、旅客数も第2位である。新空港が完成すれば北京の首位奪取も視野に入る。京津冀（北京・天津・河北）エリアの一体化的な発展を推進する起爆剤ともなるだろう。

京津冀エリアの大動脈「北京大七環」が全線開通

　北京首都エリアの高速環状線、通称「北京大七環（北京七環路）」が2018年に全線開通した。東京の環状七号線は全長約53kmであるのに対して、「北京大七環」はなんと全長940kmにものぼる。「北京大七環」の完成によって、北京市内で深刻化する渋滞問題の緩和が期待される。河北省の発表では、全線開通後は、1日あたりの通行量は2.5万台に達した。同環状線の開通は、京津冀エリア、特に北京市の郊外エリアや衛星都市とのネットワークを大いに強化し、物流や人の流れを促進させる。〈中国都市総合発展指標2017〉では、北京市の「道路輸送量指数」は全国第4位であり、「都市幹線道路密度指数」は全国第12位であるが、今後この順位は上がっていくであろう。

冬季オリンピック開催に向かい、高まるウィンタースポーツ熱

　2022年開催の北京冬季オリンピックが近づくにつれて、〈中国都市総合発展指標2017〉で「文化・スポーツ・娯楽輻射力」全国第1位に輝く北京では、市民のウィンタースポーツ熱が急速

北京首都国際空港

に高まりつつある。

　2018年には第1回目の「全国冬季運動会」が開催されることも、このウィンタースポーツ熱を後押ししている。北京市の発表によると、「全国冬季運動会」の開催目的は、ウィンタースポーツを活性化し、競技人口を3億人にまで拡大させ、北京冬季オリンピックに向けて雰囲気を盛り上げるためだという。また、今回の大会をきっかけとして、ウィンタースポーツ競技の人材育成も強化していく。

　北京市のウィンタースポーツ人口は、2022年には800万人にまで拡大することが見込まれている。中国では、2018年にアイスホッケーの国内プロリーグを設立させる準備が進んでいる。中国ではウィンタースポーツの開催件数が年々増加しており、その勢いはますます強まっている。

北京 | Beijing

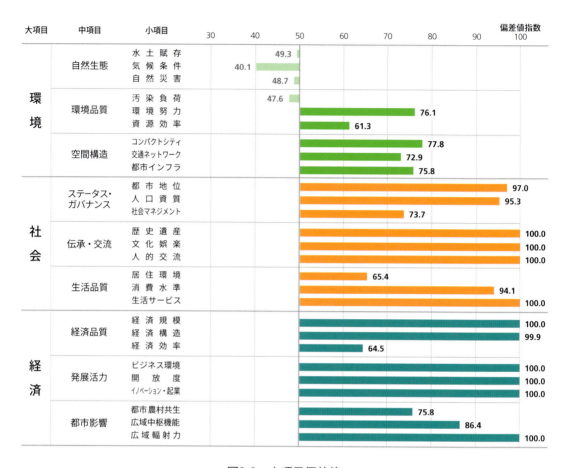

図3-3　小項目偏差値

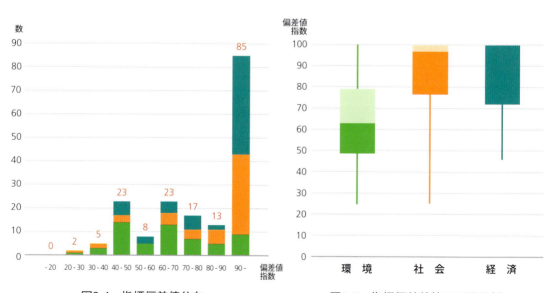

図3-4　指標偏差値分布

図3-5　指標偏差値箱ひげ図分析

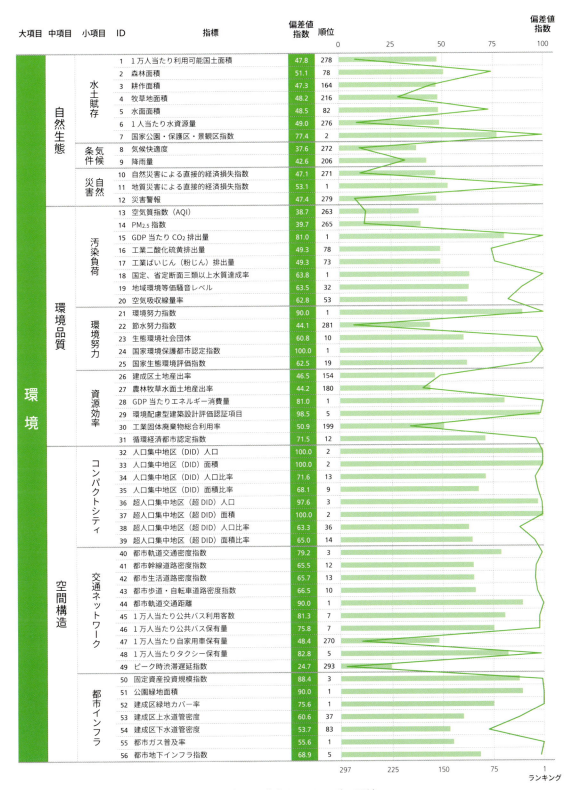

図3-6　各項目指標ランキング：環境

北京 | Beijing

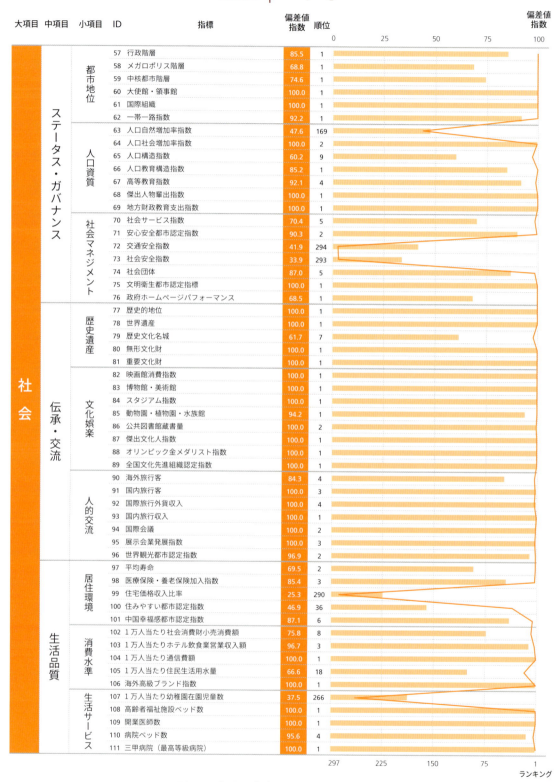

図3-7　各項目指標ランキング：社会

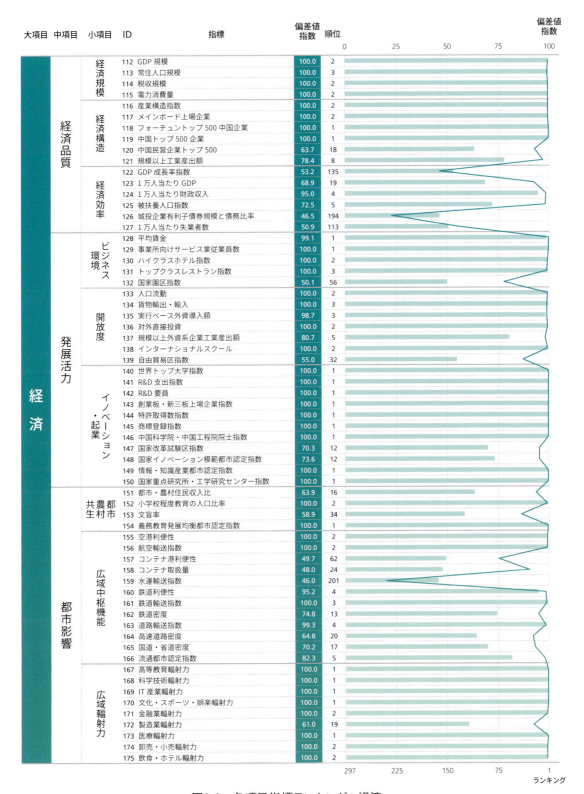

図3-8　各項目指標ランキング：経済

北京 | Beijing

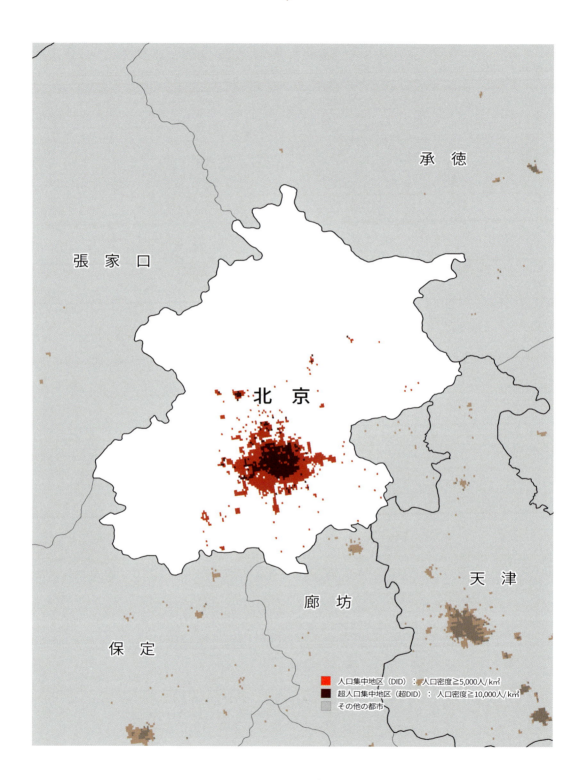

図3-9 DID分析図

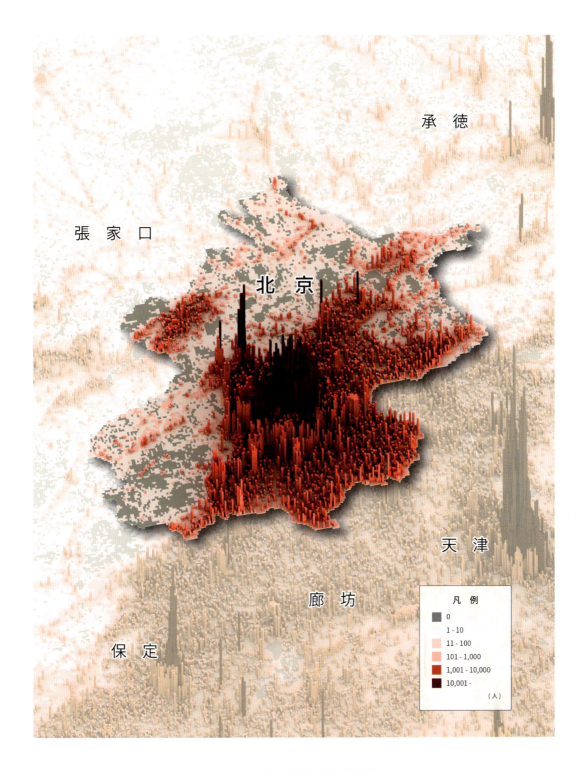

図3-10　人口規模と密度分析図

2位 上海 Shanghai

　上海は、総合ランキングで2年連続第2位。

　「経済」大項目で上海は首位を維持した。全国の経済の中心、海運の中心として、上海は長江デルタメガロポリスと長江経済ベルトを牽引している。「経済」大項目の3つの中項目指標の中で上海は、「経済品質」と「都市影響」の両中項目が第1位であったが、「発展活力」中項目は北京に順位を譲り、第2位であった。

　「社会」大項目で上海は前年同様、第2位である。中国で最も近代的な風貌を備えた国際的な大都会として、上海は「居住環境」「文化娯楽」「生活サービス」「消費水準」などの面で優れているだけでなく、国際交流の大きなプラットフォームでもある。「人口資質」「社会マネジメント」においても優れている。そのため上海は「社会」大項目の「生活品質」「伝統・交流」「ステータス・ガバナンス」の3つの中項目指標でそれぞれ第2位を獲得している。

　「環境」大項目で上海は前年同様、第5位である。膨大なDID人口や高密度な市内交通ネットワークのおかげで、「環境」大項目の3つの中項目指標の中で「空間構造」中項目が飛び抜けており、第1位となった。しかし、「自然生態」と「環境品質」の両中項目では、多くの課題を抱え、それぞれ第117位、第52位となっている。

表3-2　主要指標

環境

常住人口	2415 万人
行政区域土地面積	6341 km²
1万人当たり利用可能国土面積全国ランキング	293 位
森林面積率全国ランキング	250 位
1人当たり水資源量全国ランキング	258 位
気候快適度全国ランキング	29 位
PM$_{2.5}$指数全国ランキング	148 位
人口集中地区（DID）人口全国ランキング	1 位
都市軌道交通距離全国ランキング	2 位

社会

住宅価格全国ランキング	3 位
劇場・映画館全国ランキング	5 位
博物館・美術館全国ランキング	2 位
国内旅行客数	27569 万人
海外旅行客数	800 万人
世界遺産全国ランキング	64 位
国際会議全国ランキング	1 位

経済

GDP規模	25123 億元
1万人当たりGDP	104019 元/人
GDP成長率	6.2 %
1万人当たり財政収入全国ランキング	2 位
平均賃金全国ランキング	2 位
メインボード上場企業全国ランキング	1 位
貨物輸出全国ランキング	2 位
空港利便性全国ランキング	1 位
コンテナ港利便性全国ランキング	1 位
金融業輻射力全国ランキング	1 位
製造業輻射力全国ランキング	3 位
IT産業輻射力全国ランキング	2 位
高等教育輻射力全国ランキング	2 位
科学技術輻射力全国ランキング	2 位
医療輻射力全国ランキング	2 位
文化・スポーツ・娯楽輻射力全国ランキング	2 位
飲食・ホテル輻射力全国ランキング	1 位
卸売・小売輻射力全国ランキング	1 位

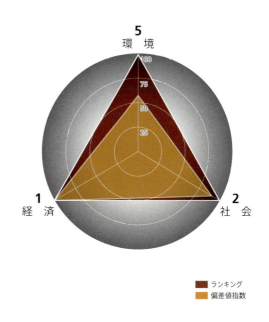

図3-11　大項目指標

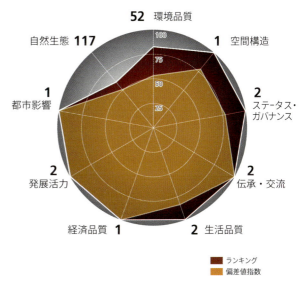

図3-12　中項目指標

上海 | Shanghai

改革開放40周年を迎える中国と上海

　中国は2018年、改革開放40周年を迎えた。この40年間で、中国経済の規模は世界第２位に躍進し、1978年に世界11位だった経済規模が、2009年には日本を抜いて堂々世界第２位に達した。2017年のGDPは12.3兆ドル（約1,381兆円）に膨れ上がり、世界経済全体の約15％を占めるまでに成長した。

　改革開放の象徴的な都市は何と言っても「GDP規模」で全国第１位の上海であろう。その上海の中でもとりわけ経済発展を牽引したのが、上海浦東新区である。

　1990年から建設が始まった浦東新区は、わずか28年間で、何もなかっただだっ広い畑が高層ビルの立ち並ぶ国際金融センターへと様変わりした。また、全国ではじめて保税区、自由貿易試験区、保税港区が設置され、浦東新区の経済規模は設立以来およそ160倍にまで拡大した。

　今後も上海は対外開放拡大の牽引役として、またグローバルシティとして、絶えず新しい活力を放出し続けるだろう。

第15回上海書展（上海ブックフェア）が開催

　上海市民に人気の恒例「第15回上海書展（上海ブックフェア）」が2018年８月、上海市政府主催により「上海展覧中心」で開催された。展示面積2.3万㎡という巨大規模で、参加した出版社は500社以上、15万冊の書籍展示に加えて読書イベントが1,000回以上行われ、展覧会での売上は5,000万元（約8.1億円）を記録した。このブックフェアは年々評判を増し、今年は30万人以上の来場者があった。

　中国の出版産業は好調である。2016年、中国の書籍小売り市場の規模は701億元（約1.1兆円）で前年比12.3％増の成長であった。そのうち、実店舗での販売規模は336億元（約5,438億円）で前年比2.3％減、オンラインでの販売規模は365億元（約5,907億円）で前年比30％増であった。2016年に、はじめてオンラインでの書籍販売が実店舗での販売額を超え、特に大型サイトでの書籍販売は年々増加の一途をたどっており、今後もこの勢いは続いていくとみられている。

　大手オンライン書籍販売サイト「当当網」の2017年度書籍販売のフィクション部門トップ10には、海外の翻訳書が7作品ランクインした。第１位には太宰治『人間失格』の翻訳本、第２位には東野圭吾『ナミヤ雑貨店の奇蹟』の翻訳本、第10位には同じく東野圭吾の『白夜行』の翻訳本が入り、日本人作家の人気の高さを示した。近年、村上春樹、綾辻行人、新海誠など日本の人気小説が次々と中国語に翻訳され出版されている。中でも東野圭吾は絶大な人気があり、『容疑者Xの献身』『ナミヤ雑貨店の奇蹟』は中国で映画化もされているほどである。マンガやアニメに小説が加わり、日本のコンテンツには中国から熱い視線が送られている。

第１回中国国際輸入博覧会

　2018年11月、第１回中国国際輸入博覧会が上海市政府ほかの主催により市内「国家会展中心」

上海港

で開催された。この博覧会は習近平国家主席肝煎りの一大イベントであり、貿易の自由化と経済のグローバル化を推進させ、世界各国との経済貿易交流・協力の強化を促進するための見本市と位置づけられている。博覧会には100数カ国・地域から出品され、中国内外から15万社のバイヤーが参加した。

　世界最大の人口を持ち世界第２位の経済体にまで成長した中国は、消費と輸入が急伸し、すでに世界の第２位の輸入と消費を誇るまでに成長している。今後さらに５年間で10兆ドル以上の商品・サービスを輸入する巨大市場にまで成長することが見込まれている。

　その巨大市場の中心地の一つが上海である。上海は世界最大クラスのメガロポリス「長江デルタ」の中心都市であり、巨大な人口と経済規模を兼ね備え、中国国内で最もサービス業が発達している都市の一つであり、いまや世界中の資源が上海に集中していると言っても過言ではない。上海港のコンテナ取扱量は７年連続世界一を記録し、〈中国都市総合発展指標2017〉では「コンテナ港利便性」は全国第１位を獲得。空港の旅客数は1億人を超え、直行便は世界282都市にまで広がり、「空港利便性」も全国第１位を獲得している。内需主導型経済への移行を目指す中国にとって、上海市での同イベントの成功は、今後の中国にとって一つのシンボルとなるだろう。

上海 | Shanghai

図3-13　小項目偏差値

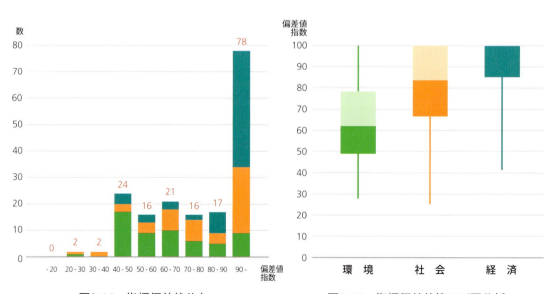

図3-14　指標偏差値分布　　　　図3-15　指標偏差値箱ひげ図分析

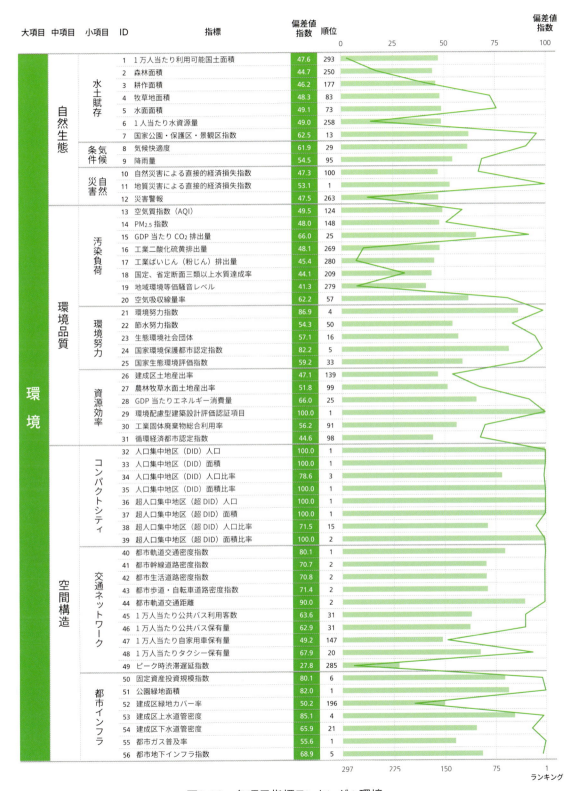

図3-16　各項目指標ランキング：環境

上海 | Shanghai

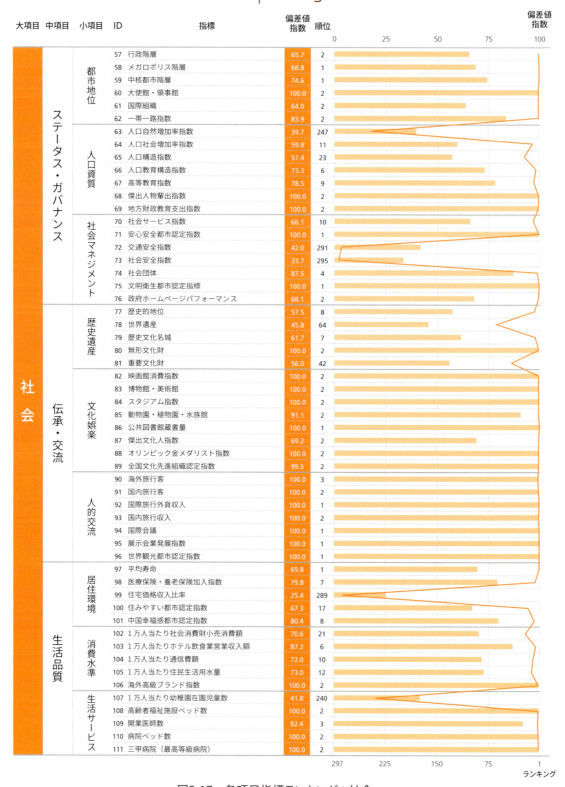

図3-17　各項目指標ランキング：社会

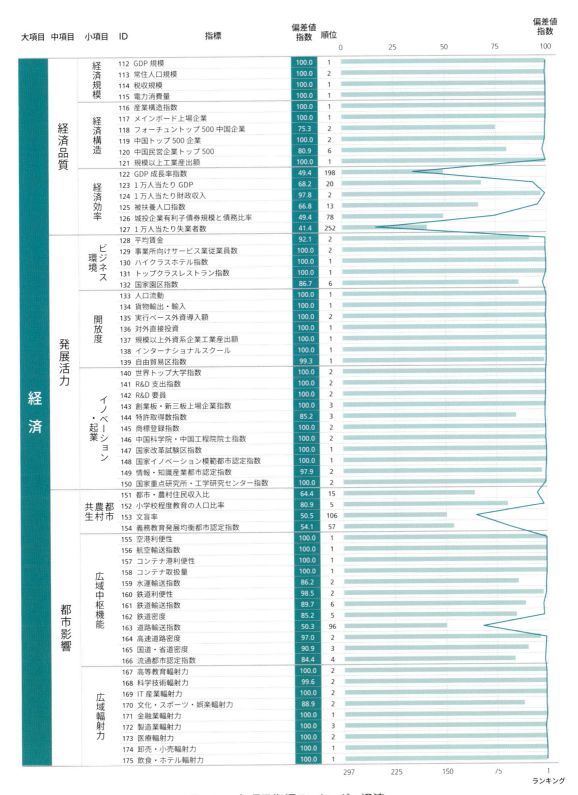

図3-18　各項目指標ランキング：経済

上海 | Shanghai

図3-19 DID分析図

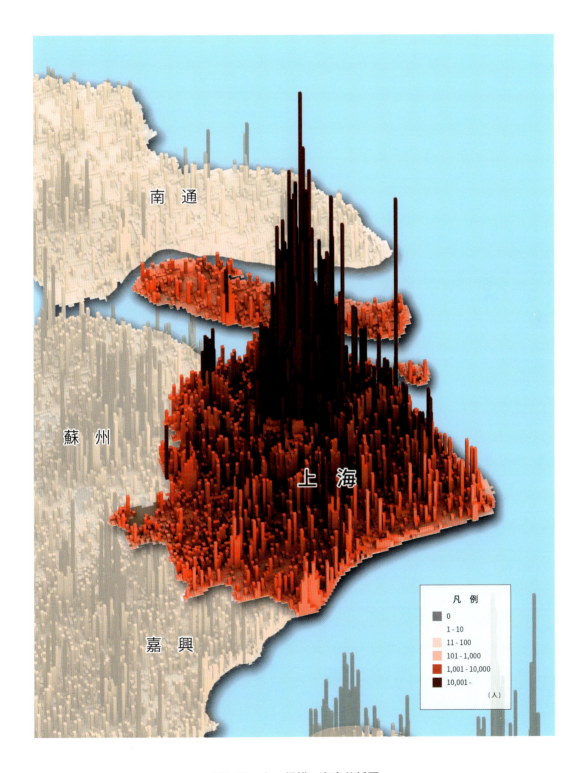

図3-20　人口規模と密度分析図

3位 深圳 Shenzhen

　深圳は前年に続き、総合ランキングで第3位。

　「環境」大項目で深圳は首位の座を守った。新興臨海都市として、深圳は優美な環境を持ち、"優秀観光都市"、"国家園林都市"、"中国居住環境賞"などの称号と名誉を獲得している。深圳の「DID人口比率」「DID面積比率」「都市生活道路密度」「公園緑地面積」などの指標はいずれも全国第1位で、都市空間構造の高水準が際立っている。「環境」大項目の3つの中項目指標の中で深圳は、「空間構造」中項目が全国第2位、「環境品質」中項目が全国第3位となった一方で、「自然生態」中項目は第92位に落ち込んでいる。

　「経済」大項目で深圳は前年に続き、第3位である。経済特区として香港に隣接する特殊な地理条件を十分に利用し、漁村だった深圳はわずか30数年で、中国で最も起業活力を持つ国際的な大都市に発展し、世界的な注目を集めた。「経済」大項目の「経済品質」「発展活力」「都市影響」の3つの中項目指標はすべてに優れ第3位となった。

　「社会」大項目では前年より順位を上げ、第7位となった。改革開放の窓口から国際的大都市に発展し、開放性と包容性に富んだ深圳は、中国最大の移民都市としてだけではなく、海外旅行客数においても全国第1位となっている。「社会」大項目の3つの中項目指標中、「生活品質」と「伝統・交流」の両中項目で第5位であったが、「ステータス・ガバナンス」では第11位に甘んじた。

表3-3　主要指標

環境

常住人口	1138 万人
行政区域土地面積	1997 km²
1万人当たり利用可能国土面積全国ランキング	295 位
森林面積率全国ランキング	203 位
1人当たり水資源量全国ランキング	270 位
気候快適度全国ランキング	16 位
PM$_{2.5}$ 指数全国ランキング	26 位
人口集中地区（DID）人口全国ランキング	4 位
都市軌道交通距離全国ランキング	5 位

社会

住宅価格全国ランキング	2 位
劇場・映画館全国ランキング	4 位
博物館・美術館全国ランキング	18 位
国内旅行客数	4157 万人
海外旅行客数	1219 万人
世界遺産全国ランキング	64 位
国際会議全国ランキング	3 位

経済

GDP 規模	17503 億元
1万人当たり GDP	153821 元/人
GDP 成長率	8.6 %
1万人当たり財政収入全国ランキング	1 位
平均賃金全国ランキング	6 位
メインボード上場企業全国ランキング	3 位
貨物輸出全国ランキング	1 位
空港利便性全国ランキング	4 位
コンテナ港利便性全国ランキング	2 位
金融業輻射力全国ランキング	3 位
製造業輻射力全国ランキング	1 位
IT 産業輻射力全国ランキング	3 位
高等教育輻射力全国ランキング	294 位
科学技術輻射力全国ランキング	3 位
医療輻射力全国ランキング	74 位
文化・スポーツ・娯楽輻射力全国ランキング	6 位
飲食・ホテル輻射力全国ランキング	6 位
卸売・小売輻射力全国ランキング	8 位

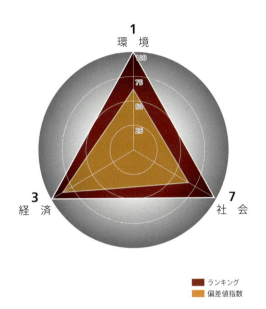

図3-21　大項目指標

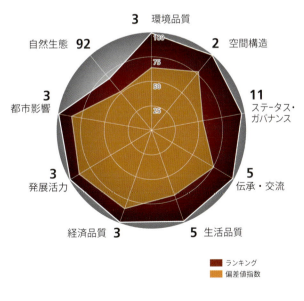

図3-22　中項目指標

深圳 | Shenzhen

広深港高速鉄道と港珠澳大橋が開通

　2018年9月、香港と深圳・広州を結ぶ初の高速鉄道「広深港高速鉄道」の香港域内区間が正式に開通した。開通済みの中国本土区間と合わせ、これで全線開通したことになる。区間の最高時速は350 km、深圳から香港までは最速で14分、広州から香港までの走行時間は以前の100分から48分へと半分に短縮された。香港は2.5万 kmを超える中国本土の高速鉄道網と直接連結し、香港から北京までの所要時間は今までの半分の9時間になる。〈中国都市総合発展指標2017〉では深圳の「鉄道利便性」は全国第5位だが、第1位の広州に順位が近づいていくだろう。

　広深港高速鉄道の全面開通により、中国政府が進めている巨大ベイエリア構想「粤港澳大湾区（広東・香港・マカオビックベイエリア）計画」に内包される深圳、広州、香港といった主要都市がすべて高速輸送ネットワークでつながった。これにより、今後エリア内外の人的交流がさらに加速していくことが予想される。

　同高速鉄道の開通に加え、海上道路では世界最長となる「港珠澳大橋（香港・珠海・マカオ大橋）」も2018年10月23日開通した。これでベイエリア内の交通ネットワークがさらに強化され、ヒト・モノ・カネ・情報の流れが増大していくだろう。〈中国都市総合発展指標2017〉ではすでに「広域中枢機能」は広州が全国第2位、深圳が第3位であり、この順位は今後も揺るがないだろう。

　最新の統計では、2017年のGDPにおいて深圳が香港を初めて上回り、深圳が事実上の粤港澳大湾区におけるトップの経済都市となった。大ベイエリアでは、「奇跡の発展」を遂げた深圳が牽引役となっている。

加熱するショッピングセンターの開業

　米不動産サービス大手CBREの『世界ショッピングセンター発展レポート（Global Shopping Centre Development）』によると、2017年に深圳で着工したショッピングセンターの延床面積は458万 ㎡で、世界第1位だった。世界全体のショッピングセンターの建設面積のうち、アジア太平洋地域が全体の79％を占めており、なかでも中国における同建設面積は1,970万 ㎡と群を抜き、そのランキングのトップ20のうち12都市を中国が占めている。とりわけトップ5都市は中国の都市が独占し、第2位に上海、第3位に重慶、第4位に成都、第5位に武漢と続く。特に、上位2都市の深圳と上海が、中国の同建設面積の約40％を占める。

　深圳には2017年末までに144件のショッピングセンターが開業しており、2002年に市内にはじめてショッピングモールが開業して以降、毎年平均して10件のショッピングセンターが開業している。2012年からは開業速度が加速し、平均して毎年17件が開業、2017年末までに開業したショッピングセンターの延床面積は986.5万 ㎡に達した。

　急速に膨張する経済規模とともに、加熱するショッピングセンター建設ブームの一方、さまざまな問題も発生している。判を押したように似通ったコンセプト、建築・インテリアデザイ

港珠澳大橋

ン、テナント構成のショッピングセンターが相次いで建設され、過剰な床面積が供給され続けた結果、市内の2017年の空テナント率は平均20.1％に達し、市中心部でも4.5％に達している。また、消費者の需要も多様化し、従来はアパレル一辺倒のテナント構成であったが、現在では飲食、ファミリー・子ども向け商品や生活サービス業のテナントが隆盛になりつつあるという。

〈中国都市総合発展指標2017〉では「卸売・小売業輻射力」全国第8位の深圳にとって、今後、順位を上昇させるためには、新たな取組みが必要だ。

自由貿易港の建設

2018年6月、深圳市政府は、深圳港を新たなグローバルハブ港とし、香港港とともに国際海運センターを共同で建設するとの目標を発表した。インフラ整備を行い、2020年末までに自由貿易港を建設する。

深圳港は世界第3位のコンテナ港で、〈中国都市総合発展指標2017〉では「コンテナ港利便性」でも全国第2位を誇る中国国内屈指の港である。深圳市は、香港港との連携を強化し、海運サービスと物流サービスの一体化を図る。

深圳市は粤港澳大湾区内の都市間連携も深め、輸送の申請、検査、通行許可を簡略化し、エリア内の通関の一体化を進めている。

深圳 | Shenzhen

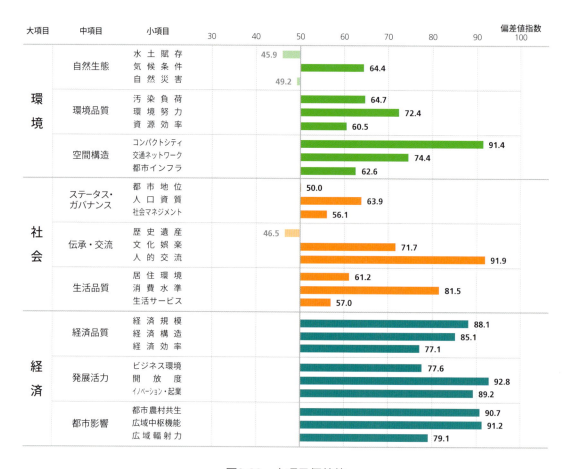

図3-23　小項目偏差値

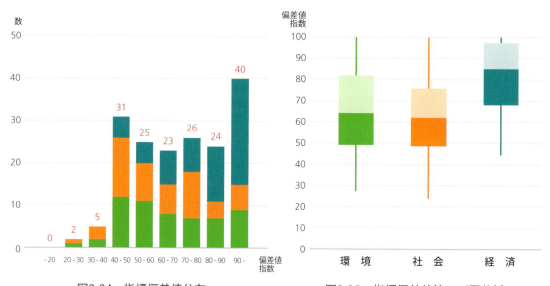

図3-24　指標偏差値分布　　　　図3-25　指標偏差値箱ひげ図分析

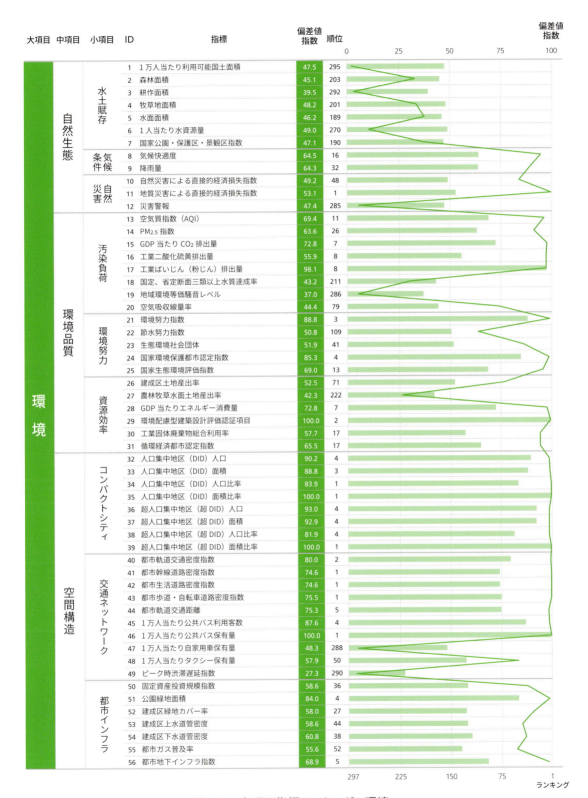

図3-26　各項目指標ランキング：環境

深圳 | Shenzhen

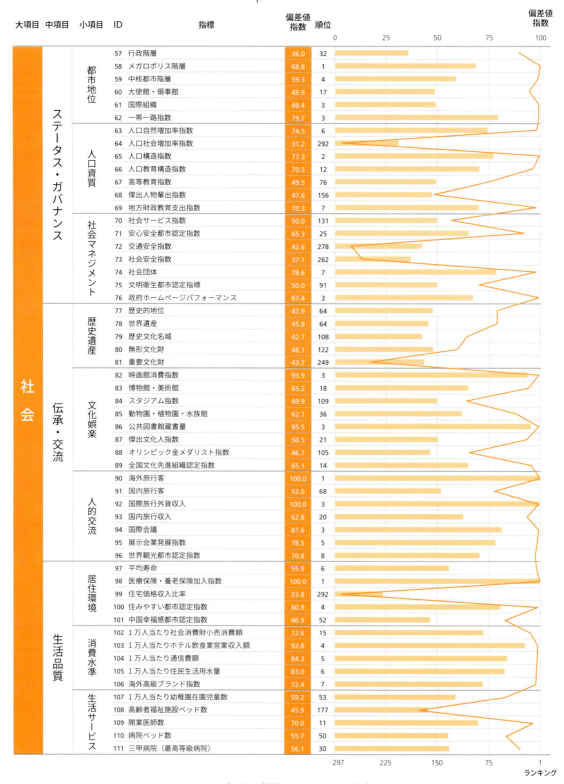

図3-27　各項目指標ランキング：社会

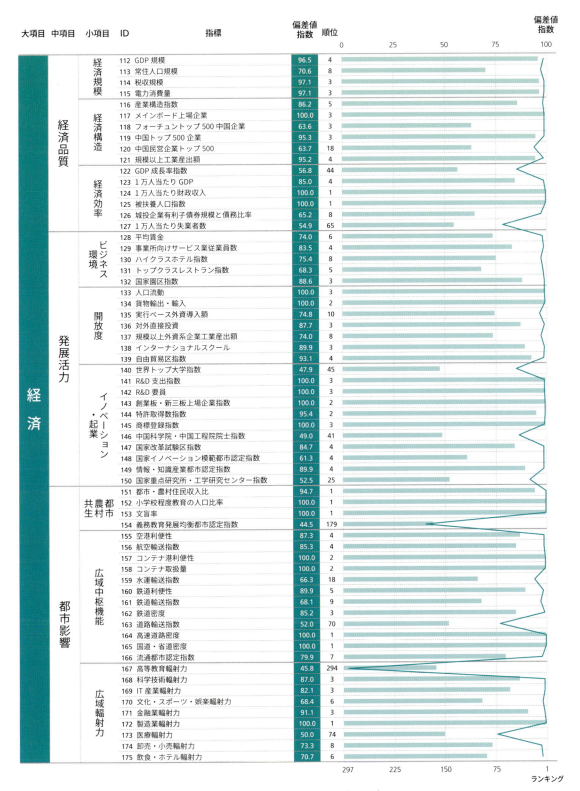

図3-28　各項目指標ランキング：経済

深圳 | Shenzhen

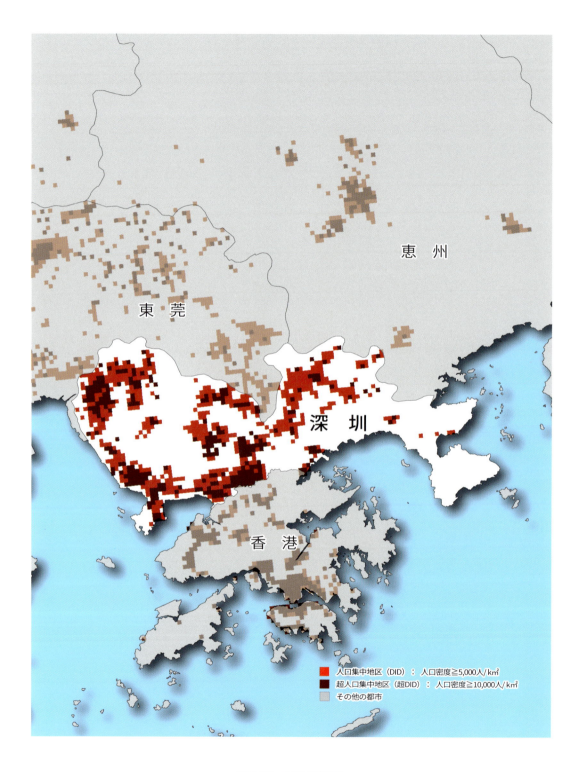

図3-29　DID分析図

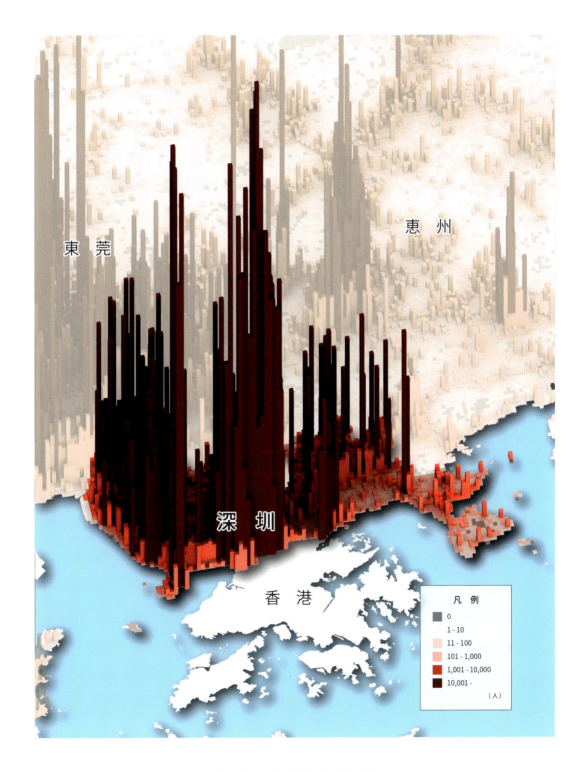

図3-30　人口規模と密度分析図

4位 広州
Guangzhou

　広州は前年の順位を保持し、総合ランキングで第4位。

　「社会」大項目で、広州は2つ順位を上げ第3位となった。広州は華南地域の政治、経済と文化の中心であり、歴史的に名高い港湾都市でもある。広州は、古代海洋シルクロードの主要港であり、唐と宋の時代に中国最大の港となった。清朝の乾隆帝（清朝の第6代皇帝）時代は、中国唯一の貿易港として、輝かしい繁栄を誇っていた。「社会」大項目の3つの中項目指標の中で、「伝統・交流」「ステータス・ガバナンス」の両中項目が第4位となっている。「生活品質」中項目は北京、上海に次ぎ第3位となった。

　「経済」大項目で広州は、前年の良好なパフォーマンスを維持し第4位となった。広東省の省都、珠江デルタメガロポリスの中心都市として、広州は重要な国際通商のハブ、対外交流のハブ、総合交通ハブであるだけでなく、改革開放のモデル都市でもある。広州は、「経済」大項目の「都市影響」「発展活力」「経済品質」の3つの中項目指標ですべて好成績を上げ、それぞれ第4位、第5位、第6位であった。

　「環境」大項目で、広州は前年より順位を上げ第4位となった。「環境」大項目の3つの中項目指標の中で、「空間構造」中項目は秀でており第4位であったが、「自然生態」と「環境品質」の両中項目では各々第51位、第25位となった。

表3-4　主要指標

環 境

常住人口	1350万人
行政区域土地面積	7434 km²
1万人当たり利用可能国土面積全国ランキング	286位
森林面積率全国ランキング	136位
1人当たり水資源量全国ランキング	176位
気候快適度全国ランキング	58位
PM$_{2.5}$指数全国ランキング	70位
人口集中地区（DID）人口全国ランキング	3位
都市軌道交通距離全国ランキング	3位

社 会

住宅価格全国ランキング	6位
劇場・映画館全国ランキング	11位
博物館・美術館全国ランキング	8位
国内旅行客数	4854万人
海外旅行客数	804万人
世界遺産全国ランキング	64位
国際会議全国ランキング	10位

経 済

GDP規模	18100億元
1万人当たりGDP	134066元/人
GDP成長率	7.7%
1万人当たり財政収入全国ランキング	21位
平均賃金全国ランキング	5位
メインボード上場企業全国ランキング	6位
貨物輸出全国ランキング	5位
空港利便性全国ランキング	3位
コンテナ港利便性全国ランキング	3位
金融業輻射力全国ランキング	4位
製造業輻射力全国ランキング	7位
IT産業輻射力全国ランキング	7位
高等教育輻射力全国ランキング	6位
科学技術輻射力全国ランキング	4位
医療輻射力全国ランキング	3位
文化・スポーツ・娯楽輻射力全国ランキング	3位
飲食・ホテル輻射力全国ランキング	5位
卸売・小売輻射力全国ランキング	5位

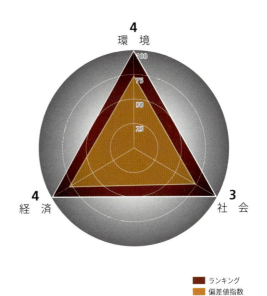

図3-31　大項目指標

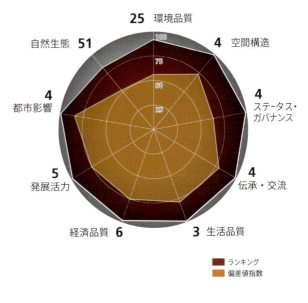

図3-32　中項目指標

広州 | Guangzhou

建設が進む「広州国際総合交通ターミナル」

　広州は長きにわたり中国の主要な交通拠点であり続けた。〈中国都市総合発展指標2017〉でも陸・海・空の交通がともに全国トップクラスの成績を誇っている。

　鉄道・道路で広州は、「鉄道利便性」「道路輸送指数」ともに全国第1位であり、鉄道の利用客数は年間1.4億人を超える。その中でも広州南駅の利用客数は年間約5,600万人で、鉄道の発着便数は全国第1位である。

　港湾は「コンテナ港利便性」が全国第3位、「コンテナ取扱量」が年間1,885万TEU（20フィートコンテナ1個を単位としたコンテナ数量）で全国第4位である。

　中央政府も広州を中国の重要な総合交通ターミナルと位置付けている。中国の国家戦略「一帯一路」では広州を国際貨物輸送の中枢とし、2016年に公示された「第13次五カ年計画」の綱要で、広州を北京、上海とともに国際的な総合交通ターミナルと位置付けている。

　以上の背景もあり、広州は2017年に公表した「2040年広州市交通発展戦略計画」の目玉として「国際総合交通ターミナル」の建設を挙げている。交通ターミナルが完成した暁には、貨物の合計取扱量は2020年に年間580万トン、2025年には1,870万トン、2035年には2,590万トンになると推計している。広州は粤港澳大湾区の鉄道輸送の最大の中枢として、中欧や東南アジア向けの一大交通拠点になることも見込まれている。

広州で加速するEV化

　広東省の都市は大気汚染の被害は比較的軽く、同省における2017年のPM$_{2.5}$の年平均値は1m³当たり32μg（マイクログラム）で、先進国の年平均値である10 - 15μgに比べると大きな差があったものの、中国の国家基準の35μgを下回った。

　〈中国都市総合発展指標2017〉では、2017年PM$_{2.5}$の年平均値は、広州は34μgで全国第70位、深圳は26.1μgで全国第26位だった。北京などの北方都市と比べかなり好成績であった。

　省政府は、2035年までに省内全域の年平均値を25μg以下とすることを目標に掲げている。

　大気汚染の改善に向け、広州市でEVバス（電気バス）の導入が加速している。広州市政府は2018年に投入・更新されるバスはすべてEVバスを採用し、2018年末までに1万台以上のEVバスを普及させ、公共バスを100％EV化させることを目標としている。また、タクシーについても新規導入および更新される車両のうち70％以上をEVとし、毎年5％ずつ比率を高めていくという。

広州で進む中国初のビジネス機専用空港計画

　2018年4月、広州白雲国際空港の第二ターミナルが供用を開始した。新ターミナルは航空会社計16社が乗り入れ、総面積は65.9万㎡（羽田国際空港の約2.8倍）、カウンター数は339カ所、年間旅客数は4,500万人を見込んでいる。広州白雲国際空港は2017年に年間6,584万人の利用客

広州を走る軌道交通

があり、北京首都国際空港、上海浦東国際空港に続き中国第3位のハブ空港となっている。郵便貨物取扱量は165万トンでこちらも全国第3位である。〈中国都市総合発展指標2017〉でも広州の「空港利便性」は全国第3位である。

　市の計画では、2022年までにさらに第三ターミナルを建設し、2本の滑走路を新設し、2025年には利用旅客数が1億人に達すると見込んでおり、世界的なハブ空港を目指す。

　また、広州市は中国はじめてのビジネス機専用空港建設も計画している。

　巨大処理能力を持つ「粤港澳大湾区」の交通中枢として、広州市は新たなステージに突入している。

広州 | Guangzhou

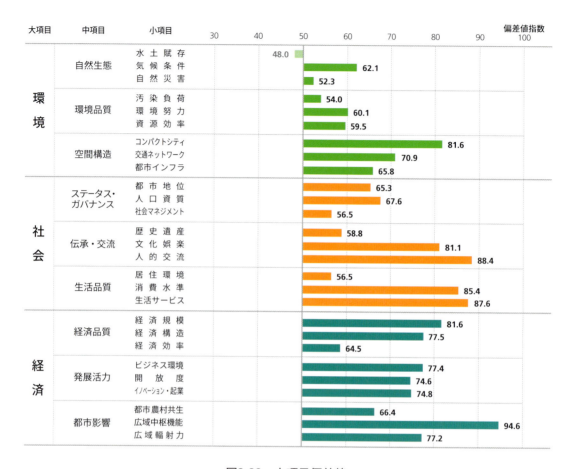

図3-33　小項目偏差値

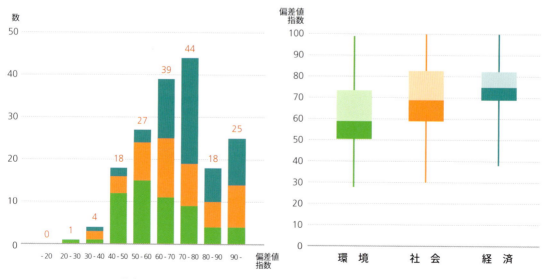

図3-34　指標偏差値分布　　　　図3-35　指標偏差値箱ひげ図分析

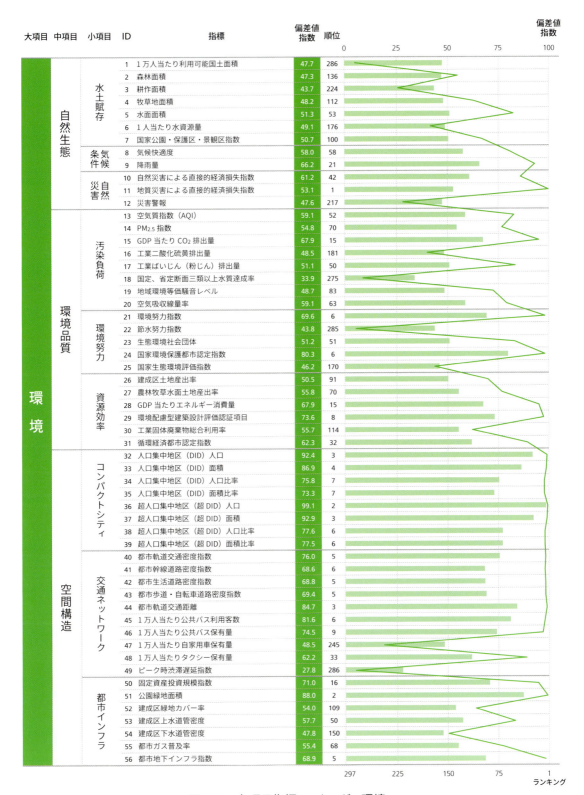

図3-36　各項目指標ランキング：環境

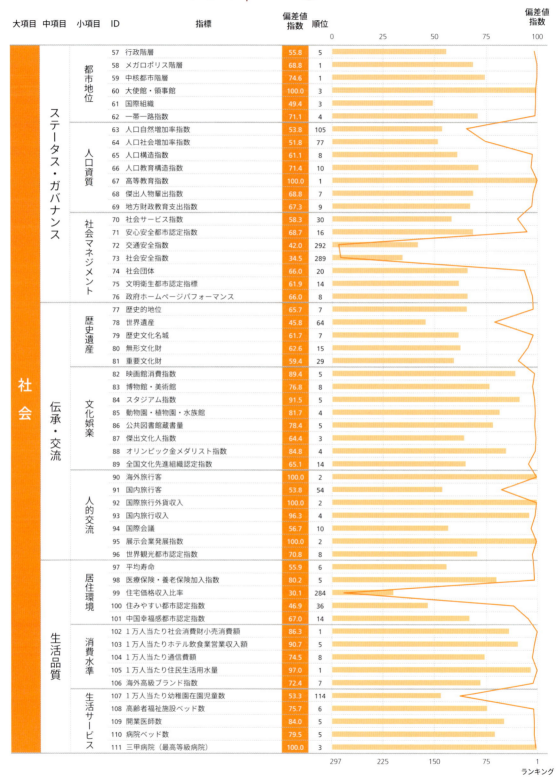

図3-37　各項目指標ランキング：社会

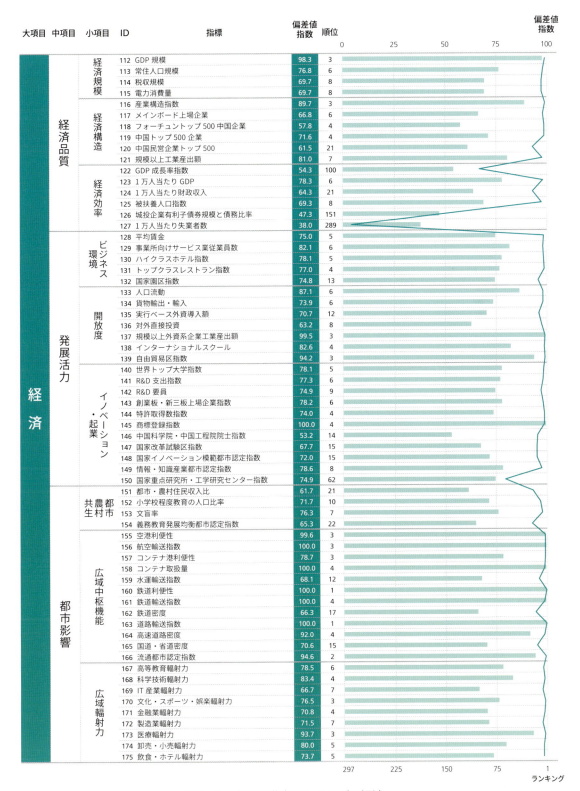

図3-38　各項目指標ランキング：経済

広州 | Guangzhou

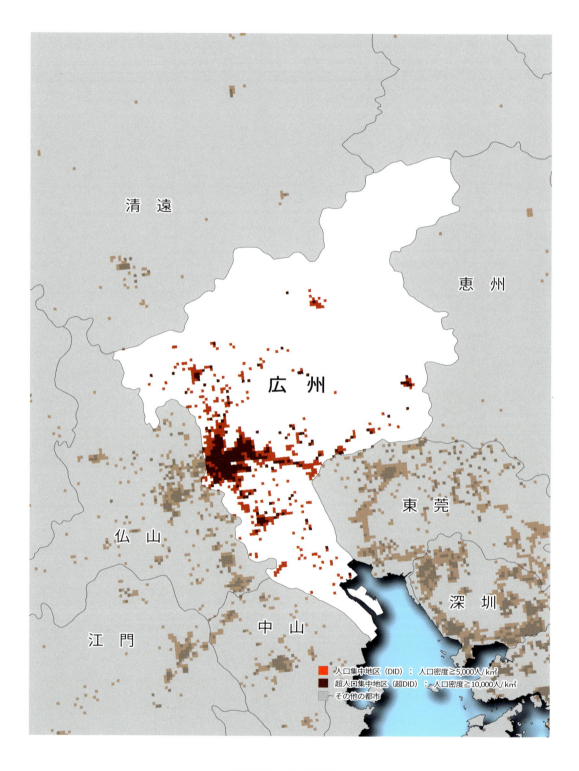

図3-39 DID分析図

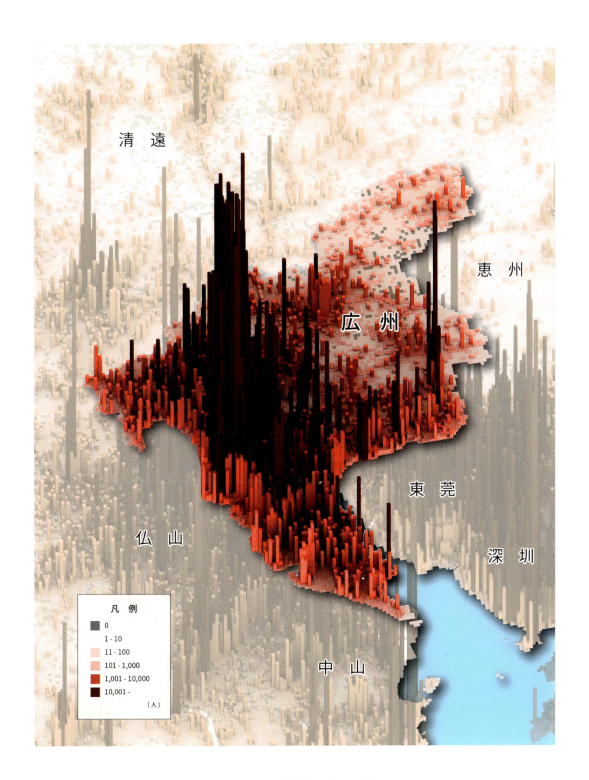

図3-40　人口規模と密度分析図

5位 天津 Tianjin

　天津は総合ランキングで第5位を維持。
　「経済」大項目で天津は、前年と同様第5位となった。直轄市として、また京津冀メガロポリスの第2の大都市として、天津は巨大な人口規模と経済規模を擁するだけではなく、臨海の優位性と水陸交通の中枢を有した、中国北方の国際運輸の中心地でもある。「浜海新区」の建設を通じ、天津は全国の先進的な製造の研究開発拠点、金融イノベーション運営モデル区、改革開放先進区となっている。天津は、「経済」大項目の3つの中項目指標のパフォーマンスは比較的良好であり、その中で「経済品質」と「発展活力」の両中項目で共に第5位、「都市影響」中項目では第6位であった。
　「社会」大項目で天津は第6位である。天津は隋朝時代、京杭大運河（北京‐杭州）を通じて南方の食料を北方に輸送する水陸交通の中継地点であり、元朝以来、北京の門戸として軍事上重要な都市で水上輸送の要衝でもあった。また、洋務運動の時期には、中国第2の商工業都市で北方最大の金融、通商の中心であった。「社会」大項目の「ステータス・ガバナンス」中項目で天津は第3位となった。「伝承・交流」と「生活品質」の両中項目は、それぞれ第7位、第9位となっている。
　「環境」大項目で天津は、前年74位より順位を上げ第38位となった。天津の都市インフラ建設は、早くから始まり「都市軌道交通距離」では全国第8位であり、「空間構造」中項目で第6位であった。自然生態資源の不足や空気汚染などの問題から「自然生態」と「環境品質」の両中項目は、それぞれ第217位、第68位と落ち込んでいる。

表3-5 主要指標

環 境

常住人口	1547 万人
行政区域土地面積	11917 km²
1万人当たり利用可能国土面積全国ランキング	280 位
森林面積率全国ランキング	191 位
1人当たり水資源量全国ランキング	287 位
気候快適度全国ランキング	229 位
$PM_{2.5}$ 指数全国ランキング	261 位
人口集中地区（DID）人口全国ランキング	5 位
都市軌道交通距離全国ランキング	8 位

社 会

住宅価格全国ランキング	8 位
劇場・映画館全国ランキング	36 位
博物館・美術館全国ランキング	11 位
国内旅行客数	17059 万人
海外旅行客数	326 万人
世界遺産全国ランキング	14 位
国際会議全国ランキング	46 位

経 済

GDP 規模	16538 億元
1万人当たり GDP	106908 元/人
GDP 成長率	4.9 %
1万人当たり財政収入全国ランキング	6 位
平均賃金全国ランキング	3 位
メインボード上場企業全国ランキング	8 位
貨物輸出全国ランキング	11 位
空港利便性全国ランキング	13 位
コンテナ港利便性全国ランキング	6 位
金融業輻射力全国ランキング	8 位
製造業輻射力全国ランキング	9 位
IT産業輻射力全国ランキング	41 位
高等教育輻射力全国ランキング	9 位
科学技術輻射力全国ランキング	8 位
医療輻射力全国ランキング	7 位
文化・スポーツ・娯楽輻射力全国ランキング	12 位
飲食・ホテル輻射力全国ランキング	15 位
卸売・小売輻射力全国ランキング	7 位

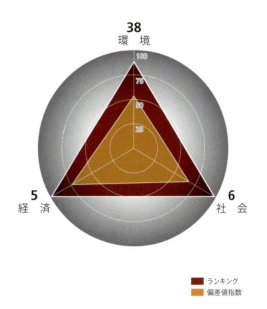

図3-41 大項目指標

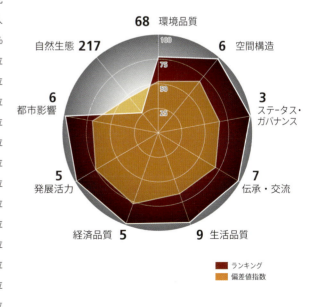

図3-42 中項目指標

天津 | Tianjin

天津の都市文化「相声（漫才）」

　近年、中国では再び「相声」ブームが巻き起こっている。相声とは日本の「漫才」に似た中国の伝統的な大衆芸能の一つである。諸説あるが、「相声」はおよそ100年前に北京で生まれたとされ、その後天津で発達し、今や天津を代表する文化となっている。「相声」を含む天津の「無形文化財」は〈中国都市総合発展指標2017〉で全国第9位となっている。

　一時は低迷した「相声」に再び脚光を浴びせた立役者が、天津出身の相声芸人・郭徳綱である。郭徳綱は伝統的な「相声」を現代風にアレンジし、ユーモアに溢れながらも世相を辛辣に皮肉ることで人々の心をつかんでいる。今や彼の人気は老若男女問わず高く、相声界のフロントランナーとして中国内外で活発な活動を展開している。郭徳綱は2017年夏、日本をはじめて訪れ、東京公演で大成功を収め、在日華人らを爆笑の渦に巻き込んだ。好評のため翌2018年に再び東京公演を行い、ファンを増やしている。

　「相声」は2008年に中国の国家無形文化遺産に登録された。天津の歴史的な民俗文化と市民文化の象徴として、天津人の精神の拠り所ともなっている。

新たなランドマーク公共図書館「浜海新区文化センター」がオープン

　天津市の経済開発区、浜海新区に2017年末、従来の中国の図書館のイメージを覆す公共図書館「浜海新区文化センター」がオープンした。新たなランドマークとなった同センターは、地上6階建てで高さは約29.6 m、総面積は3.4万㎡にもおよび、開館時の蔵書数は20万冊で、収蔵能力は120万冊の規模を誇る。

　建物は流線形の近未来的なデザインで構成され、壁沿いには天井から床まで覆う階段状の書架がうねりながら棚田のように連続している。来館者は書棚の横を歩きながら自由に上下階を行き来できる。設計・デザインは、世界的に著名なオランダの建築設計会社「MVRDV」が手がけて話題を呼んだ。

　「浜海新区文化センター」の様子がネットで公開されるやいなや、国内外のさまざまなメディアが取り上げ、米国『タイム』誌は2018年の観光地ランキング「行く価値のある世界100カ所」の中で、「浜海新区文化センター」を映えある第1位にランク付けした。

　「公共図書館蔵書量」全国第8位の天津に相応しい「浜海新区文化センター」には、週末に平均1.5万人が訪れるという。もはや図書館だけの機能にとどまらず、世界中の人々を魅了する21世紀の社交空間としても日々存在感を増している。

天津進出25周年を迎えた伊勢丹

　日本の老舗百貨店伊勢丹が2018年、天津進出25周年を迎えた。1993年オープンした上海淮海路店に続き、同店は中国第2号店である。当時、天津市政府側には、北京、上海に次ぐ中国第三の都市として国際的な百貨店を誘致したいとの意向があり、外資系大型百貨店としては同店

浜海新区文化センター

が天津市で第1号となった。2013年には浜海新区に天津2号店もオープンしている。

1992年の中国小売業の開放により、日系百貨店は早い段階から中国市場に進出した。

参入初期こそ日系百貨店は売場、商品、販売サービスなどの面で消費者の支持を得て業績を伸ばしたものの、現在では業績不振が続き、撤退を余儀なくされる百貨店も少なくない。中国の百貨店は全体として国内資本のパワーアップも相まって競争が激化し、さらに消費者ニーズの変化やeコマースへの対応も後手に回り、大いに苦戦を強いられている。

伊勢丹も中国内の一部地域では業績が伸び悩んでいるものの、天津での売上は好調である。その強さの理由は、顧客満足度の高さだという。困難な時代を乗り越えていくために顧客情報の丁寧な分析によって常に顧客ニーズに合った商品を展開させ、店舗づくり、組織改革、商品開発などあらゆる面で、徹底的に改革を続けている。日本の百貨店が〈中国都市総合発展指標2017〉の「卸売・小売輻射力」全国第7位の都市で善戦を続けている現実は、海外小売業界の中国展開にひとつの示唆を与えている。

天津 | Tianjin

図3-43 小項目偏差値

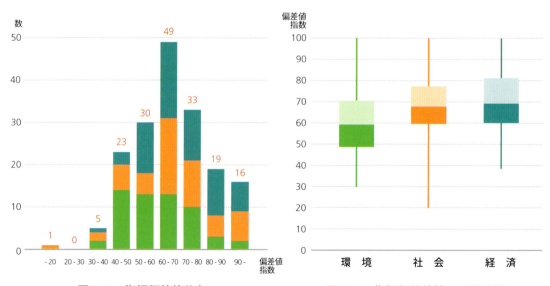

図3-44 指標偏差値分布

図3-45 指標偏差値箱ひげ図分析

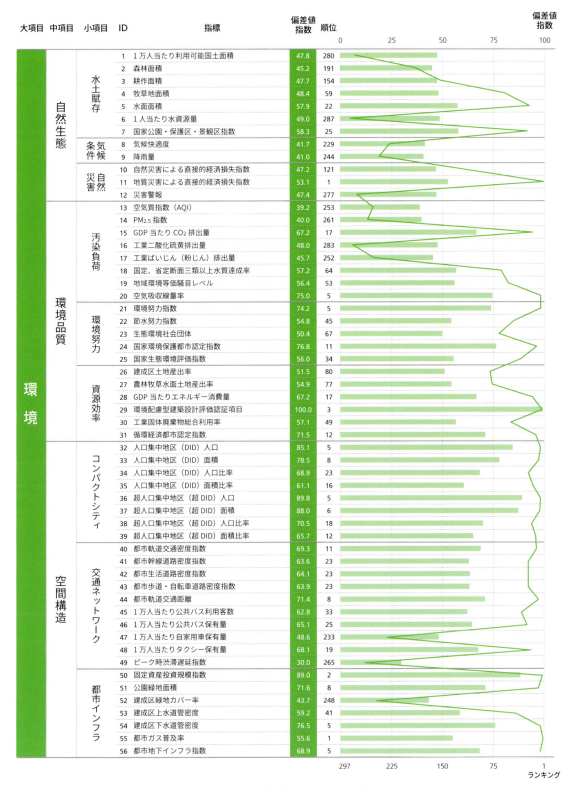

図3-46　各項目指標ランキング：環境

天津 | Tianjin

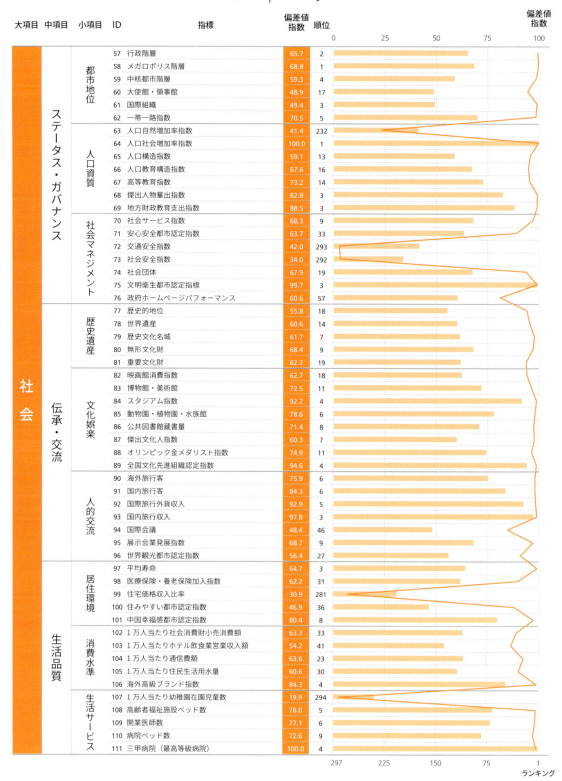

図3-47　各項目指標ランキング：社会

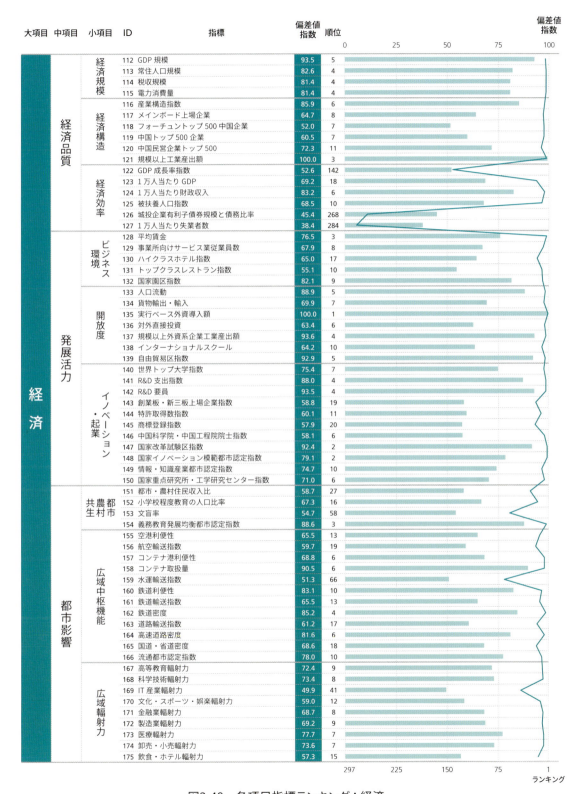

図3-48　各項目指標ランキング：経済

天津 | Tianjin

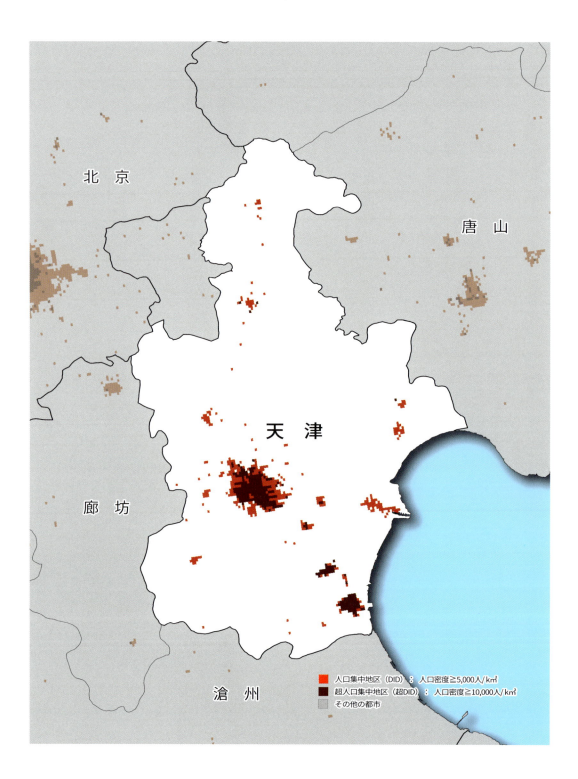

図3-49　DID分析図

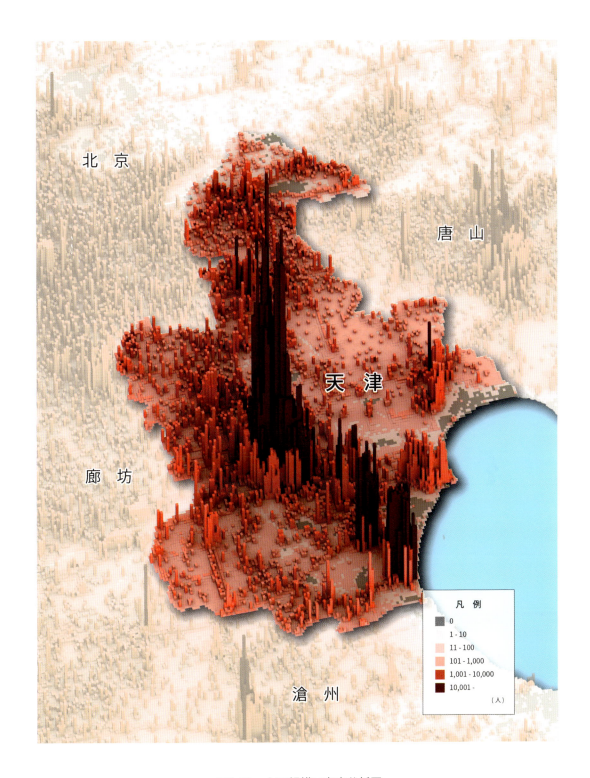

図3-50　人口規模と密度分析図

6位 重慶
Chongqing

　重慶は総合ランキングで第6位。前年の第8位からランクアップした。

　「社会」大項目で重慶は第4位である。巴渝文化（長江上流地域の民族文化の一つ）の発祥地であり、自然の景観で人々を楽しませ、文化の息吹を感じさせる都市である。また、中国で最も早く対外内陸通商の通関地が設置され、第二次世界大戦時は戦時首都であった。内陸部の政治、経済、文化の中心地としてだけではなく、賑わいや穏やかさなどを兼ね備えた都市である。「社会」大項目の「ステータス・ガバナンス」と「伝承・交流」の両中項目が秀でており、各々第5位、第3位であった。「生活品質」中項目は第17位に甘んじている。

　「経済」大項目で重慶は第7位である。直轄市としての重慶は、膨大な人口規模と経済規模をもつだけではなく、長江上流地域の経済の中心地、西南地区の総合交通の中枢であり、中国の重要な製造業の拠点でもある。特に電子産業が急速に発展し、同産業の一大集積地となっている。重慶市は、成渝メガロポリスの中心都市として、商業、貿易、金融、文化、科学技術、教育、医療などの分野で強大な輻射力を有し、地域発展の重要な中心機能を提供している。「経済」大項目の3つの中項目指標の中で重慶は、「経済品質」「発展活力」「都市影響」のパフォーマンスに比較的優れ、それぞれ第4位、第14位、第8位となった。

　「環境」大項目では重慶は第11位で、前年の第25位から大きく前進した。山地にある重慶は、自然生態環境は優位である。「空間構造」、「自然生態」、「環境品質」の中項目で、各々第39位、第5位、第56位となっている。

表3-6　主要指標

環境

常住人口	3017 万人
行政区域土地面積	82374 km²
1 万人当たり利用可能国土面積全国ランキング	149 位
森林面積率全国ランキング	3 位
1 人当たり水資源量全国ランキング	119 位
気候快適度全国ランキング	19 位
PM2.5 指数全国ランキング	201 位
人口集中地区（DID）人口全国ランキング	6 位
都市軌道交通距離全国ランキング	11 位

社会

住宅価格全国ランキング	56 位
劇場・映画館全国ランキング	111 位
博物館・美術館全国ランキング	6 位
国内旅行客数	38885 万人
海外旅行客数	283 万人
世界遺産全国ランキング	2 位
国際会議全国ランキング	4 位

経済

GDP 規模	15717 億元
1 万人当たり GDP	52103 元/人
GDP 成長率	9.3 %
1 万人当たり財政収入全国ランキング	58 位
平均賃金全国ランキング	53 位
メインボード上場企業全国ランキング	5 位
貨物輸出全国ランキング	8 位
空港利便性全国ランキング	7 位
コンテナ港利便性全国ランキング	225 位
金融業輻射力全国ランキング	10 位
製造業輻射力全国ランキング	6 位
IT 産業輻射力全国ランキング	8 位
高等教育輻射力全国ランキング	16 位
科学技術輻射力全国ランキング	12 位
医療輻射力全国ランキング	10 位
文化・スポーツ・娯楽輻射力全国ランキング	10 位
飲食・ホテル輻射力全国ランキング	3 位
卸売・小売輻射力全国ランキング	4 位

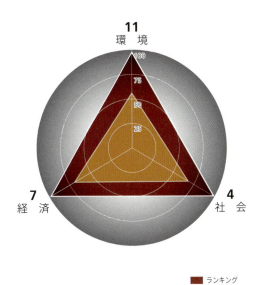

図3-51　大項目指標

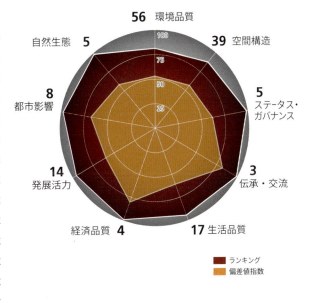

図3-52　中項目指標

重慶 | Chongqing

『千と千尋の神隠し』の舞台？ 一大人気スポットとなった「洪崖洞」

　中国政府の発表によると、2018年5月の労働節（メーデー）の三連休で、中国全土の国内旅行者は1.5億人（前年比9.3％増）を記録し、国内観光収入も前年同期比10.2％増の871.6億元（約1.4兆円）に達した。加熱する旅行ブームの中、同連休中の中国国内人気観光地ランキングで第2位に輝いたのが、重慶の「洪崖洞」だ。

　重慶には貴重な遺産や文化を残した名跡が多い。元来、観光地としても有名で、〈中国都市総合発展指標2017〉では「国内観光客」で、重慶は堂々全国第1位の観光都市である。重慶市南部に位置する「洪崖洞」は、同地の伝統的な建築様式「吊脚楼」を採用して再建された商業施設。全長約600ｍ、総面積は6万㎡の市内屈指の観光地として「国家4A級旅遊景区」に指定された。連休初日だけで8万人以上が訪れたその人気の理由は、中国発祥の人気スマートフォン・アプリ「抖音（Tik Tok）」の口コミ効果であったという。

　「洪崖洞」が日本の大ヒットアニメーション映画『千と千尋の神隠し』の舞台「湯屋」に「酷似している」との投稿が「抖音」に上がり、また、美しい「洪崖洞」の夜景を捉えた動画も数多く投稿されると、またたく間に若者のあいだで話題となり、大フィーバーにつながった。中国の観光名所がSNSという新たな手段によって次々と再発見されている好例である。

中国西部最大の旅客輸送ターミナル「重慶西駅」の第1期が完成

　2018年1月、重慶西駅が完成し、重慶市と貴州省貴州市を結ぶ鉄道「渝貴鉄路」が同時開業した。「渝貴鉄路」は全長347kmで、営業最高時速は200km。同鉄道は中国の成渝地区（成都と重慶の間の地区）と西南地区から華南・華東地区に至る高速鉄道ルートを形成し、重慶・貴州間の移動時間は大幅に短縮された。地域の交通利便性がさらに高まり、沿線の中小都市の発展や観光資源開発が牽引されると見込まれている。

　起点となる重慶西駅は中国西部最大の旅客ターミナルとなり、完成した第1期の建築面積は約12万㎡におよび、年間の利用客数は約4,100万人を見込んでいる。2018年の春運（旧正月前後の帰省ラッシュに伴う特別輸送体制）の期間中、1日あたりの旅客数は10.3万人を記録し、旅客数が10万人を突破した中国初の大型旅客輸送ターミナルとなった。〈中国都市総合発展指標2017〉では、重慶の「鉄道利便性」は全国第29位であるが、今後の順位上昇が見込まれる。

国内有数の自動車生産基地

　中国は今や世界最大の自動車市場である。重慶も、中国有数の自動車生産基地の一つであり、2017年の同市の自動車生産台数は約300万台に達した。中国の自動車生産台数は約2,888万台で9年連続世界第1位である。重慶の自動車生産はその約1割を担う規模にまで成長している。重慶の「1万人当たり自家用車保有量」は全国第126位とかなり低いが、都市としての全体規模でみると自家用車保有量は全国第5位の約232万台（前年比21.5％増）であり、今後の成長が

洪崖洞

期待されている。

　一方、重慶は自動車産業の生産額では、成長スピードが鈍化し、ライバルである上海や広東省に比べると、一車両あたりの生産額が低いことが課題となっている。また、同市はEVやスマートカーへの対応も遅れており、ハイエンド技術の研究開発が急がれている。

重慶 | Chongqing

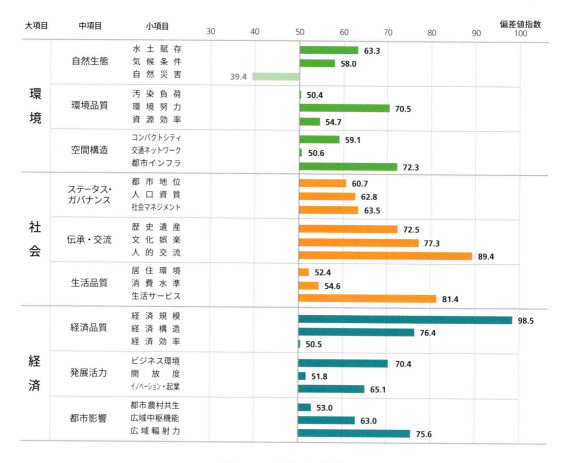

図3-53 小項目偏差値

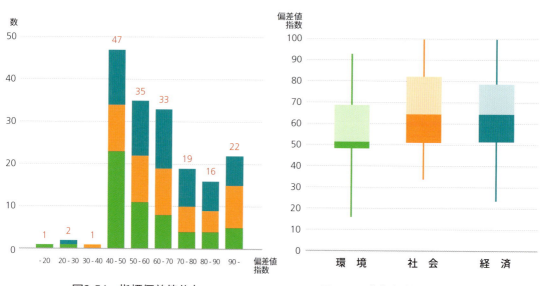

図3-54 指標偏差値分布

図3-55 指標偏差値箱ひげ図分析

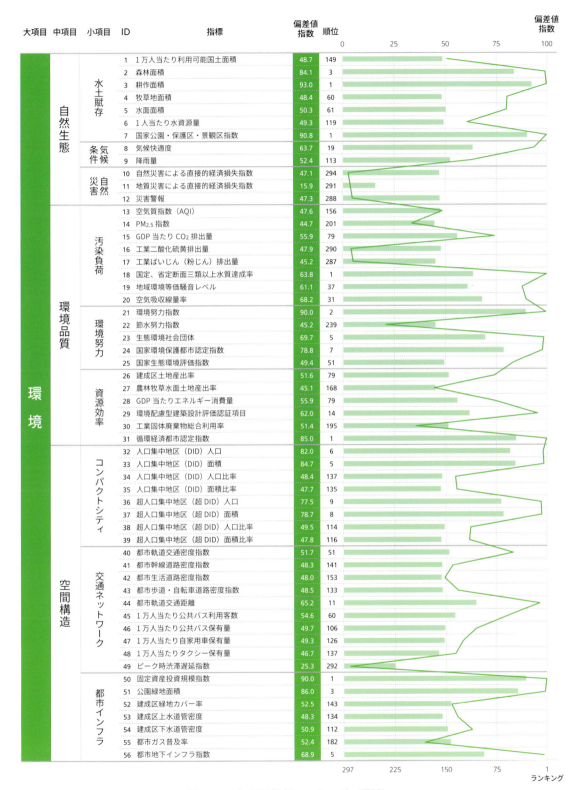

図3-56　各項目指標ランキング：環境

重慶 | Chongqing

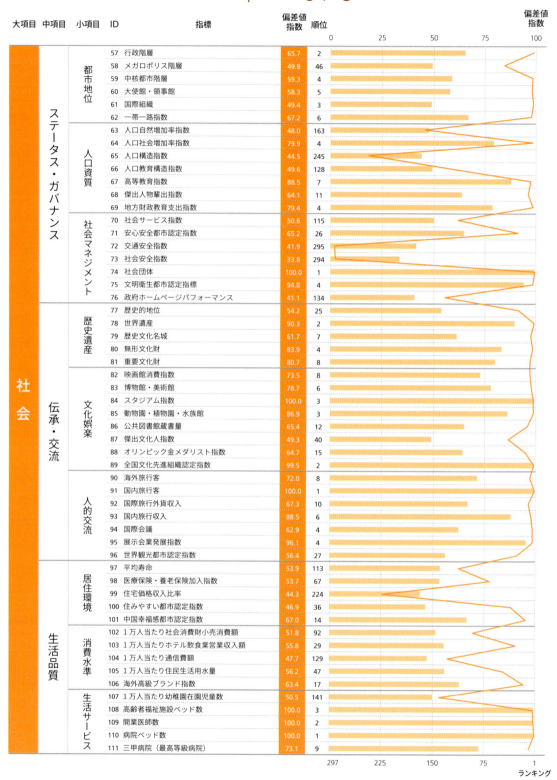

図3-57　各項目指標ランキング：社会

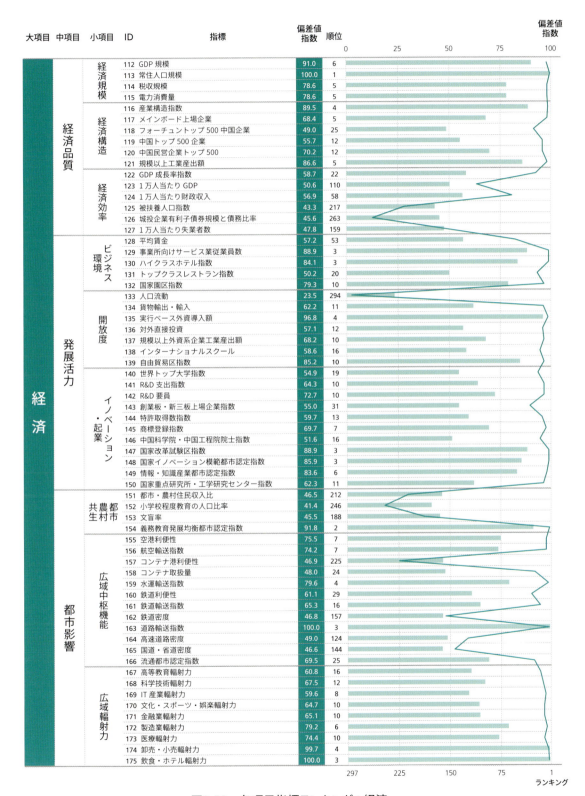

図3-58　各項目指標ランキング：経済

重慶 | Chongqing

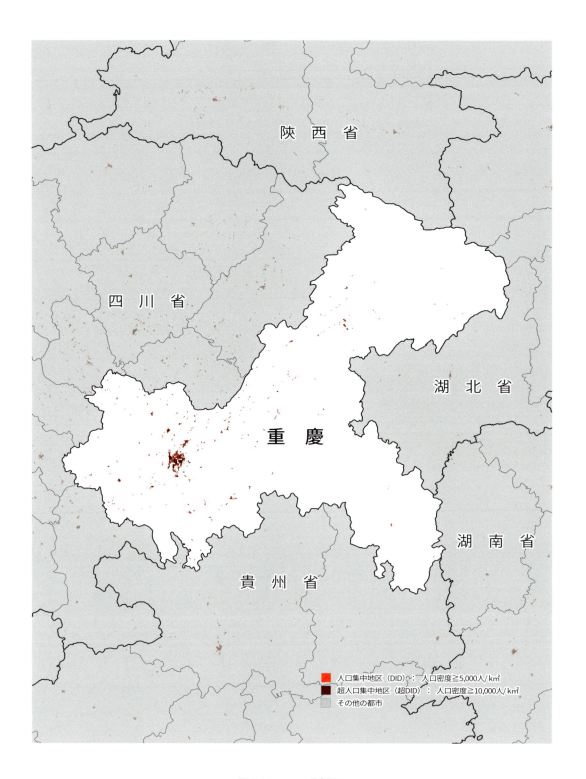

図3-59　DID 分析図

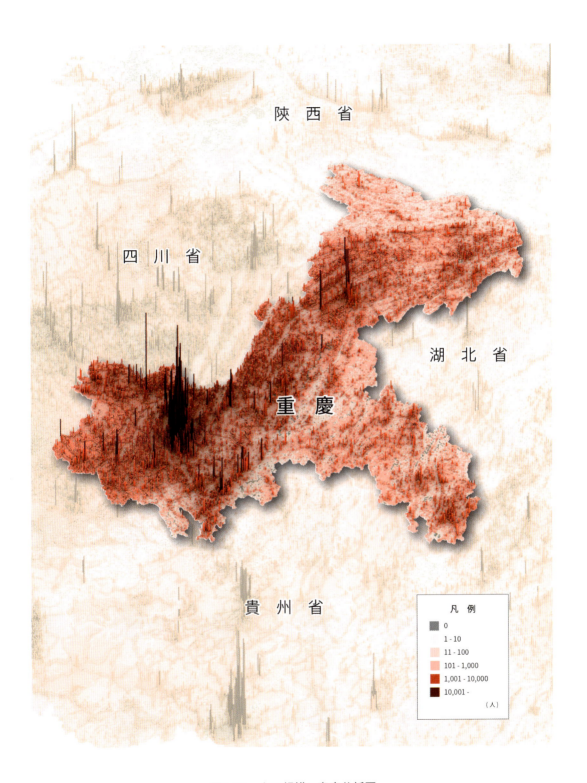

図3-60　人口規模と密度分析図

7位 杭州
Hangzhou

　杭州は、昨年同様総合ランキングで第7位。

　「社会」大項目で杭州は、第5位である。かつて呉越と南宋の都であり、中国の八大古都（西安、北京、南京、洛陽、開封、杭州、安陽、鄭州）の一つである杭州は、歴史文化に名高い観光都市である。また、杭州は"この世の天国"との呼び名があり、"中国で最も幸福感のある都市"、"全国文明都市"、"国家生態園林都市"などの栄誉を受けている。「社会」大項目の3つの中項目指標の中で「ステータス・ガバナンス」「伝統・交流」「生活品質」のパフォーマンスが秀でており、それぞれ第8位、第6位、第4位であった。

　「経済」大項目で杭州は第9位である。京杭大運河（北京－杭州）の利便性により、杭州は歴史上重要な商業集積地となった。今日、浙江省の省都であり長江デルタメガロポリスの中心都市の一つである杭州は中国の重要な電子商取引先進都市として躍進している。「経済」大項目の3つの中項目指標の中で、「経済品質」「発展活力」の両中項目は第8位、「都市影響」中項目で第11位となっている。

　「環境」大項目では杭州は第14位である。同大項目では大気汚染の問題に引っ張られ、「環境品質」中項目は第58位であった。「空間構造」と「自然生態」両中項目は、比較的優れ、それぞれ第15位、第20位となった。

表3-7　主要指標

環境

常住人口	902 万人
行政区域土地面積	16596 km²
1 万人当たり利用可能国土面積全国ランキング	196 位
森林面積率全国ランキング	41 位
1 人当たり水資源量全国ランキング	68 位
気候快適度全国ランキング	59 位
PM$_{2.5}$ 指数全国ランキング	165 位
人口集中地区（DID）人口全国ランキング	14 位
都市軌道交通距離全国ランキング	18 位

社会

住宅価格全国ランキング	7 位
劇場・映画館全国ランキング	7 位
博物館・美術館全国ランキング	9 位
国内旅行客数	12000 万人
海外旅行客数	342 万人
世界遺産全国ランキング	4 位
国際会議全国ランキング	21 位

経済

GDP 規模	10050 億元
1 万人当たり GDP	111446 元/人
GDP 成長率	8.4 %
1 万人当たり財政収入全国ランキング	12 位
平均賃金全国ランキング	9 位
メインボード上場企業全国ランキング	7 位
貨物輸出全国ランキング	12 位
空港利便性全国ランキング	8 位
コンテナ港利便性全国ランキング	30 位
金融業輻射力全国ランキング	7 位
製造業輻射力全国ランキング	12 位
IT 産業輻射力全国ランキング	4 位
高等教育輻射力全国ランキング	13 位
科学技術輻射力全国ランキング	6 位
医療輻射力全国ランキング	5 位
文化・スポーツ・娯楽輻射力全国ランキング	8 位
飲食・ホテル輻射力全国ランキング	8 位
卸売・小売輻射力全国ランキング	6 位

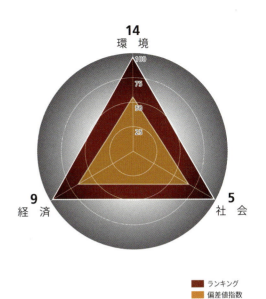

図3-61　大項目指標

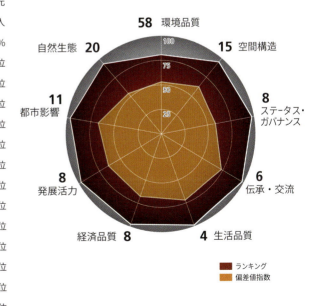

図3-62　中項目指標

杭州 | Hangzhou

「中国民営企業トップ500」ランキングで杭州が全国第１位を獲得

　2018年８月、全国の企業団体である中華全国工商連合会（工商連）により「中国民営企業トップ500」が発表された。これは中国民営企業の昨年の営業収入（売上高）に基づいて作成される上位500社のランキングであり、民営企業の動向を占う重要な指標である。2010年から公表されている。

　2018年度版のトップ３は、華為投資が売上高6,000億元（約9.7兆円）で首位となり、第２位が蘇寧控股集団、第３位が正威国際集団。昨年の売上高が3,000億元（約4.9兆円）を超えたのは、上位９社だった。なお、テンセントやアリババは筆頭株主が外資のため、中国では外資系企業として扱われており、今回のランキングには含まれていない。

　同「トップ500」では杭州の活躍が目覚ましい。同市からは36社がランクインし、都市別では杭州が全国第１位を獲得した。なお、杭州に属する36社のうち、19社が製造業に属し、杭州経済の発展は、製造業の持続的な繁栄いかんにかかっている。

　浙江省全体では93社がランクインし、杭州、嘉興、紹興、湖州だけで53社が入った。なお、同省にランクインした93社の中では52社が製造業に属している。長江デルタメガロポリスに属する浙江省全体では製造業が強い。

アリババグループのカンファレンス「雲栖大会」が開催

　杭州市郊外の雲栖鎮で2018年９月、アリババグループのカンファレンス「雲栖大会」が開催された。このカンファレンスは2009年から毎年開催されているイベントで、グループの戦略や技術動向などを説明する場である。基調講演には、来年2019年９月をもって退任することを電撃発表したアリババ共同創業者で会長の馬雲（ジャック・マー）氏が登壇した。イベントには200社以上のパートナー企業が出展し、４日間で約12万人が来場した。

　中国人の生活サービスにあらゆるものを提供している電子商取引の最大手アリババは、昨今のインバウンドブームなどもあり日本でも著名となってきたモバイル決済「アリペイ」を提供している。そのホームタウンである杭州は中国一のキャッシュレスシティを目指している。すでに98％のタクシー、5,000台以上のバス（市内ほぼすべてをカバー）、95％のコンビニやスーパーマーケットがモバイル決済対応となり、市内はほぼキャッシュレスの状況になっている。また、公共サービスでも納税、公共料金、年金などほぼすべての行政サービスをキャッシュレスで網羅しており、効率的な行政運営が実現している。

　また、杭州市が同グループと協力したスマートシティ化計画「ETシティブレイン（城市大脳）計画」がすでに実行され、「ピーク時渋滞遅延指数」全国第288位の悪名高い杭州の渋滞模様が「ETシティブレイン」によって劇的に改善されたという。

杭州市遠景

2022年・第19回杭州アジア競技大会の準備が始まる

　アジアのスポーツの祭典「アジア競技大会（アジア大会）」が、2022年に杭州で開催される予定である。中国では1990年の北京、2010年の広州に次いで3度目の開催となる。

　杭州では2017年から大会組織委員会が本格的に稼働しはじめ、「グリーン・スマート・節約・マナー」を開催理念のもと、インフラ整備をはじめ、大会準備作業の計画が着々と進行しつつある。

　〈中国都市総合発展指標2017〉では、「スタジアム指数」全国第17位、「文化・スポーツ・娯楽輻射力」全国第8位と、経済規模の大きさと比べて今一つスポーツ関連が伸び悩む杭州であるが、アジア大会を契機にスポーツ都市としての飛躍も目指している。

　2018年のアジア大会で話題となった競技は多数あったが、特に注目されたのは「eスポーツ」と言っても過言ではないだろう。eスポーツとはオンラインゲームの総称であり、格闘ゲーム、シューティング、戦略ゲーム、スポーツゲームなど、ジャンルは多種多様である。2018年大会ではあくまで公開競技としてのみの採用だったが、もし2022年の杭州大会でeスポーツの公式種目化が実現すれば、大会の一つの目玉となるのは間違いない。もはやデジタルシティとまで呼ばれるようになった杭州で、スポーツの新たな歴史の幕が開けるかもしれない。

杭州 | Hangzhou

図3-63　小項目偏差値

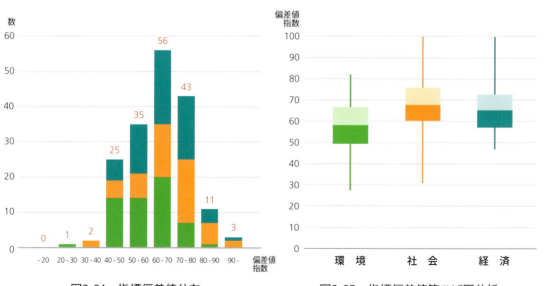

図3-64　指標偏差値分布　　　　　図3-65　指標偏差値箱ひげ図分析

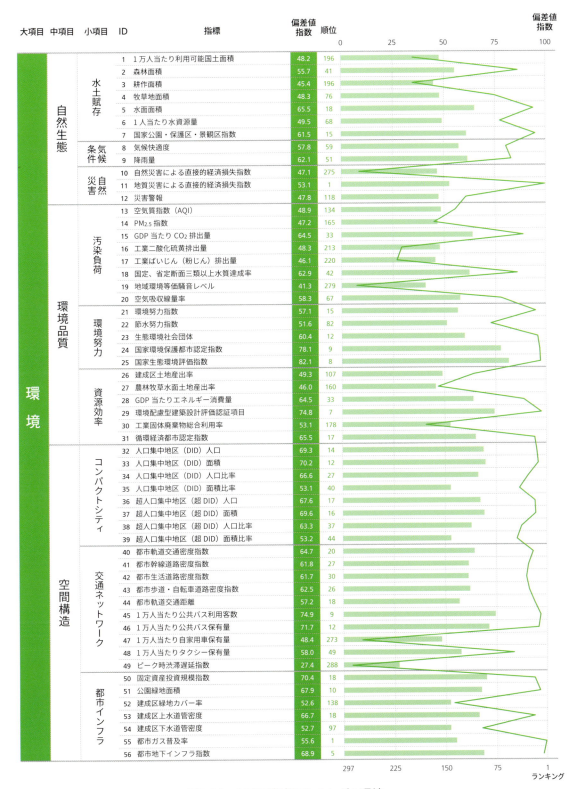

図3-66　各項目指標ランキング：環境

杭州 | Hangzhou

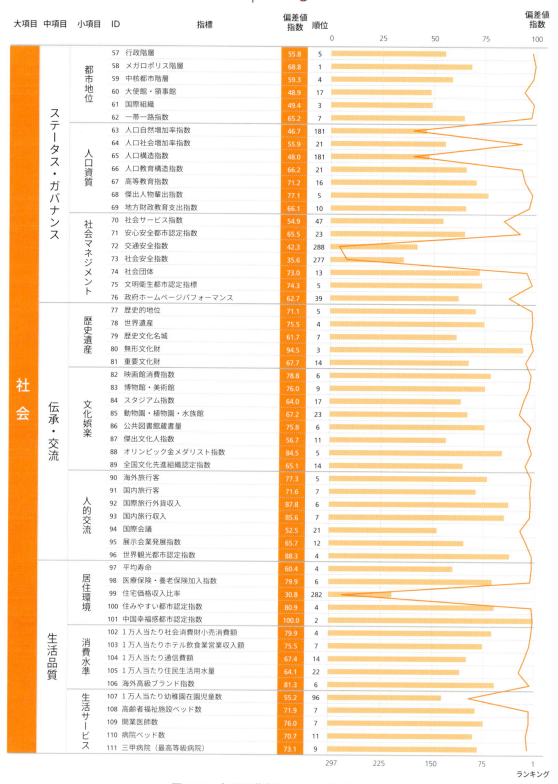

図3-67　各項目指標ランキング：社会

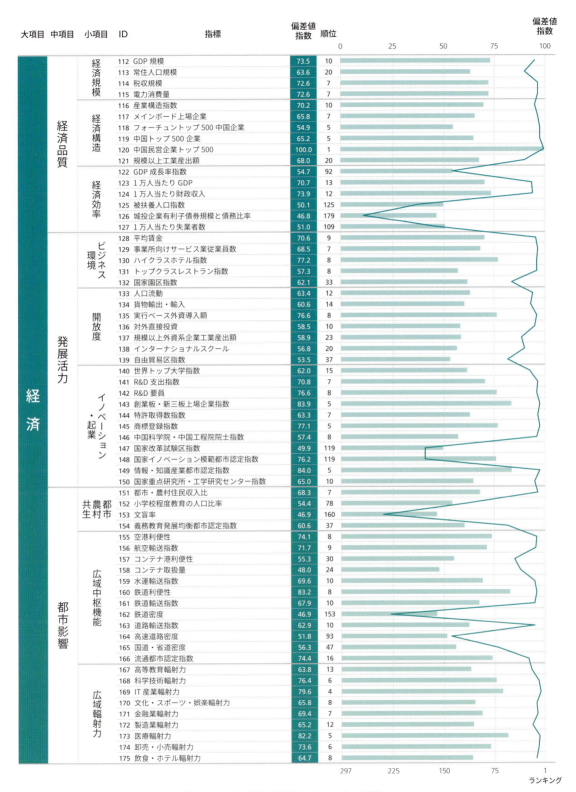

図3-68　各項目指標ランキング：経済

杭州 | Hangzhou

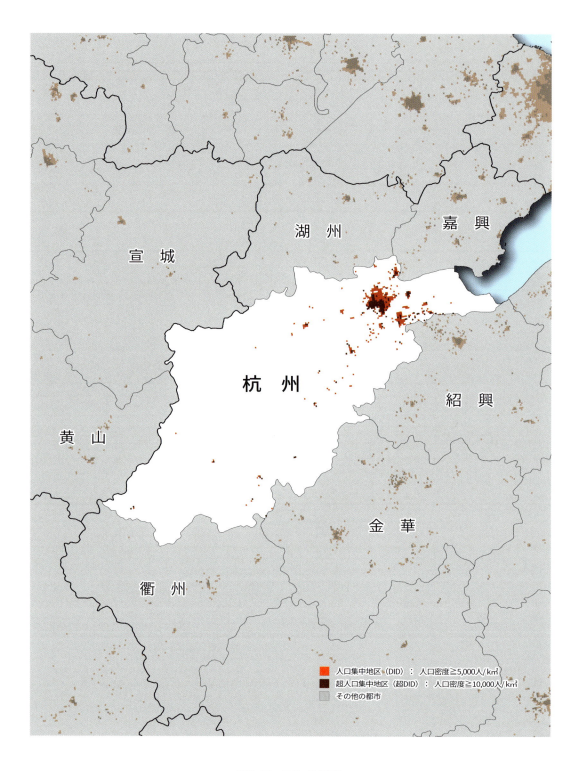

図3-69　DID分析図

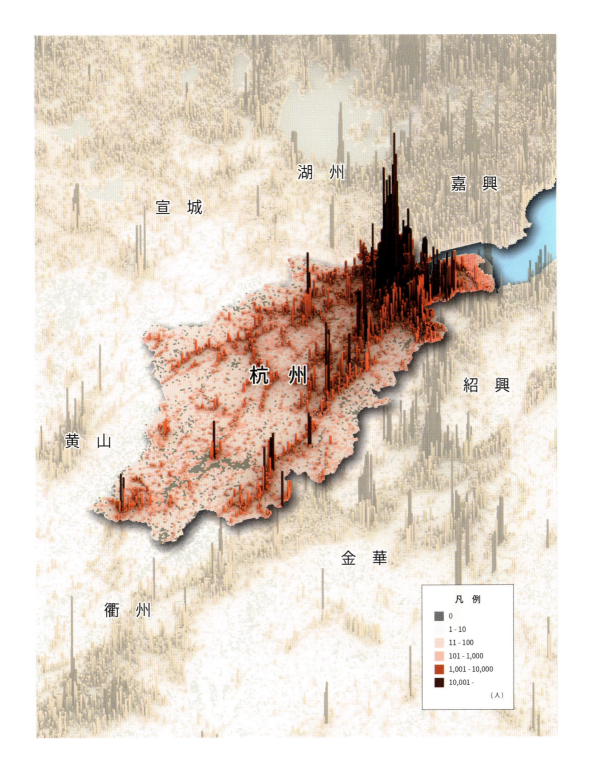

図3-70　人口規模と密度分析図

8位 蘇州 Suzhou

　蘇州は総合ランキングで第8位。

　「経済」大項目で蘇州は第6位である。蘇州は、中国の園区建設と外資企業誘致・外資導入の最も進んだ都市であり、強力な輸出能力で全国第3位の貨物輸出実績を誇る。蘇州のGDP規模は、北京、上海、広州、深圳、天津、重慶に次いで、全国で第7位となっている。「経済」大項目の3つの中項目指標の中で、「発展活力」中項目が秀でており第4位、「経済品質」と「都市影響」の両中項目は、各々第7位、第10位であった。

　「環境」大項目で蘇州は第10位である。「環境」大項目の3つの中項目指標のパフォーマンスを見ると、蘇州は相対的にバランスがよく「空間構造」「自然生態」「環境品質」の中項目でそれぞれ第17位、第28位、第32位となった。

　「社会」大項目で蘇州は第13位である。悠久の歴史をもつ蘇州は、運河の景観を活かした"水の都"として知られ、中国の"優良観光都市"に認定されている。また、"国家園林"や"国家衛生都市"といった栄誉も獲得している。「社会」大項目の3つの中項目指標の中では、省都でもなく計画単列市でもないため「行政階層」小項目指標が低くなり、蘇州の「ステータス・ガバナンス」中項目は、第37位に落ち込んでいる。しかし、「伝統・交流」と「生活品質」の両中項目では、それぞれ第12位、第13位と健闘している。

表3-8　主要指標

環境

常住人口	1062万人
行政区域土地面積	8657 km²
1万人当たり利用可能国土面積全国ランキング	285位
森林面積率全国ランキング	229位
1人当たり水資源量全国ランキング	182位
気候快適度全国ランキング	152位
PM$_{2.5}$指数全国ランキング	156位
人口集中地区（DID）人口全国ランキング	11位
都市軌道交通距離全国ランキング	12位

社会

住宅価格全国ランキング	13位
劇場・映画館全国ランキング	47位
博物館・美術館全国ランキング	16位
国内旅行客数	10605万人
海外旅行客数	151万人
世界遺産全国ランキング	4位
国際会議全国ランキング	10位

経済

GDP規模	14504億元
1万人当たりGDP	136625元/人
GDP成長率	5.1%
1万人当たり財政収入全国ランキング	9位
平均賃金全国ランキング	14位
メインボード上場企業全国ランキング	27位
貨物輸出全国ランキング	3位
空港利便性全国ランキング	166位
コンテナ港利便性全国ランキング	9位
金融業輻射力全国ランキング	11位
製造業輻射力全国ランキング	2位
IT産業輻射力全国ランキング	17位
高等教育輻射力全国ランキング	29位
科学技術輻射力全国ランキング	7位
医療輻射力全国ランキング	62位
文化・スポーツ・娯楽輻射力全国ランキング	23位
飲食・ホテル輻射力全国ランキング	4位
卸売・小売輻射力全国ランキング	12位

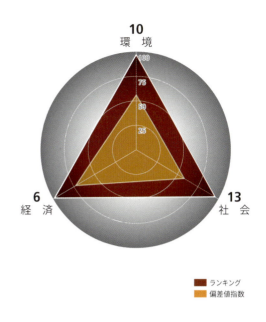

図3-71　大項目指標

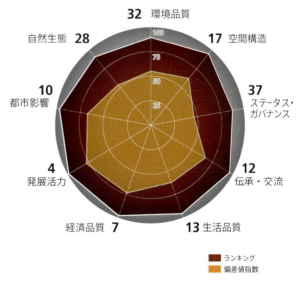

図3-72　中項目指標

蘇州 | Suzhou

人工知能産業園が開園

蘇州の経済拠点「蘇州工業園区」が新たなステージを迎えようとしている。2018年、園区内に「人工知能産業園」が開園した。同園区の総面積は約43万㎡で、同年3月にすでに人工知能産業に関する上場企業は2社、新三板（店頭株式市場）企業が32社集積し、従業員が2万人に達した。

中国政府は2015年、今後10年間の製造業発展のロードマップ「中国製造2025」を発表し、その中でAI技術のイノベーションによって製造業の高付加価値化を目指している。2017年には「次世代AI産業発展の3カ年計画」を発表し、中国は国家規模でAI産業を推進し、中国経済の次の成長エンジンを育てようとしている。

キャッシュレス社会の躍進が目立つ一方、中国はハイエンドチップやAI関連の基礎研究などの分野では依然として先進国に比べ後れを取っている。

〈中国都市総合発展指標2017〉では「製造業輻射力」が全国第2位に輝いた中国製造業の雄たる蘇州も、「科学技術輻射力」は全国第7位、「IT産業輻射力」は全国第17位である。蘇州が新たなステージに到達できるか、これからが正念場である。

蘇州が燃料電池自動車の普及を推進

中国は国を挙げて電気自動車（EV）を育てようとしている。2017年の1年間に中国で販売されたEV車は約58万台にのぼり、普及台数は同年末時点で123万台に達した。その生産台数は世界でおよそ5割のシェアを占めるほどの勢いである。

中国は、水素燃料電池自動車（FCV）の開発でも覇権を目指している。前述した「中国製造2025」に、FCVの産業化と水素インフラの整備を進めることが明記されており、FCVの普及に向けた体制づくりが進んでいる。その流れを受け、各都市でも水素で全国をリードしようとする動きが活発化しており、蘇州もその一つとなっている。

蘇州市は2018年、水素エネルギー産業発展に関する指導意見を発表し、2020年までに水素エネルギー産業チェーン関連産業の年間生産高を100億元（約1,600億円）以上とし、水素ステーションを約10カ所建設する。2025年までに、同関連産業の年間生産高を500億元（約8,090億円）以上に拡大、市内のFCV保有台数を1万台にするとした。この野心的な目標に向けて、蘇州は動き始めている。

FCVの普及には水素ステーションなどのインフラ整備が不可欠であり、そのためには政府の強いリーダーシップが必要である。同分野で先発組の日本も、こうした中国の躍動を受け、水素社会に向けて一層加速していくであろう。

中国の世界無形文化遺産「昆劇」が九州で初公演

2018年10月、「昆劇」の九州初公演が福岡県で開催された。福岡県と友好提携を結ぶ江蘇省

蘇州市内の古運河

から劇団・蘇州昆劇院が来日し、昆劇の演目で最高傑作とされる「牡丹亭」を披露した。

　昆劇は蘇州市発祥の古典舞台芸術で、明の時代から600年以上続き、京劇より古い歴史を持つ。昆劇の舞踊・歌・台詞といった芸術形態は、京劇をはじめとする中国の舞台芸術に大きな影響を与えている。2001年には、日本の能楽と同時に、国連教育科学文化機関（ユネスコ）の世界無形文化遺産に選ばれている。

　今でこそ蘇州は工業都市の側面ばかりに注目されるが、蘇州は歴史上蘇南地域の中心都市であり、歴史・文化的造形が深い観光都市でもある。〈中国都市総合発展指標2017〉で蘇州は「歴史遺産」で全国第7位、「無形文化財」で第6位、「国内旅行客」は第9位である。

　現在、蘇州では昆劇の後継者不足が悩みのタネになっているという。都市の総合的発展には文化の活力が欠かせない。商工業都市・蘇州が今後、「文化都市」としても彩られていくためには、蘇州ならではの都市のアイデンティティがますます重要視されるだろう。

蘇州 | Suzhou

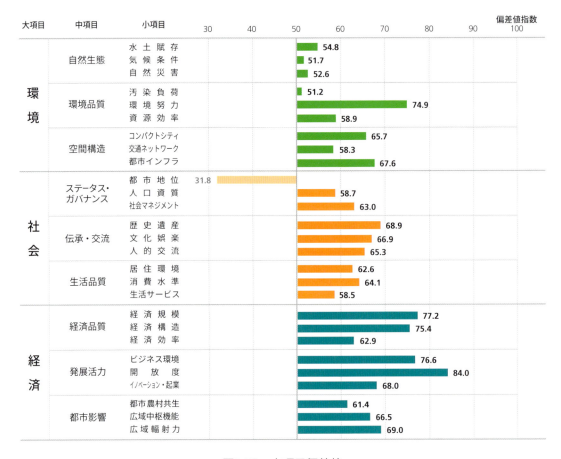

図3-73　小項目偏差値

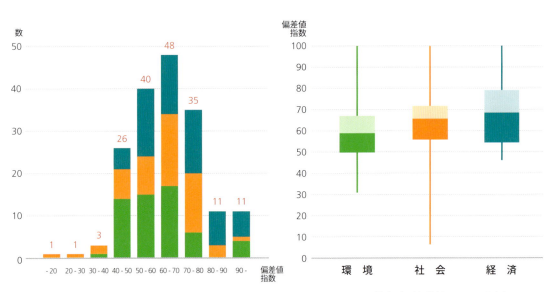

図3-74　指標偏差値分布　　　　図3-75　指標偏差値箱ひげ図分析

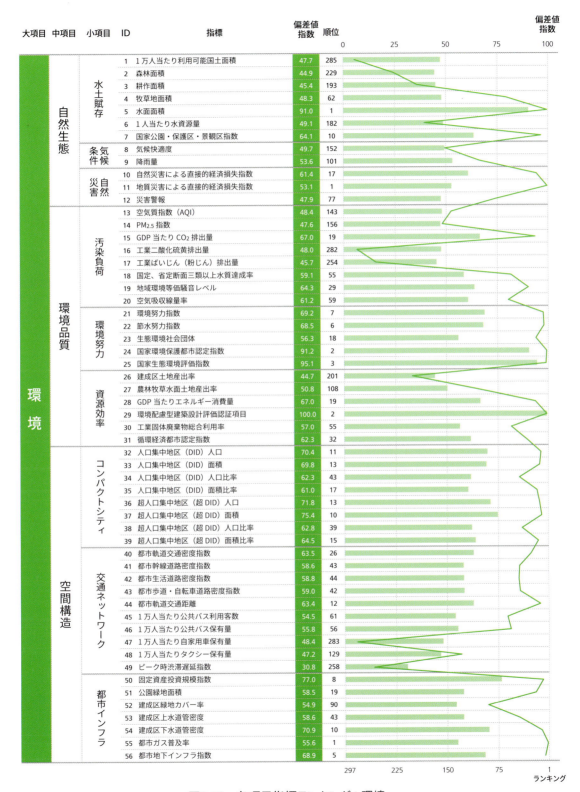

図3-76 各項目指標ランキング：環境

蘇州 | Suzhou

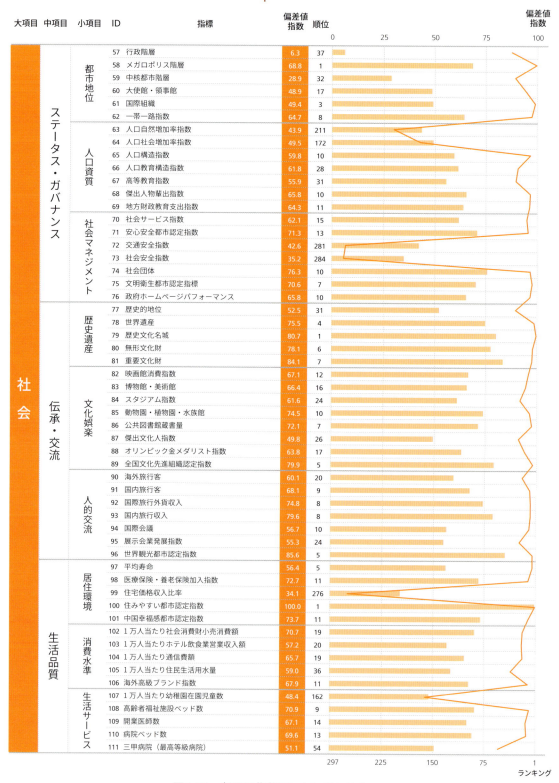

図3-77　各項目指標ランキング：社会

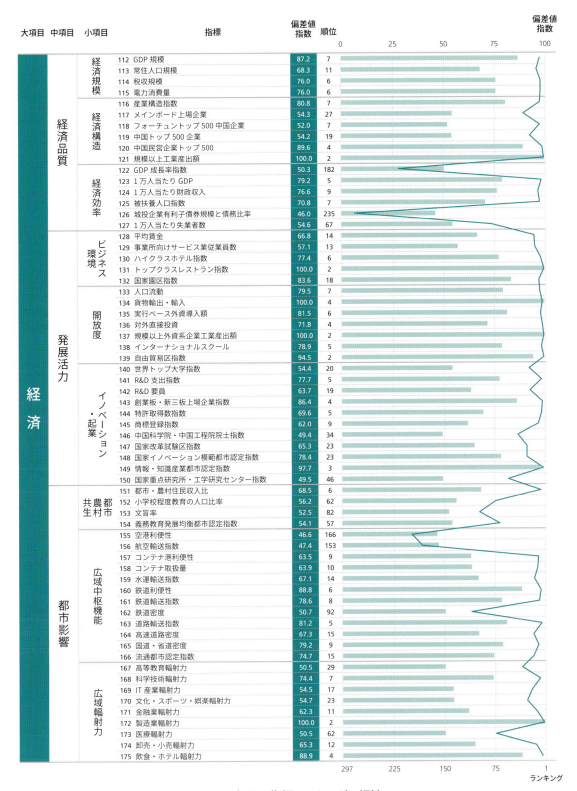

図3-78　各項目指標ランキング：経済

蘇州 | Suzhou

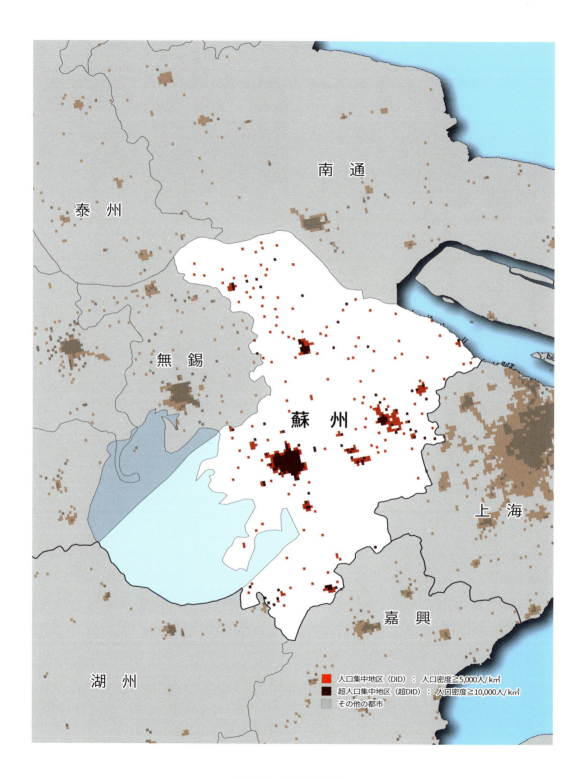

図3-79　DID分析図

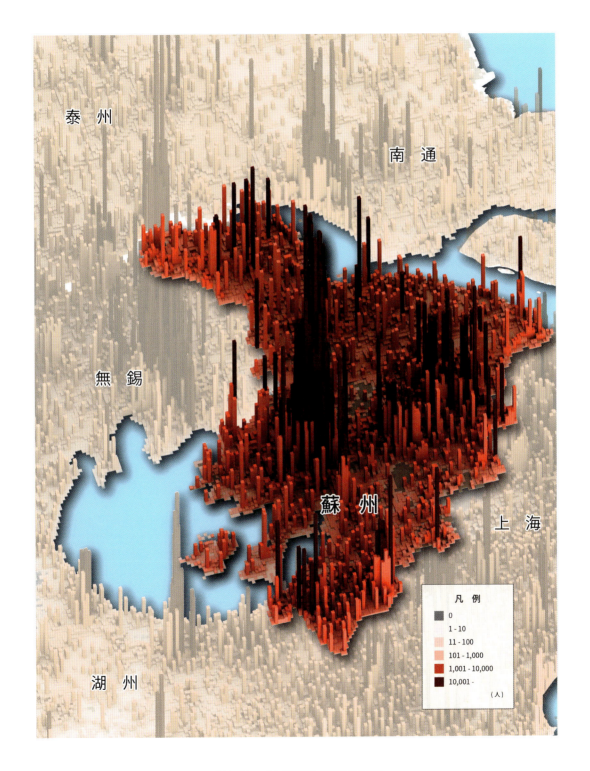

図3-80　人口規模と密度分析図

9位 南京 Nanjing

　南京は、前年と同様、総合ランキングで第9位。

　「社会」大項目で南京は秀でており、第8位である。「六朝の古都」と呼ばれる南京は、古くから江南地方の政治文化や商業・経済の中心であり、歴史文化の誉れが高い都市である。江蘇省の省都として、また長江デルタメガロポリスの中心都市の一つとして、文化、教育、科学技術の重要な中心地である。「社会」大項目の3つの中項目指標の中で、「ステータス・ガバナンス」中項目が最も突出しており、第6位であった。「伝統・交流」「生活品質」の両中項目でそれぞれ第10位、第7位となった。

　「経済」大項目で南京は第10位である。「経済」大項目の3つの中項目指標において、南京は比較的バランスがとれており、「経済品質」「発展活力」「都市影響」中項目は、それぞれ第11位、第9位、第7位であった。

　「環境」大項目で南京は第23位である。「環境」大項目の3つの中項目指標の中で高密度な都市交通システムを備えた南京の「空間構造」は優秀で、第8位であった。大気汚染が深刻化するなどの原因で南京では、「自然生態」「環境品質」の両中項目で第121位、第83位と落ち込んだ。

表3-9　主要指標

環境

常住人口	824万人
行政区域土地面積	6587 km²
1万人当たり利用可能国土面積全国ランキング	279位
森林面積率全国ランキング	217位
1人当たり水資源量全国ランキング	189位
気候快適度全国ランキング	80位
PM2.5指数全国ランキング	171位
人口集中地区（DID）人口全国ランキング	13位
都市軌道交通距離全国ランキング	6位

社会

住宅価格全国ランキング	5位
劇場・映画館全国ランキング	8位
博物館・美術館全国ランキング	13位
国内旅行客数	9993万人
海外旅行客数	59万人
世界遺産全国ランキング	14位
国際会議全国ランキング	7位

経済

GDP規模	9721億元
1万人当たりGDP	118029元/人
GDP成長率	9.3%
1万人当たり財政収入全国ランキング	15位
平均賃金全国ランキング	8位
メインボード上場企業全国ランキング	4位
貨物輸出全国ランキング	17位
空港利便性全国ランキング	12位
コンテナ港利便性全国ランキング	15位
金融業輻射力全国ランキング	12位
製造業輻射力全国ランキング	21位
IT産業輻射力全国ランキング	5位
高等教育輻射力全国ランキング	3位
科学技術輻射力全国ランキング	10位
医療輻射力全国ランキング	12位
文化・スポーツ・娯楽輻射力全国ランキング	7位
飲食・ホテル輻射力全国ランキング	11位
卸売・小売輻射力全国ランキング	9位

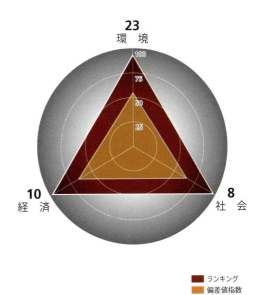

図3-81　大項目指標

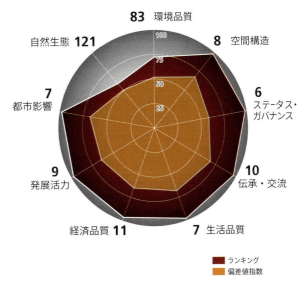

図3-82　中項目指標

南京 | Nanjing

ラオックスを傘下に置く「蘇寧」

　南京を代表する企業に中国家電販売大手の「蘇寧（Suning）」がある。蘇寧は1990年に南京で設立し、中国全土に約1,600の実店舗を持つ。日本では2009年に家電量販店のラオックスを買収したことや、2016年にイタリアの名門サッカークラブ「インテル・ミラノ」を買収したことで知られている。

　2018年、同社は「中国民営企業トップ500」の第2位を獲得し、2010年の同リスト発表以来、9年連続でランクインした。年間売上高はこの間に1,170億元から約5,579億元に急増している。また、蘇寧は、2010年にECサイト「蘇寧易購」を開始し、全国に展開した実店舗との連携や、それらを融合したビジネスモデルを活用し、全国第4位のシェアを誇るまでに成長した。

　中国では近年、さまざまな産業やサービスにおいてクラウドやビッグデータを活用する「インターネット＋」の動きが急速に進展している。政府の後押しを受け、小売や金融、各種シェアリングサービスをはじめとするBtoCビジネスのほか、公共サービス、物流などBtoBビジネスの分野でもサービスのイノベーションが進んでいる。

　こうした中国企業の動向は、日本で同様の新たなサービスを展開する企業の先行事例としても注目される。

豊富な教育研究資源

　南京は人材輩出の宝庫であり、中国の高等教育の中心地の一つである。〈中国都市総合発展指標2017〉で高等教育パワーを示す指標「高等教育輻射力」では全国第3位であり、「世界トップ大学指数」も全国第3位に輝いている。市内には南京大学、東南大学、南京師範大学など創立100年以上の歴史を持つ名門大学が肩を並べ、国から重点的に経費が分配される「国家重点大学（211大学）」は8校も有している。

　〈中国都市総合発展指標2017〉では、市民の教育水準を示す「人口教育構造指数」は全国第2位であり、著名文化人など傑出した人物の輩出度合いを示す「傑出人物輩出指数」は全国第4位、文化人を都市に擁する度合いを示す「傑出文化人指数」は全国第5位、中国の科学技術分野の最高研究機関である中国科学院と技術分野の最高機関である中国工程院のメンバーの輩出度合いを示す「中国科学院・中国工程院院士指数」は全国第3位という輝かしい結果を見せ、南京の教育研究資源の層の厚さを如実に表している。

　中国も日本と同じように労働者人口の増加がピークを過ぎ、高齢化社会が眼前に迫るなか、都市の発展のカギを握る若く有能な人材の争奪戦が、全国の都市間でヒートアップしている。

　中国では2018年の大学卒業生が過去最高の820万人に達した。南京市政府は、大学卒業生に市内定住のハードルを低くしたり、家賃補助、起業補助を普及したりと、人材を市内に留め置くさまざまな政策を打ち出している。

南京城壁から見た中心市街地

南京 vs 杭州

　上海を主軸として発展してきた長江デルタメガロポリスは、南京と杭州という両翼を擁している。南京と杭州はどちらも歴史的に中国の重要な都市であり、都市の規模や機能面は共通する部分も多く、〈中国都市総合発展指標2017〉の総合ランキングでは杭州は第7位、南京は第9位と、非常に拮抗している。

　一方、本書で都市のセンター機能を評価する「中国中心都市指数」（第2部メインレポートを参照）では、杭州が第7位、南京が第10位と、総合ランキングに比べわずかに差が開く結果となった。

　「中国中心都市指数」を構成する10大項目のうち、2都市間で順位の差が5位以上開いた項目は「開放交流」「ビジネス環境」「生態環境」の3項目であり、「開放交流」と「生態環境」は杭州が優位であり、「ビジネス環境」は南京が優位であった。特に「生態環境」の差は大きく、杭州は第9位、南京は第22位であった。

　この差を生み出している主要因は大気汚染の度合いを示す「空気質指数（AQI）」であり、その順位は杭州が全国第134位、南京が第184位であった。中国で映えある中心都市である両都市ともに今後、空気質の改善が急務である。

南京 | Nanjing

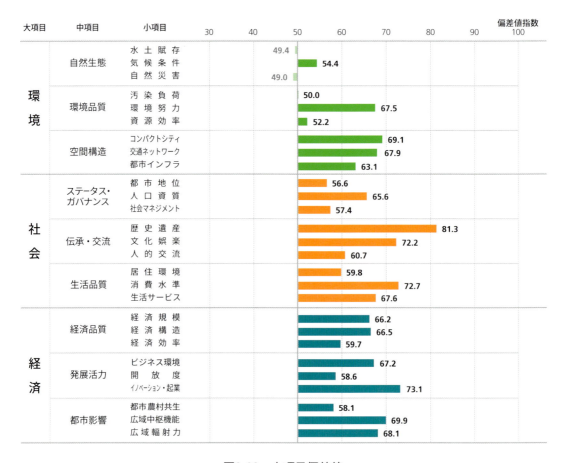

図3-83 小項目偏差値

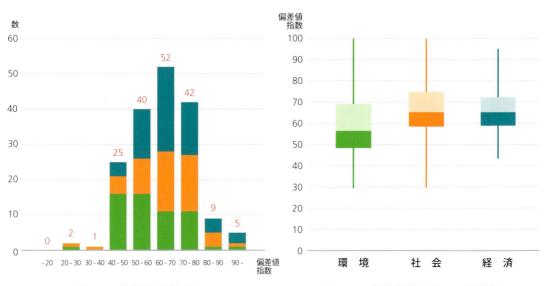

図3-84 指標偏差値分布   図3-85 指標偏差値箱ひげ図分析

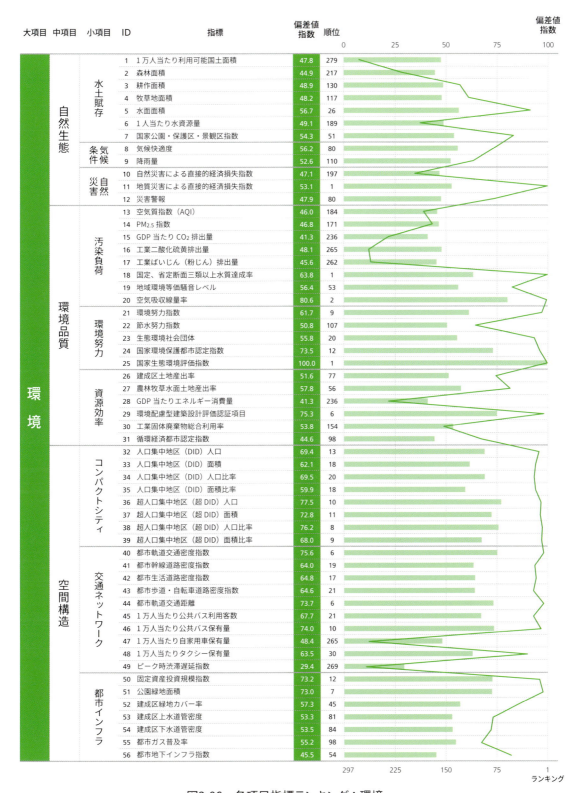

図3-86　各項目指標ランキング：環境

南京 | Nanjing

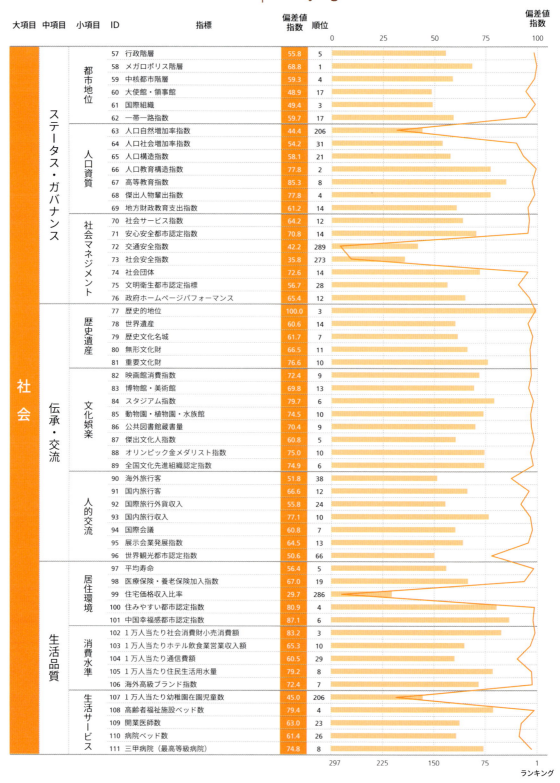

図3-87　各項目指標ランキング：社会

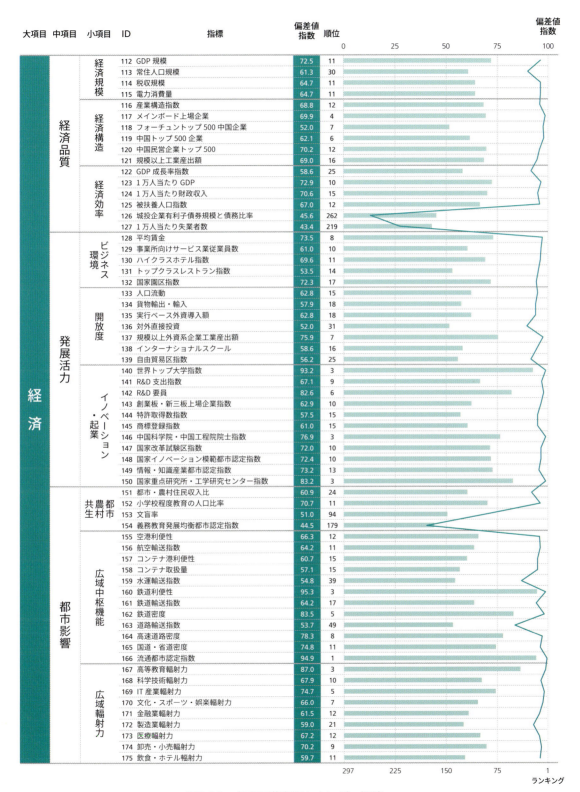

図3-88　各項目指標ランキング：経済

南京 | Nanjing

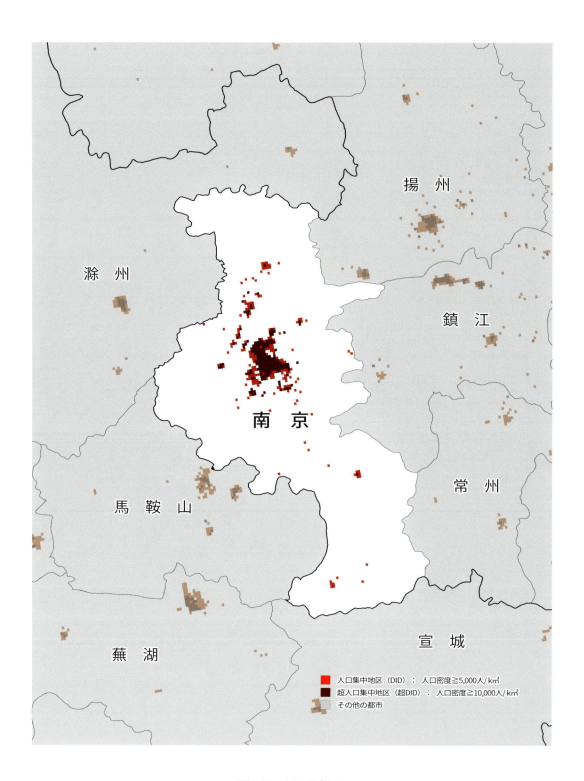

図3-89 DID分析図

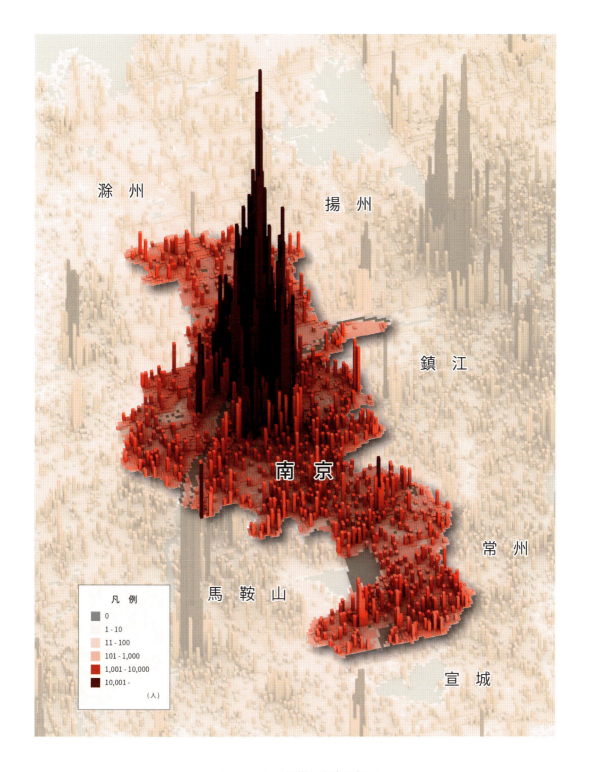

図3-90　人口規模と密度分析図

10位 成都
Chengdu

　成都は総合ランキングで第10位。

　「経済」大項目で成都は成績を上げ、第8位である。四川省の省都である成都は、成渝メガロポリスの中で唯一人口が流入している都市であり、大量の外来人口を受け入れている。成都は西南地方では、領事館数が一番多く、外資系銀行や外資系保険会社、世界のトップ500企業の拠点数も第1位となっている。中心都市として成都は、国際交流の大きなプラットフォームを周辺地域に提供している。近年、成都はIT産業の分野で猛烈に発展し、ノートパソコンの製造を中心とした巨大なIT産業クラスターが形成されている。「経済」大項目の3つの中項目の中で成都は、強大な輻射力の影響によって「都市影響」中項目で第5位となった。「発展活力」、「経済品質」の両中項目でそれぞれ第7位、第10位となっている。

　「社会」大項目で成都は第9位である。成都は古くから常に西南地方の政治・経済・軍事の中心であると同時に、「天府の国」と呼ばれ、豊かな風土を堪えた観光都市でもある。「社会」大項目の3つの中項目指標のパフォーマンスは優良でバランスがとれており、「ステータス・ガバナンス」、「伝統・交流」、「生活品質」の中項目指標でそれぞれ第9位、第11位、第8位となった。

　「環境」大項目で成都は第49位である。「環境」大項目の3つの中項目指標の中で成都は、「空間構造」中項目が最もよく第12位であった。大気汚染が深刻化するなどの原因で「自然生態」、「環境品質」の両中項目でそれぞれ第145位、第130位と落ち込んだ。

表3-10　主要指標

環 境

常住人口	1443 万人
行政区域土地面積	12121 km²
1万人当たり利用可能国土面積全国ランキング	276 位
森林面積率全国ランキング	135 位
1人当たり水資源量全国ランキング	183 位
気候快適度全国ランキング	66 位
PM$_{2.5}$指数全国ランキング	234 位
人口集中地区（DID）人口全国ランキング	7 位
都市軌道交通距離全国ランキング	15 位

社 会

住宅価格全国ランキング	36 位
劇場・映画館全国ランキング	155 位
博物館・美術館全国ランキング	4 位
国内旅行客数	18870 万人
海外旅行客数	230 万人
世界遺産全国ランキング	14 位
国際会議全国ランキング	14 位

経 済

GDP 規模	10801 億元
1万人当たり GDP	74863 元/人
GDP 成長率	6.9 %
1万人当たり財政収入全国ランキング	39 位
平均賃金全国ランキング	20 位
メインボード上場企業全国ランキング	9 位
貨物輸出全国ランキング	24 位
空港利便性全国ランキング	5 位
コンテナ港利便性全国ランキング	255 位
金融業輻射力全国ランキング	9 位
製造業輻射力全国ランキング	15 位
IT産業輻射力全国ランキング	6 位
高等教育輻射力全国ランキング	7 位
科学技術輻射力全国ランキング	5 位
医療輻射力全国ランキング	4 位
文化・スポーツ・娯楽輻射力全国ランキング	4 位
飲食・ホテル輻射力全国ランキング	7 位
卸売・小売輻射力全国ランキング	3 位

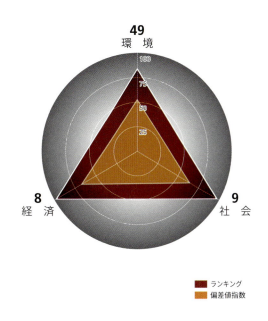

図3-91　大項目指標

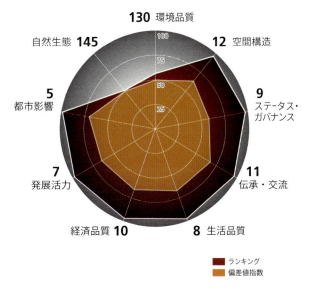

図3-92　中項目指標

成都 | Chengdu

西部大開発の拠点都市

　成都は昨年、〈中国都市総合発展指標2016〉総合ランキングのトップ10に入れなかった。〈中国都市総合発展指標2017〉において、成都はめでたく総合ランキングのトップ10入りを果たした。

　四川省の中心に位置する省都・成都は、2300年の歴史を持ち、古くから「天府の国」と呼ばれ、中国十大古都の一つに数えられている。同市の面積は約1.2万㎢で新潟県とほぼ同じ大きさである。四川盆地西部に位置し、自然資源に恵まれ、四川省の政治、経済、文化、教育の中心地である。現在は「西部大開発」の主要な拠点都市とされ、「一帯一路」や「長江経済ベルト」など国家戦略の重要な拠点としても期待されている。日本では、四川料理の本場、パンダの生息地、「三国志」の蜀漢の都として知られている。

　成都の常住人口は約1,443万人で全国第5位の規模を誇る。四川省は「農民工（出稼ぎ労働者）」の主要な流出地である。四川省の地級市18都市中、実に16都市が「人口流出都市」であり、その流出人口規模は合計約1,100万人以上にのぼる。これに対して、成都は全国第10位の「人口流入都市」であり、現在約215万人もの非戸籍人口を外部から受け入れている。成都のGDPも四川省のGDPのおよそ4割を占めており、同省の経済・人口ともに成都に一極集中している。四川省の将来は成都が担っていると言っても過言ではない。

成都ハイテク産業開発区（成都市高新区）

　「西部大開発」の拠点都市である重慶、成都では、市内に国家級のハイテク産業開発区や経済技術開発区などが置かれ、中央政府関係部門からのさまざまなサポートにより重点的に産業が集積されている。重慶は従来から自動車、石油化学、重電などの重厚長大型産業が集中している。これに対して成都には電子産業、製薬・バイオ産業、IT関連産業などが集積している。

　「成都ハイテク産業開発区」が1988年に発足し、1991年には国家級開発区に認定された。同開発区は成都市の西部と南部に位置する二つの地域からなり、総面積は130㎢（山の手線内の面積の約2倍）で、そのうち南部地域が87㎢、西部地域が43㎢である。南部地域には金融、ソフトウェア開発、BPO関連のサービスを提供する企業が集積し、西部地域はエレクトロニクス産業、バイオ医学産業、IT関連産業などの企業が進出している。同開発区の域内総生産はすでに成都市の約30％を占めている。

　同開発区に支えられた成都の発展は、本指標でその成果を見ることができる。〈中国都市総合発展指標2017〉では、「科学技術輻射力」は全国第5位、「IT産業輻射力」は第6位、「創業板・新三板上場企業指数」は第7位、「特許取得数指数」は第9位となっている。また、インフラ整備では「空港利便性」は全国第4位、「鉄道利便性」は第12位となっている。さらに同市は「固定資産投資規模指数」は全国第4位、「実行ベース外資導入額」第5位のような活発な投資が行われ、内陸経済活性化を主導する成都の躍進ぶりがうかがえる。

観光客や地元民で賑わう成都市内

一大消費都市としての成都

　成都は歴史的に消費が盛んな都市である。「宵越しの金は持たない」という成都人気質は、本指標にも顕著に表れている。〈中国都市総合発展指標2017〉では成都の「平均賃金」は全国第20位であり、決して突出した状況ではないにもかかわらず、「映画館消費指数」は全国第7位、「卸売・小売輻射力」に至っては全国第3位である。また、「美食の都」と評されるような豊かな食の文化と消費力が合わさった結果、「トップクラスレストラン指数」は全国第6位、「飲食・ホテル輻射力」は全国第7位となっている。成都人はファッションにも大変敏感と言われており、2010年前後に世界から成都に進出してきた高級ブランドにも貪欲に飛びつき、「海外高級ブランド指数」では天津を抜いて全国第3位に躍り出た。

　豊かな土地にゆったりと過ごす価値観を持つ成都の人々は、蓄えることより消費を好む社会を築いていった。この旺盛な消費市場を狙って、外資のサービス産業の進出が相次いでいる。

成都 | Chengdu

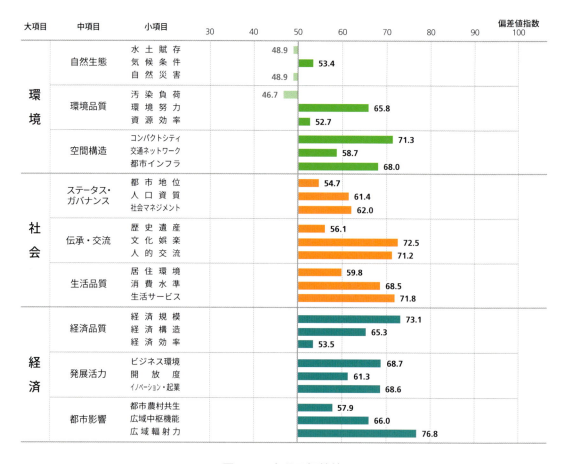

図3-93 小項目偏差値

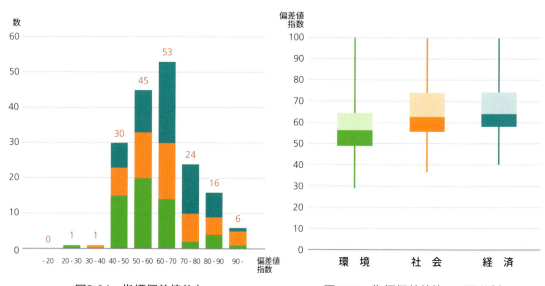

図3-94 指標偏差値分布   図3-95 指標偏差値箱ひげ図分析

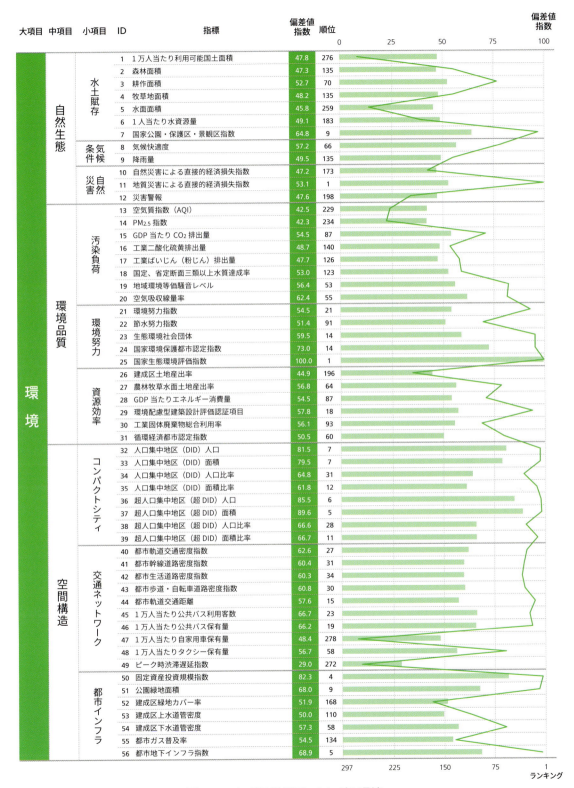

図3-96　各項目指標ランキング：環境

成都 | Chengdu

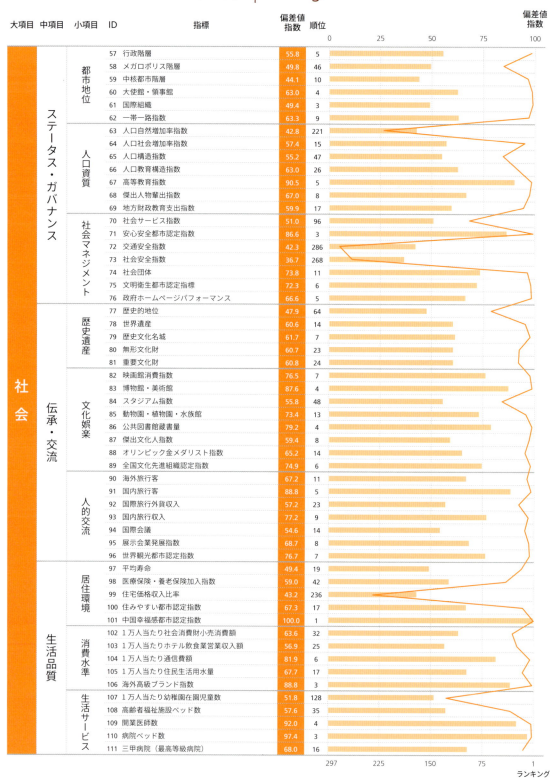

図3-97 各項目指標ランキング：社会

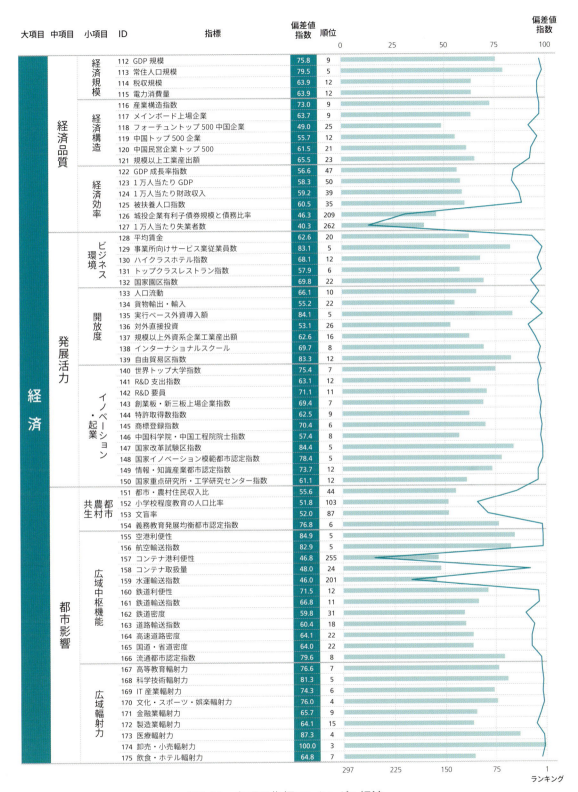

図3-98　各項目指標ランキング：経済

成都 | Chengdu

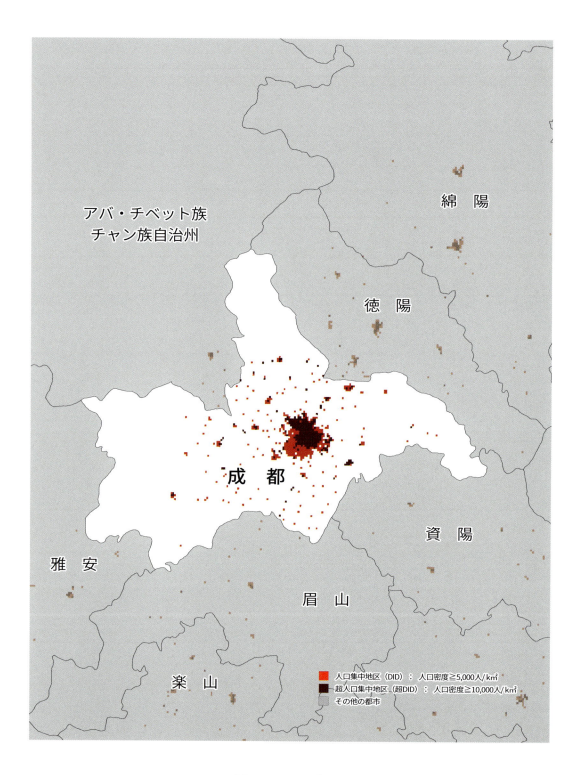

図3-99　DID分析図

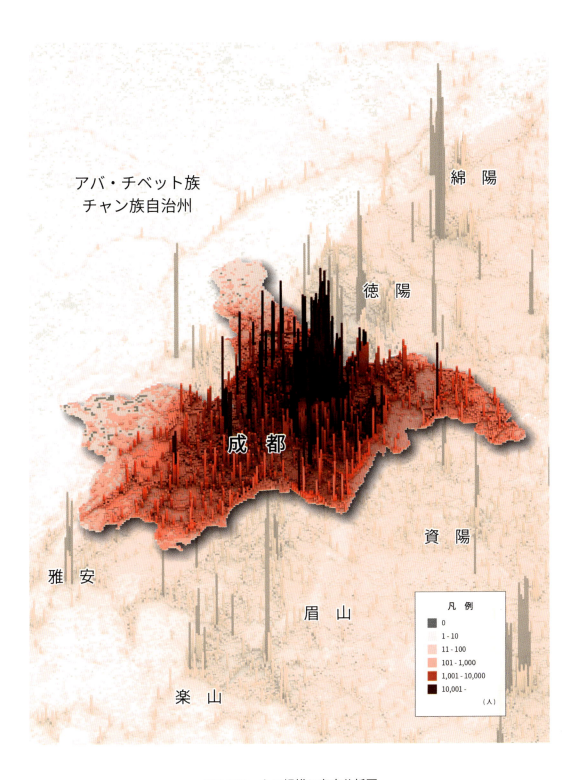

図3-100　人口規模と密度分析図

第3章　中国都市ランキング｜トップ10都市分析

4 | 図で見る 中国都市パフォーマンス

1. GDP規模

順位	都市
1位	上海
2位	北京
3位	広州
4位	深圳
5位	天津
6位	重慶
7位	蘇州
8位	武漢
9位	成都
10位	杭州

図4-1 中国各都市GDP規模分析図

注：地図上の都市名は、ランキングトップ10都市を示す。以下同様。

2. DID人口

順位	都市
1位	上海
2位	北京
3位	広州
4位	深圳
5位	天津
6位	重慶
7位	成都
8位	武漢
9位	東莞
10位	温州

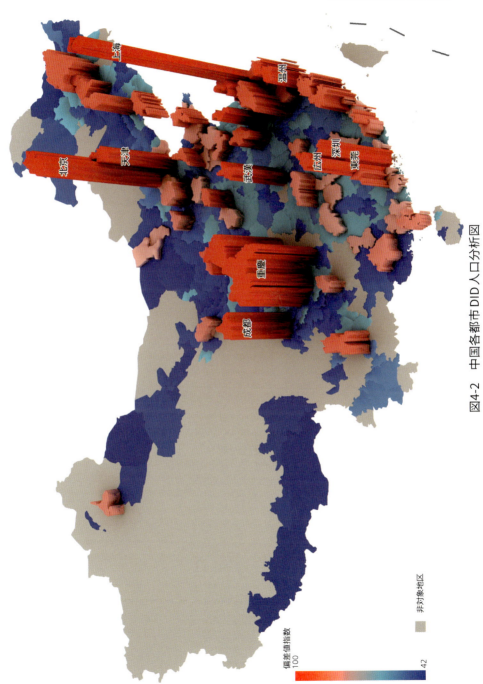

図4-2　中国各都市DID人口分析図

3. 人口流動：流入

順位	都市
1位	上海
2位	北京
3位	深圳
4位	東莞
5位	天津
6位	広州
7位	蘇州
8位	仏山
9位	武漢
10位	成都

図4-3　中国各都市人口流動分析図：流入

注：常住人口が戸籍人口を上回っている都市は、人口流入都市。

4. 人口流動：流出

1位 周口
2位 重慶
3位 信陽
4位 阜陽
5位 畢節
6位 六安
7位 駐馬店
8位 商丘
9位 南陽
10位 茂名

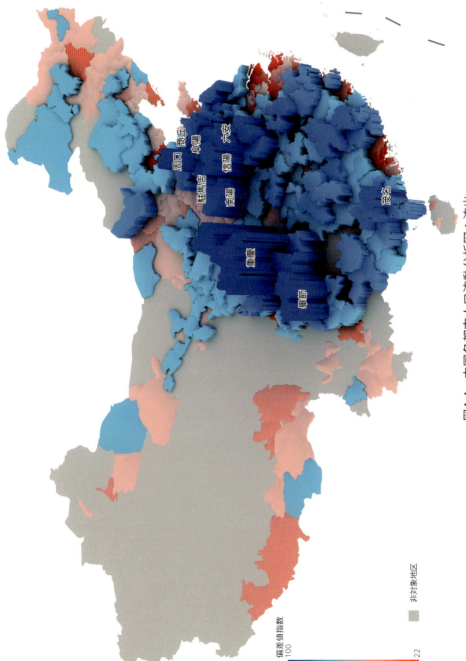

図4-4 中国各都市人口流動分析図：流出

注：戸籍人口が常住人口を上回っている都市は、人口流出都市。

第4章 図で見る中国都市パフォーマンス 139

5. 規模以上工業産出額

順位	都市
1位	上海
2位	蘇州
3位	天津
4位	深圳
5位	重慶
6位	仏山
7位	広州
8位	北京
9位	青島
10位	煙台

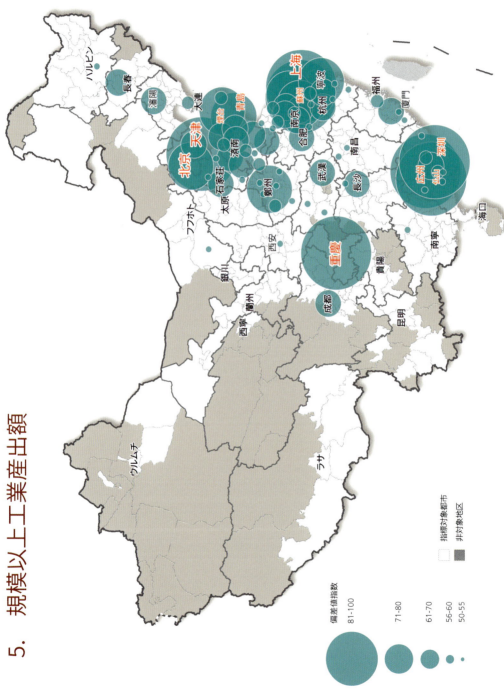

図4-5　中国各都市規模以上工業産出額分析図

注：地図上の赤字の都市名は、ランキングトップ10都市を示す。以下同様。

6. 貨物輸出額

順位	都市
1位	深圳
2位	上海
3位	蘇州
4位	東莞
5位	広州
6位	寧波
7位	仏山
8位	重慶
9位	北京
10位	廈門

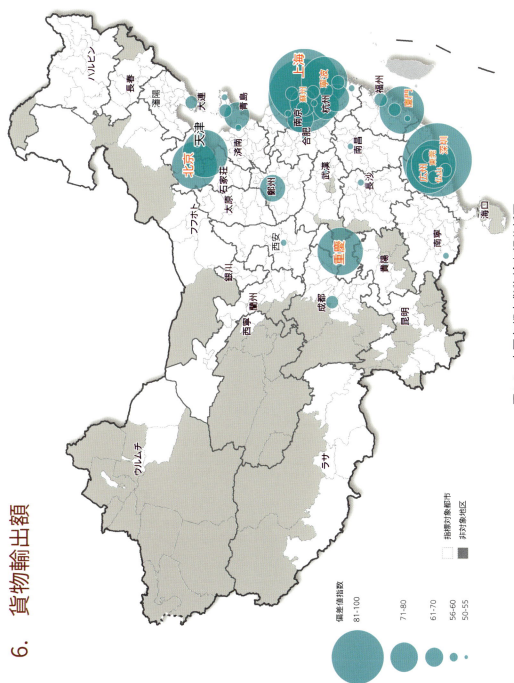

図4-6 中国各都市貨物輸出額分析図

第4章 図で見る中国都市パフォーマンス

7. コンテナ港利便性

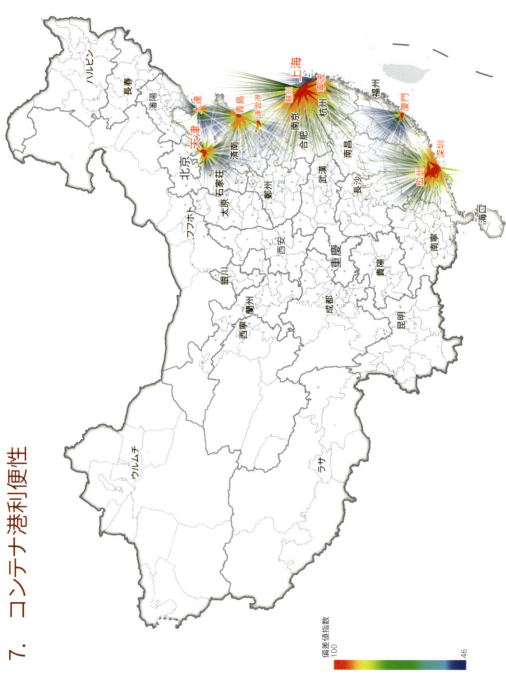

順位	都市
1位	上海
2位	深圳
3位	広州
4位	寧波
5位	青島
6位	天津
7位	厦門
8位	大連
9位	蘇州
10位	連雲港

図4-7 中国各都市コンテナ港利便性分析図

注：本指標で使用する「コンテナ港利便性」とは、都市とコンテナ港の距離、コンテナ港の取扱量や航路数など関連している数値を総合的に計算し、コンテナ港の利便性指数として定義している。

8. 空港利便性

順位	都市
1位	上海
2位	北京
3位	広州
4位	深圳
5位	成都
6位	昆明
7位	重慶
8位	杭州
9位	西安
10位	廈門

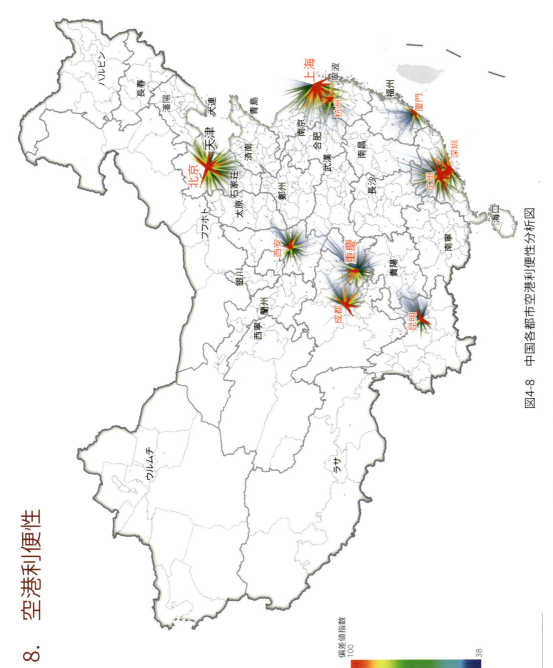

図4-8 中国各都市空港利便性分析図

注：本指標で使用する「空港利便性」とは、都市と空港の距離、空港の旅客輸送量や航路数など関連している数値を総合的に計算し、空港の利便性指数として定義している。

9. 空気質指数（AQI）

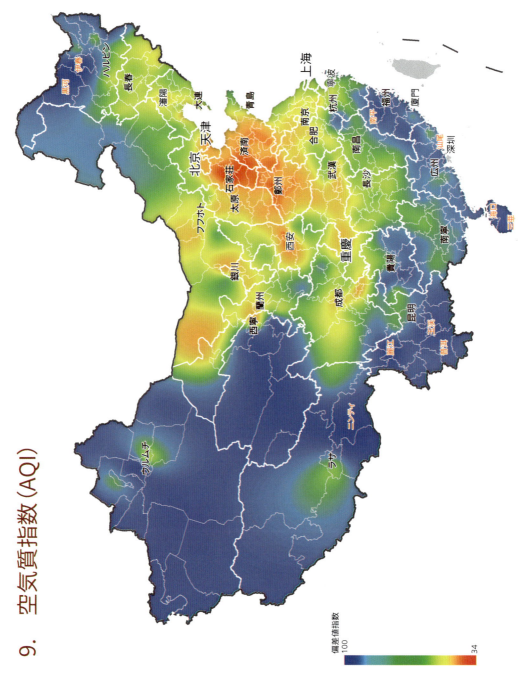

1位	三亜
2位	伊春
3位	麗江
4位	ニンティ
5位	海口
6位	南平
7位	黒河
8位	普洱
9位	玉渓
10位	汕尾

図4-9 中国各都市空気質指数（AQI）分析図

10. PM2.5指数

1位 ニンティ
2位 三亜
3位 麗江
4位 伊春
5位 海口
6位 保山
7位 黒河
8位 南平
9位 チャムド
10位 オルドス

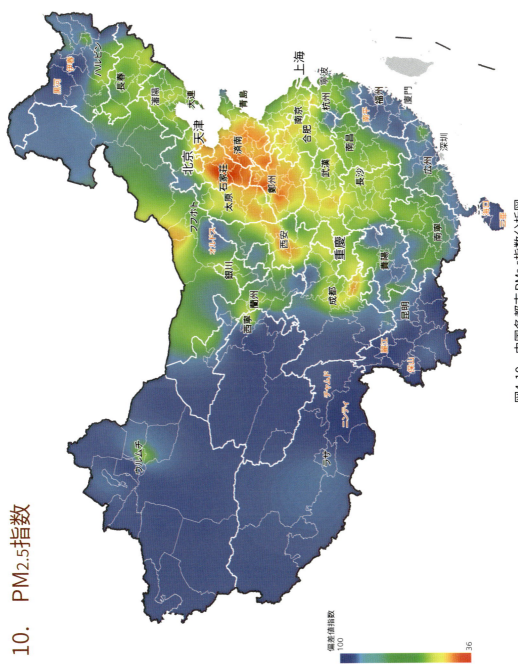

図4-10　中国各都市 PM2.5指数分析図

11. 降雨量

順位	都市
1位	防城港
2位	鷹潭
3位	陽江
4位	汕尾
5位	上饒
6位	景徳鎮
7位	清遠
8位	撫州
9位	南平
10位	黄山

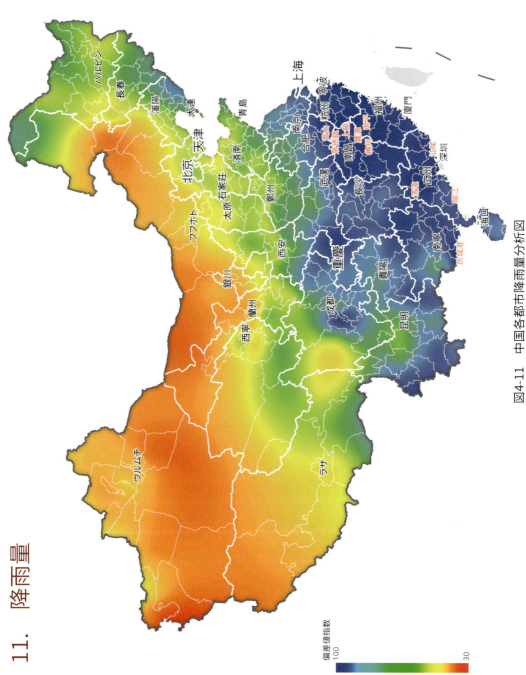

図4-11 中国各都市降雨量分析図

12. 1人当たり水資源量

1位 ニンティ
2位 チャムド
3位 シガツェ
4位 ラサ
5位 フルンボイル
6位 雅安
7位 南平
8位 麗水
9位 普洱
10位 桂林

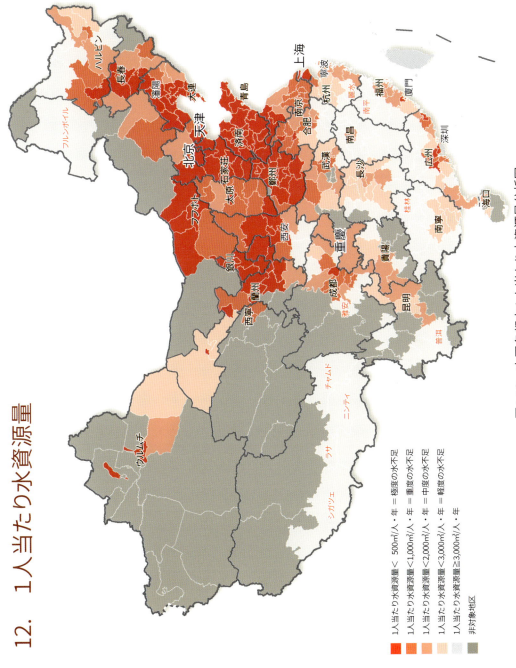

図4-12　中国各都市1人当たり水資源量分析図

1人当たり水資源量＜500m³/人・年＝極度の水不足
1人当たり水資源量＜1,000m³/人・年＝重度の水不足
1人当たり水資源量＜2,000m³/人・年＝中度の水不足
1人当たり水資源量＜3,000m³/人・年＝軽度の水不足
1人当たり水資源量≧3,000m³/人・年
非対象地区

第4章　図で見る中国都市パフォーマンス　147

13. 森林面積率

1位 麗水
2位 伊春
3位 白山
4位 南平
5位 黄山
6位 安康
7位 三明
8位 竜岩
9位 普洱
10位 雅安

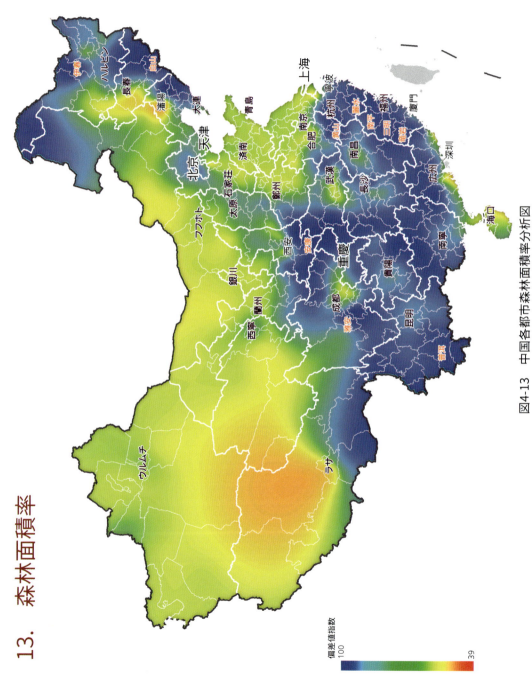

図4-13 中国各都市森林面積率分析図

14. 耕作面積比率

1位 周口
2位 亳州
3位 阜陽
4位 衡水
5位 開封
6位 徳州
7位 商丘
8位 聊城
9位 菏沢
10位 阜新

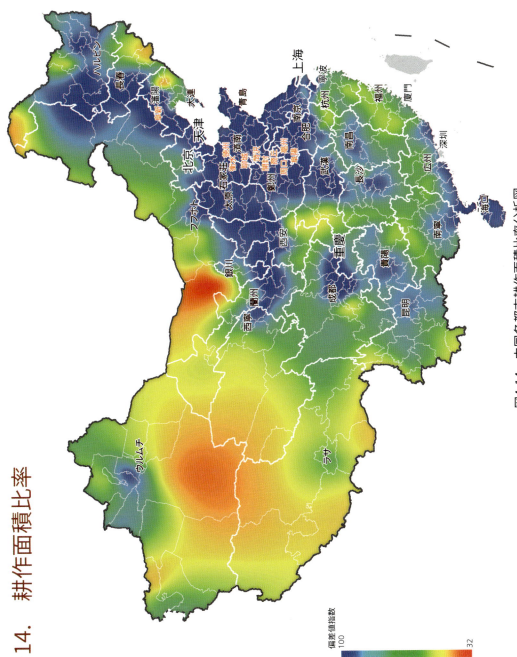

図4-14 中国各都市耕作面積比率分析図

15. 気候快適度

1位	保山
2位	普洱
3位	昆明
4位	臨滄
5位	安順
6位	玉渓
7位	曲靖
8位	六盤水
9位	貴陽
10位	麗江

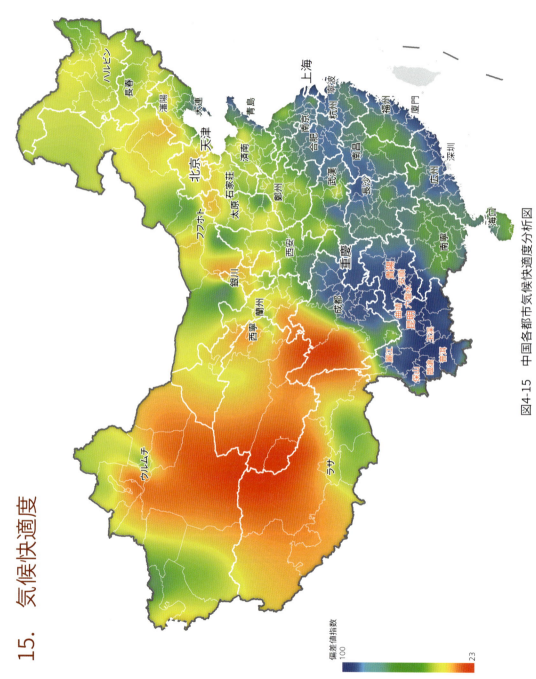

図4-15 中国各都市気候快適度分析図

16. 歴史遺産

順位	都市
1位	北京
2位	西安
3位	南京
4位	洛陽
5位	杭州
6位	重慶
7位	蘇州
8位	上海
9位	鄭州
10位	黄山

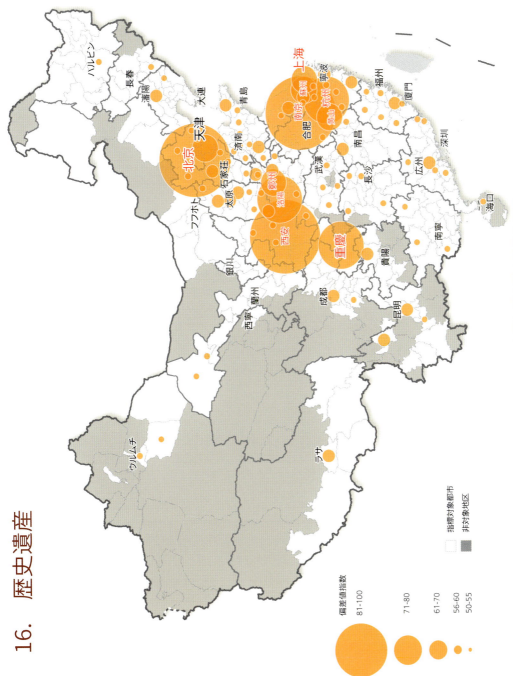

図4-16　中国各都市歴史遺産分析図

17. 国内旅行客

1位	重慶
2位	上海
3位	北京
4位	武漢
5位	成都
6位	天津
7位	杭州
8位	西安
9位	蘇州
10位	九江

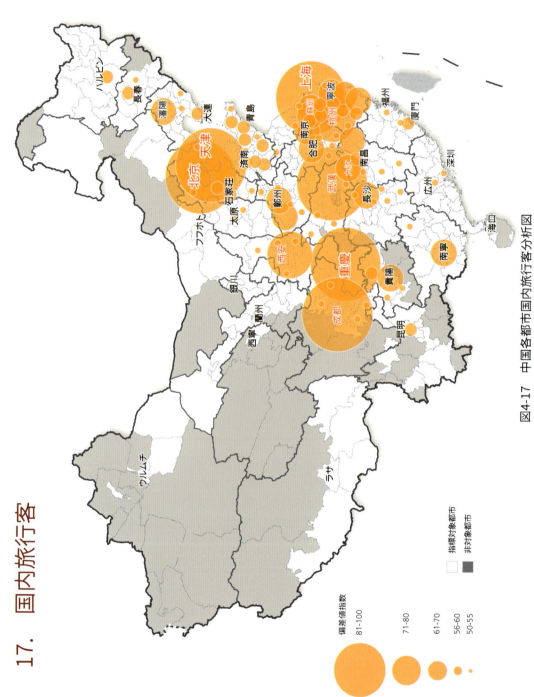

図4-17 中国各都市国内旅行客分析図

18. 海外旅行客

順位	都市
1位	深圳
2位	広州
3位	上海
4位	北京
5位	杭州
6位	天津
7位	珠海
8位	重慶
9位	厦門
10位	東莞

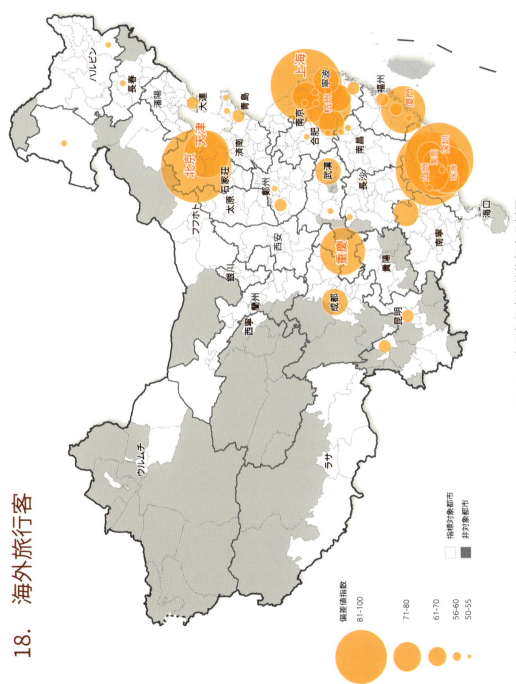

図4-18 中国各都市海外旅行客分析図

第4章 図で見る中国都市パフォーマンス 153

19. メインボード上場企業

1位	上海
2位	北京
3位	深圳
4位	南京
5位	重慶
6位	広州
7位	杭州
8位	天津
9位	成都
10位	武漢

偏差値指数
100
47

非対象地区

図4-19 中国各都市メインボード上場企業分析図

注：本指標は、各都市における香港、上海、深圳のメインボードに上場する企業数を評価している。

20. 金融業輻射力

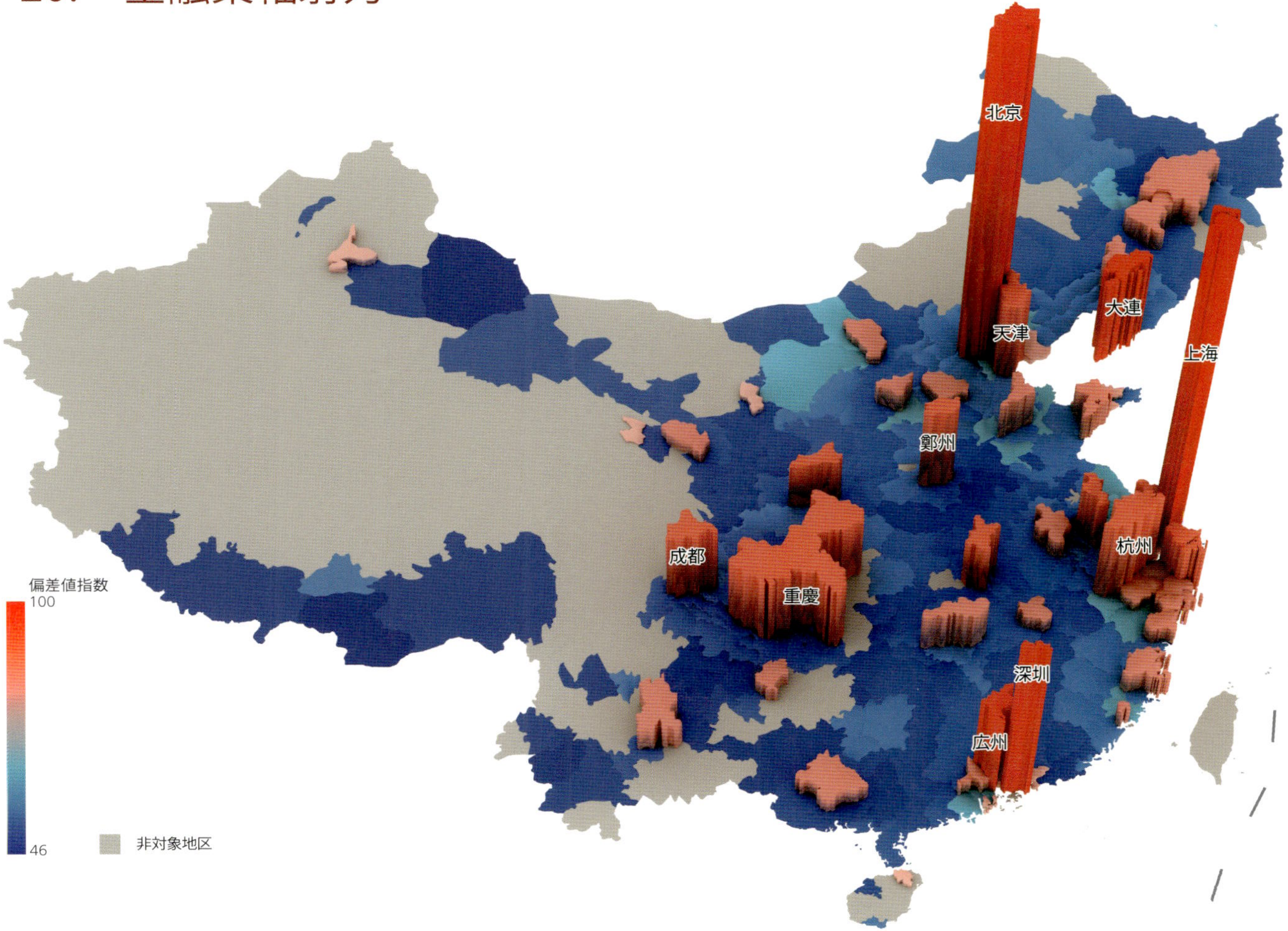

順位	都市
1位	上海
2位	北京
3位	深圳
4位	広州
5位	大連
6位	鄭州
7位	杭州
8位	天津
9位	成都
10位	重慶

図4-20　中国各都市金融業輻射力分析図

注：本指標で使用する「輻射力」とは、広域影響力の評価指標であり、都市のある業種の周辺へのサービス移出・移入量を、当該業種従業者数と全国の当該業種従業者数の関係、および当該業種に関連する主なデータを用いて複合的に計算した指標である。

第4章　図で見る中国都市パフォーマンス　155

21. 製造業輻射力

1位 深圳
2位 蘇州
3位 上海
4位 東莞
5位 仏山
6位 重慶
7位 広州
8位 寧波
9位 天津
10位 厦門

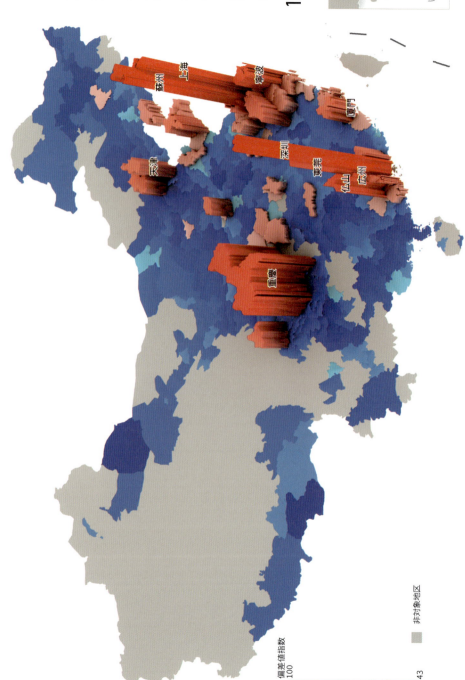

図4-21 中国各都市製造業輻射力分析図

22. IT産業輻射力

順位	都市
1位	北京
2位	上海
3位	深圳
4位	杭州
5位	南京
6位	成都
7位	広州
8位	重慶
9位	西安
10位	福州

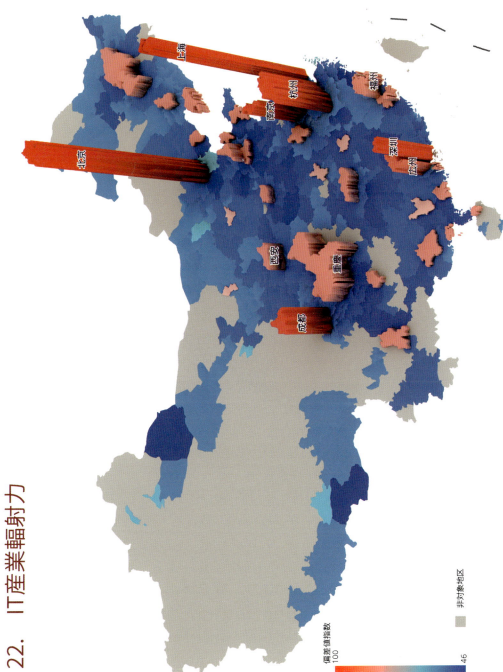

図4-22　中国各都市IT産業輻射力分析図

23. 高等教育輻射力

1位 北京
2位 上海
3位 南京
4位 武漢
5位 西安
6位 広州
7位 成都
8位 長沙
9位 天津
10位 ハルビン

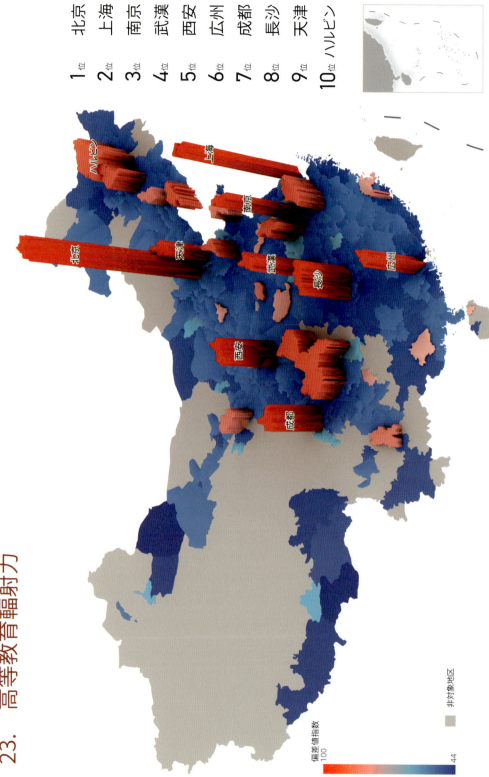

図4-23 中国各都市高等教育輻射力分析図

24. 科学技術輻射力

1位	北京
2位	上海
3位	深圳
4位	広州
5位	成都
6位	杭州
7位	蘇州
8位	天津
9位	西安
10位	南京

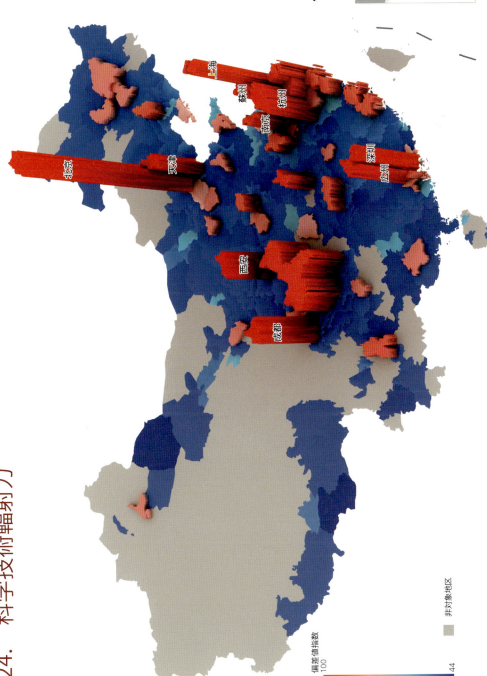

図4-24　中国各都市科学技術輻射力分析図

25. 医療輻射力

順位	都市
1位	北京
2位	上海
3位	広州
4位	成都
5位	杭州
6位	瀋陽
7位	天津
8位	西安
9位	武漢
10位	重慶

図4-25　中国各都市医療輻射力分析図

26. 文化・スポーツ・娯楽輻射力

順位	都市
1位	北京
2位	上海
3位	広州
4位	成都
5位	武漢
6位	深圳
7位	南京
8位	杭州
9位	西安
10位	重慶

図4-26 中国各都市文化・スポーツ・娯楽輻射力分析図

27. 飲食・ホテル輻射力

図4-27　中国各都市飲食・ホテル輻射力分析図

1位　上海
2位　北京
3位　重慶
4位　蘇州
5位　広州
6位　深圳
7位　成都
8位　杭州
9位　武漢
10位　三亜

28. 卸売・小売輻射力

順位	都市
1位	上海
2位	北京
3位	成都
4位	重慶
5位	広州
6位	杭州
7位	天津
8位	深圳
9位	南京
10位	武漢

図4-28　中国各都市卸売・小売輻射力分析図

第2部 | メインレポートとレビュー

5 | メインレポート
中心都市発展戦略
周牧之

1. メガシティ時代

　1980年以降、世界で大都市の人口は爆発的に増大した。1980年から2015年の35年間で、世界の都市人口は、中国の人口に当たる12.7億人増えた。この間、人口が100万人以上増えた都市は世界で274にも上った。なかでも人口が250万人以上増えた都市は92に達し、500万人以上増えた都市は35となり、さらに1,000万人以上増えた都市は11もある（図5-1を参照）。

　注目すべきは、上記92都市における人口の増加分が5億人に達し、同時期、世界の都市人口増加数の約40%をも占めたことだ。こうした数字からうかがえるのは、世界が急激な大都市化、メガシティ化の時代に入ったということだ。

　大都市化、メガシティ化に火をつけたのはグローバリゼーションである。大都市は世界中か

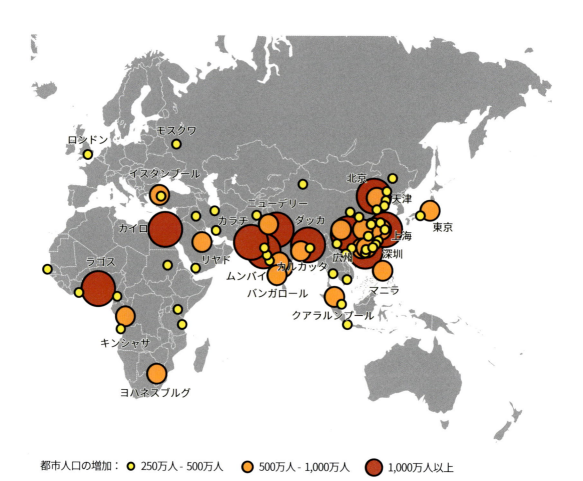

図5-1　都市人口が250万人以上増加した世界の都市（1980－2015年）

出典：国連経済社会局編『世界都市化予測2014（World Urbanization Prospects: The 2014 Revision）』および『世界人口予測2015改訂版（World Population Prospects: 2015 Revision）』より作成。

ら人材、企業、資金を引き寄せ、急激に膨張し、地域、国家ないしは世界経済を引っぱり、それを変貌させている。

　閉鎖的な産業構造で成り立つ伝統的な国民経済体制は、一般的には内包的なサプライチェーンを持って営まれていた。急激に進むグローバリゼーションは、このような局面を打ち崩した。グローバリゼーションを推し進める最大の原動力は情報革命である。情報革命とは、半導体技術とインターネット技術によって起爆した知識経済の発展を指す。

　情報技術の発展はIT産業を世界経済のリーディング産業に仕立てただけではなく、同時にIT技術はその他の領域にまで浸透し、学術専門領域間の、そして産業技術間の融合を促し、多く

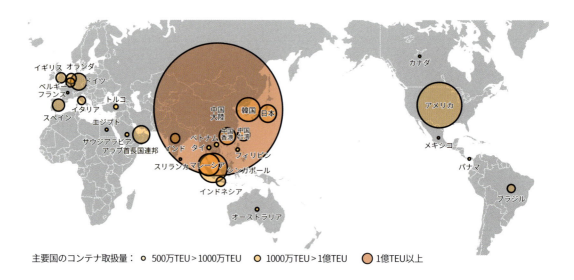

図5-2　各主要国コンテナ取扱量（2016年）

出典：世界銀行（World Bank Open Data）、国際港湾協会（IAPH）『国際コンテナ年鑑（Containerisation International Yearbook）』、国連貿易開発会議（UNCTAD）『世界海運報告（Review of Maritime Transport）』および『Lloyd's List & Containerisation International（CI-Online）』より作成。

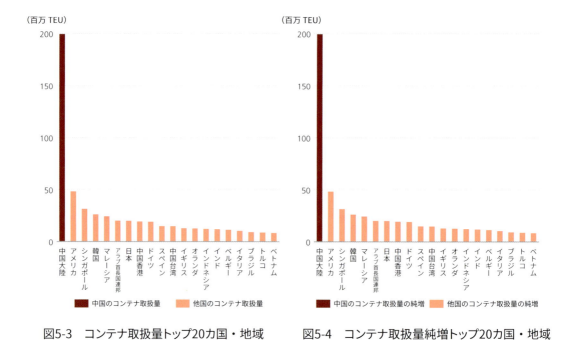

図5-3　コンテナ取扱量トップ20カ国・地域（2016年）

図5-4　コンテナ取扱量純増トップ20カ国・地域（1980-2016年）

出典：世界銀行（World Bank Open Data）、国際港湾協会（IAPH）『国際コンテナ年鑑（Containerisation International Yearbook）』、国連貿易開発会議（UNCTAD）『世界海運報告（Review of Maritime Transport）』および『Lloyd's List & Containerisation International（CI-Online）』より作成。

の産業を知識集約型のものに変貌させた。

　2001年から2016年までの15年間で、世界の実質GDPは1.5倍に拡大したのに対して、情報・通信サービス業の付加価値額[1]と知識・技術集約型産業の付加価値額[2]はそれぞれ2.1倍と2.3倍に拡大した。IT産業と知識集約型産業が世界経済を牽引していることが見て取れる。

　さらに情報革命は、国民経済の中に閉じこもっていたサプライチェーン、技術チェーン、資金チェーンをグローバル的に再構築した。輸送革命は、こうした生産活動の地理的な再構築を可能にした。

　輸送革命とは、大型ジェット機に代表される高速航空輸送システムと、大型コンテナ船に代表される大規模海運システムの発展を指す。輸送革命は、国際間における人的往来と物流の利便性およびスピードを高めただけでなく、そのコストも大幅に低下させ、グローバリゼーションを促す一大原動力となった。

　1980年から2016年まで世界の実質GDPは6.8倍となった。同時期に世界の港湾コンテナ取扱量[3]は18.9倍に拡大し（図5-2、図5-3、図5-4を参照）、世界の国際旅客数も4.4倍となった。国際間における人的往来や物流の急激な拡大は、世界経済の発展を促した。

　1980年代以降、情報革命と輸送革命は凄まじい勢いで産業活動のグローバルな展開を推し進めた。

　学問領域、業界領域そして国境を超えた産業活動の再構築は、イノベーションと創業などの形で行われている。これにより新興産業、新興企業は猛烈に成長し、1980年代以降の世界経済の繁栄を主導した。こうしたなかで旧来型の国民経済は崩れ始めている。交流交易をベースにした経済活動の再構築は、世界経済を急激に変貌させている。大都市は交易交流経済のハブとなって世界経済の新しい主体として台頭してきた。

　もちろん、交易交流経済を推進する関連制度の確立と変革も、グローバリゼーションを後押ししている。もし1995年の世界貿易機関（WTO）設立以前の国際貿易体系を、グローバリゼーションの1.0バージョンとするなら、WTOの時代はグローバリゼーション2.0だと言えよう。

　WTOは交易交流経済を積極的に押し進め、中国の発展に大きく貢献した。中国は2001年にWTOに加盟したことを契機に、一躍「世界の工場」に、そして世界で最大の貿易国となり、中国の沿海都市も爆発的発展を見せた。

　オバマ政権時代のアメリカは環太平洋パートナーシップ協定（Trans-Pacific Partnership

1　NSF（National Science Fundation）のデータによる。
2　NSFのデータによる。OECDの分類定義では知識・技術集約型産業は、知識集約型サービス、ハイテクノロジー産業、ミディアムハイテクノロジー産業が含まれる。知識集約型サービスには教育、医療・福祉、ビジネス、金融、情報・通信サービス業が含まれる。ハイテクノロジー産業には航空宇宙、通信機器、半導体、コンピューター関連機器、医薬品、精密機器産業が含まれる。ミディアムハイテクノロジー産業には自動車、機械、電気機器、化学、輸送機器産業が含まれる。
3　コンテナ取扱量は国際標準規格（ISO規格）20ftコンテナ＝1TEU, 40ftコンテナ＝2TEUで計算した。

Agreement：TPP）を推進した。TPPはWTOと比べ、知的所有権の強化とサービス業、そして金融業の開放をさらに重視し、ISDS条項をもって企業権益保護を図ることを特徴とする。その意味ではグローバリゼーション2.1と言えよう。オバマ政権はTPPを通して、アメリカの知識産業、サービス業、金融業などの領域で優位性を強化しようと目論んだ。

　日本も目下、工業製品輸出大国から投資大国、知的所有権輸出大国へと転換をはかろうとしている。また、実際にこれらの領域で、すでに大きな収益を上げている。日米両国はこの点、利益が一致しており、TPPの提唱者となった。

　グローバリゼーション2.0時代、とりわけ中国がWTOに加盟してから、工業生産メカニズムと分布の世界的なパラダイムシフトが起こった。そうした中で、アメリカの産業資本はより高い利益を得たものの、国内の伝統的な工業地帯は工場倒産や労働者の失業など厳しい状況に陥った。グローバリゼーション2.0はアメリカを受益者と被害者という二つの集団に分け、その分裂を引き起こした。都市の角度から見ると、前者は沿海部の大都市に集中し、後者の大半はさびれた古い工業地帯と内陸部の中小都市に集中している。2016年のアメリカ大統領選挙で、民主党のヒラリー・クリントン候補を支持したのは前者であり、これに対して、共和党のドナルド・トランプ候補を支持したのは後者であった。

　2016年のアメリカ大統領選挙は、グローバリゼーション2.0の受益者と被害者との間の、言い換えれば、沿海大都市と内陸部中小都市の間の政治経済的利益の争奪戦であったと言っても過言ではない。これは、トランプ氏がいくら醜聞や失言を繰り返しても、その支持基盤が揺らがなかった原因でもある。グローバリゼーションによるパラダイムシフトや大都市のストロー効果で、古い工業地帯や内陸部中小都市および農村地域が資本、人材そして活力を吸い取られ苦しめられて久しい。それらの地域で蓄積された不満の大爆発がトランプ氏の勝利につながった。

　2016年には、もう一つ世界を驚かせる出来事があった。それはイギリスが6月23日に行った国民投票で欧州連合（EU）からの離脱を決めたことである。この投票もまたメガシティのロンドンと地方中小都市との対峙が背景にあった。結果、「EU残留」派の大ロンドン地区は、「脱EU」派として不満をぶつけた広大な中小都市および農村地域に敗れた。

　2017年1月23日、トランプ氏がアメリカ大統領となった当日に発令したのが、アメリカのTPP正式離脱であった。トランプ氏は関税と貿易障壁に焦点を当てるTPPを退け、法人税率を大幅に下げてグローバリゼーションを一気に3.0にバージョンアップさせた[4]。これによってアメリカは再び産業資本の新天地となり、事業のアメリカ回帰の流れが出来上がった。

　トランプ大統領は関税と貿易障壁を限りなく低くすることも忘れなかった。このために中国との貿易戦争をも辞さない姿勢を見せている。さらに、国内法人税まで下げることにより、企業が産業活動をより展開しやすくする環境作りに向けて、国際競争をしかけた。企業家出身の

4　2017年末、アメリカ国会は税制改革法案を採択し、法人税率を35％から21％に下げた。

トランプ大統領は恐らく、企業活動にとってより低い関税と貿易障壁、より低い国内法人税率、そしてより少ない政府関与を目指しているのであろう。「アメリカ第一」を叫ぶトランプ大統領が結果的にグローバリゼーションを深化させ、加速させたことは、いかにも面白い現象である。

　グローバリゼーションはこれからも失速することなく、さらに加速していくであろう。

　猛烈に進展する交流交易は、大都市化とメガシティ化を促す。巨大都市は世界中から人口、企業、資金を大量に吸い上げると同時に、各国内部の社会経済構造の変革をも誘発する。大都市は世界変革の主役として膨張し続けていく。

　大都市の膨張には、以下の要因が考えられる。

(1) 交流交易経済における優位性

　航空、海運、インターネットに代表される人的、物流、情報、金融などグローバルネットワークが高速化し拡大する中で、世界にまたがるサプライチェーンの構築がますます活発化してきた。交流交易経済には港を持つ沿海都市と、行政中心都市が優位である。

　世界史を振り返ると、まず大航海が臨海都市の発展を始動した。その後、そもそも海運の基礎の上で成り立った産業革命は、原材料生産、工業製品生産、そして販売などのプロセスを世界に分担させた。それによって、大陸経済の主導的地位はくつがえされ、産業と人口の臨海港湾都市への集中を引き起こした。数多くの臨海都市は貿易港や工業港を基礎に、すさまじい発展を遂げた。ニューヨーク、ロンドン、東京は、これらの典型である。1980年代以来のグローバリゼーションはさらに人材、企業、情報、資金を臨海都市へと集約させ、たくさんの都市を膨張させた。

　もちろん、今日の臨海大都市の「港」は、もはや狭義の海運港のみを指すものではなくなった。例えばロンドンやサンフランシスコなど先進国の臨海都市は、港湾機能のすでに半分以上を失っている。しかしながら港町としての開放性と寛容性とで、これらの都市はグローバル時代における経済、情報、科学技術、文化芸術の「交流港」として成功を収め、交流交易経済発展の新しいモデルを立ち上げている。こうしたことから見てとれるのは、開放性と寛容性こそが、交流交易経済発展の最も根本的な条件であるということだろう。

　この点では、臨海都市と同じように、首都に代表される行政中心都市の巨大化の要因も、国家あるいは地域の政治経済文化センターが持つ開放性と寛容性にある。そして行政中心都市の巨大化のもう一つの原因は、政治、経済、文化、交通、情報などのセンター機能が持つ威力である。

　世界に29ある人口1,000万人以上のメガシティの分布を見ると、うち19都市が沿海都市であり、8都市が内陸部に立地する首都であり、2都市が内陸部の地域中心都市である。これはまさしく上記の分析に合致する。

（2）大都市の吸引力の拡大

　いわゆるストロー効果とは都市が外部から人口、企業、資金などを吸い取る現象を指す。人的交流、物流、情報、金融などのネットワークが加速かつ拡大するなか、ネットワーク中枢都市のパワーは絶え間なく増強されることで起こる。ますますパワーアップする中枢機能は、大都市の吸引力を強化し、巨大なストロー効果をもたらす。

　大都市の吸引力拡大のもう一つの原因は、知識経済とサービス経済の属性によるものである。1980年以降、急激に発展した知識経済とサービス経済は、寛容性と多様性のある社会環境と、一定の人口規模、人口密度を必要とした。これが中心都市と沿海都市が、知識経済とサービス経済の発展を主導する所以である。経済発展はこれら都市に人口をさらに呼び寄せ、その規模と密度をますます上げる良い循環を生む。

　知識経済とサービス経済は巨大なエンジンとなって、急速な大都市化、メガシティ化を推し進めている。

（3）都市積載力の向上

　インフラ整備水準とマネジメント能力アップにより、都市は人口とその密度に対する積載力を向上させてきた。東京大都市圏を例にすると、1950年前後に1,000万人口を超えた同大都市圏は、環境汚染、交通渋滞、住宅逼迫、インフラ不足などの大都市病にあえぎ、厳しい「過密」問題に見舞われていた。これを受けて政府は人口と産業の東京への集中と集約を阻止する一連の政策措置を講じ、一度は遷都さえ企図されるに至った。しかしその後、インフラ水準とマネジメント能力の向上により、都市の積載力が大幅に改善され、今では東京大都市圏の人口規模は3,800万人に達したものの、「大都市病」はおおむね解消されている。

　この東京にみられるような都市積載力の向上が、世界各国においても巨大都市の一層の膨張を可能にした。

　本レポートでは上記の大都市を膨張させた三大要因を踏まえ、世界最大規模の大都市圏たる東京都市圏を事例に、多様なセンター機能が集まる中心都市が、いかなるプロセスを経て、膨張し、そして大規模高密度都市社会を成功裏に構築できたかを検証してみる。

2. 東京大都市圏の経験

　東京大都市圏は東京都、神奈川県、千葉県、埼玉県の一都三県から構成される。13,562㎢の土地に、東京、横浜、川崎、さいたまの4つの100万人口を超える大都市と数多くの中小都市が密集している。東京大都市圏は世界で最も早くメガシティとなった都市圏の一つで、今日その人口規模は3,800万人に達し、世界で最大の都市圏となった（図5-5を参照）。東京大都市圏は国土面積の3.6％で日本のGDPの32.3％を稼ぎ出し、政府機関、文化施設、企業本社、金融機関が集中して立地する名実共に日本の政治経済文化の中心である[1]。それだけにとどまらず、東京は世界に名だたる国際都市でもあり、『世界の都市総合ランキング』[2]ではロンドン、ニューヨークに次ぐ第3位のグローバルシティとなっている。

　本レポートでは雲河都市研究院の〈アジア都市総合発展指標2017〉の研究から、東京大都市圏の成功経験は以下の4つの特徴にまとめられる。

(1) 多様なセンター機能の相互補完

　東京大都市圏は、最も多様なセンター機能を持つグローバルシティである。

　政治行政面では、東京には皇居、国会議事堂、および各中央省庁が高度に集中している。

　大手町、丸の内などの地区には、さらに企業の本社機能が高密度で集積し、58.2％の日本上場企業の本店が、東京大都市圏に立地している。

　同大都市圏はまた、京浜、京葉に代表される世界最大級の臨海工業地帯を持ち、その周辺にすさまじい数の部品企業が林立している。図5-6が示すように、京浜工業地帯のある神奈川県の貨物輸出額は全国第4位で、京葉工業地帯のある千葉県は同第5位、東京は同第16位となっている。日本の製造業輸出に占める東京大都市圏の割合は29.5％に達し、全国の3分の1弱に当たる。

　金融センターとしては、東京は日本最大の証券取引所があるだけでなく、金融機関本社機能の大集積地でもある。図5-7が示すように、金融業輻射力の分析では、47都道府県[3]の中で東京の輻射力があまりにも強いことから、東京以外の地域の同輻射力偏差値指数は全部50（平均値）以下になった。日本の金融機能は極めて高度に東京に集中している。

　東京大都市圏には、225の大学があり、図5-8が示すように、47都道府県の中で、大学生数は東京がダントツで第1位、神奈川、埼玉、千葉の3県がそれぞれ第3位、第6位、第9位となっている。その結果、東京大都市圏の大学の教員数と学生数は、それぞれ全国の35.2％、40.8％を占めている。

1　特に註釈のない限り、本章が引用するデータは雲河都市研究院の〈アジア都市総合発展指標2017〉によるものである。
2　森記念財団都市戦略研究所『世界の都市総合ランキング Global Power City Index YEARBOOK 2017』。
3　日本の行政は中央、都道府県と市町村の3階層に分かれている。全国は1都、1道、2府、43県で、合わせて47都道府県で構成されている。

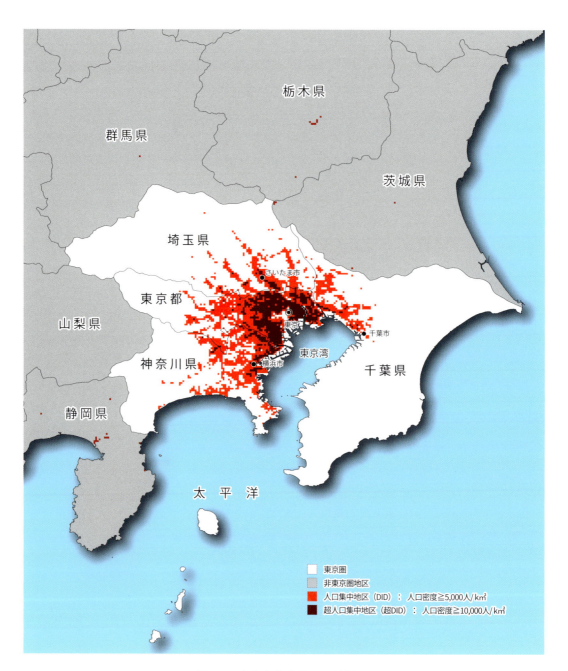

図5-5 東京大都市圏DID分析図

出典：雲河都市研究院「アジア都市総合発展指標2017」より作成。以下、図5-12まで同様。

注：〈中国都市発展指標2016〉では、日本のDID基準を用い、4,000人/km²以上の連なった地区をDIDとして中日両国でDID比較分析を行った。〈中国都市総合発展指標2017〉では、OECD基準を使用し、5,000人/km²以上の地区をDIDと定義している。本書では、この新しい基準を用い、中国、日本、および世界の地域を対象にDID分析を行っている。

科学技術輻射力を見ると、図5-9が示すように、東京大都市圏はこれも独り勝ちである。47都道府県で科学技術輻射力指数が偏差値の平均値以上である5カ所のうち、2カ所が同大都市圏にあり、それは東京都と神奈川県である。東京大都市圏には日本の59.8%の研究開発経費と68.7%の研究開発要員が集中し、60.6%の特許を作り出している。

　日本は戦後、一貫して「製造業立国」を旗印にしてきた。しかし近年、「観光立国」を国策として推進し、海外旅行客数が上昇しつづけている[4]。急速に増大する外国人旅行客が、東京大都市圏に集中して来訪する現象が露わになっている。図5-10が示すように、47都道府県の中で10カ所が海外からの宿泊客数偏差値指数が平均値以上となっている、東京の一人勝ちだけではなく、千葉、神奈川両県も第6位と第9位となっている。全国の外国人宿泊者数に占める東京大都市圏の割合は35.6%にも上る。

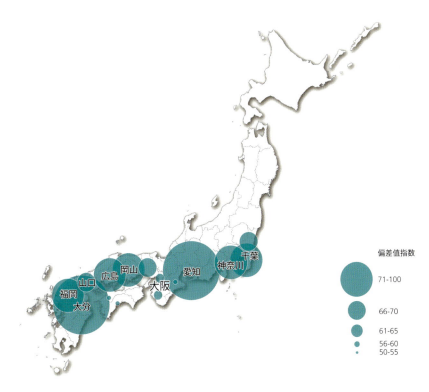

図5-6　貨物輸出額広域分析図

---

[4] 2003年、日本は国として初めて「観光立国宣言」をした。2007年、「観光基本法」を全面改正し、「観光立国推進基本法」が制定された。さらに、2008年、その推進を担う「観光庁」が、国土交通省の外局として新設された。

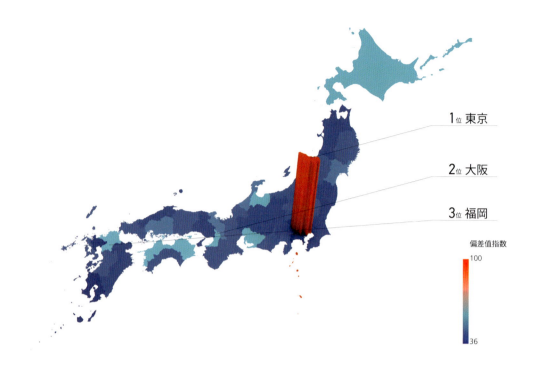

図5-7　金融業輻射力広域分析図

図5-8　大学生数広域分析図

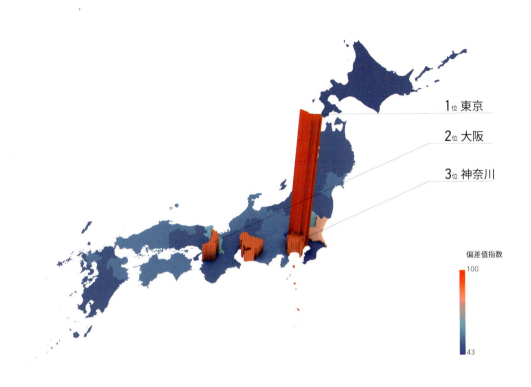

図5-9　科学技術輻射力広域分析図

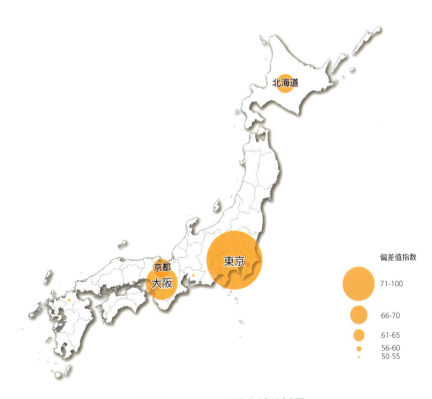

図5-10　海外からの宿泊者数広域分析図

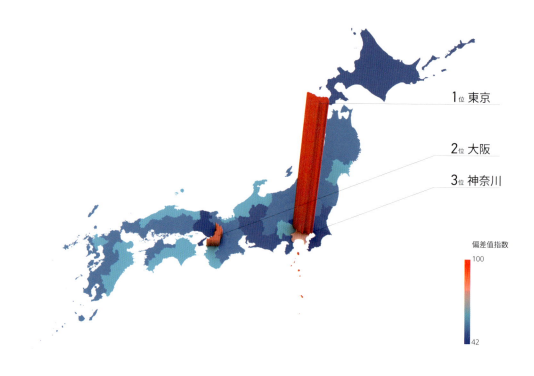

図5-11　IT産業輻射力広域分析図

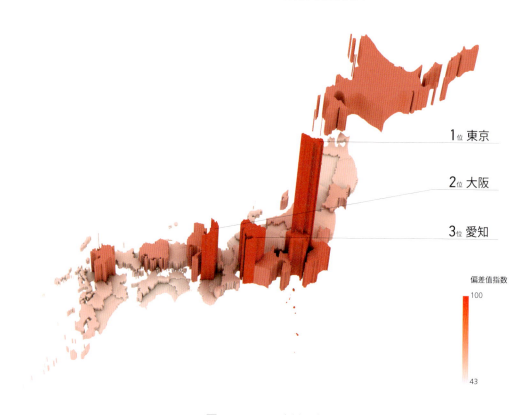

図5-12　GDP広域分析図

IT産業は交流交易経済の代表格である。海外との盛んな交流で世界都市になった東京は、IT産業を花開かせた。図5-11は、東京都が強大なIT産業輻射力を持つことを示している。47都道府県でわずか3つの地域が、IT産業輻射力偏差値指数を平均値以上とした。偏差値の高さは東京が際立っている。東京大都市圏では神奈川県のIT産業輻射力も平均値以上で、第3位となった。IT産業は情報社会時代における東京大都市圏の発展を牽引している。

強力な交通中枢機能、多様なセンター機能を持ち、次々と生まれる新産業が強い牽引力となり、東京大都市圏は常に日本の発展センターと位置付けられてきた。図5-12が示すように47都道府県のGDP偏差値で見ると、12地域が平均値以上となっている。東京都の偏差値が他地域を大きく引き離すと同時に、神奈川、埼玉、千葉の3県も、それぞれ第4位、第5位、第6位となった。東京大都市圏は全国GDPの3分の1を稼ぎ出している。

(2) 東京湾の役割

港湾条件に秀でた東京湾は戦後、東京大都市圏の大発展に大きく作用した。

第二次世界大戦後、平和な国際環境を利用し、日本は国際資源と国際市場を前提とした臨海工業を推進した。とりわけ東京湾の両翼に京浜、京葉の両大型臨海工業地帯を作ったことが功を奏した。

原油、鉄鉱石など廉価で良質な世界資源を利用し、世界市場に大規模な輸出攻勢をかけた京浜、京葉の両工業地帯は、臨海型工業のメリットを極限まで発揮させた。東京湾は、一躍世界で最大規模を誇る新鋭輸出工業基地となり、戦後日本の経済復興と高度経済成長を牽引し、日本を世界第2位の経済大国へと押し上げた。

今日、東京大都市圏の経済主体はすでにサービス業や知識産業に移っているものの、東京湾エリアの貨物輸出量[5]は依然として日本全国の30%近くを占めている。

輸出工業の急速発展は都市化を起爆し、ベイエリアおよびその後背地では人口が急激に膨張し、東京、横浜、川﨑、さいたまなど100万人を超える大都市がコアとなって東京大都市圏の形成を促した。

注目に値するのは、ベイエリアの港湾群が臨海工業地帯の発展を支えただけでなく、世界から大量のエネルギー、生活物資、そして食料品を輸入し、膨張し続ける大都市圏の人口規模、そして人々の生活レベル向上のニーズに応えた点である。

現在、東京湾の貨物輸入量[6]は全国の40%を占めている。臨海型大都市圏に人口を集積させることで、日本は世界資源を効率的かつ存分に利用することができた。

東京湾における大規模な埋め立て地は、東京大都市圏の空間発展の重要な特徴の一つである。

---

5 貨物輸出量は金額ベース。
6 貨物輸入量は金額ベース。

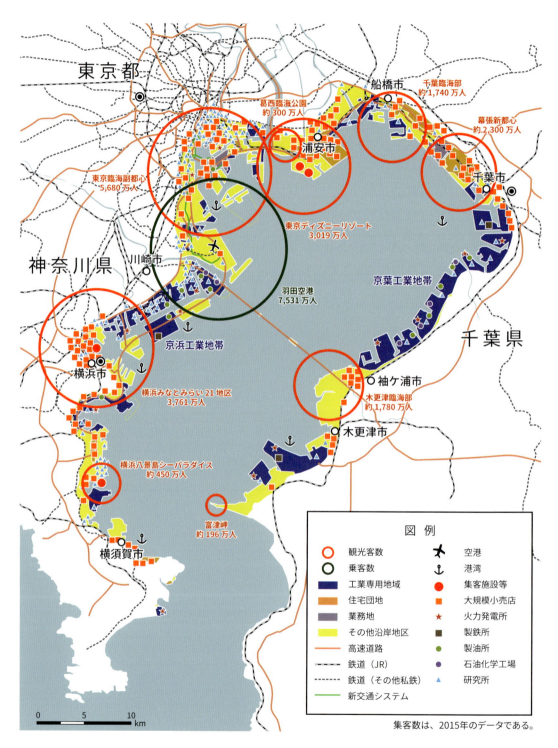

図5-13 東京湾臨海部土地利用分布と大型施設の集客状況

出典：(一財)日本開発構想研究所の研究に基づき、雲河都市研究院が最新データをアップデートした。

1868年以来、合わせて252.9㎢の埋め立て地が作られ、その大半が戦後に行われた。

　埋め立て地は、大型臨海工業地帯を形作っただけでなく、港湾、空港など交通ハブの建設や、中心業務地区（CBD：central business district）、国際会議場、海浜公園、大型モール、住宅などの大規模開発に、広大な空間を与えた。2020年の東京オリンピック関連施設の多くも、東京湾埋め立て地に建設される。

　図5-13が示したように、埋め立て地は、工業経済からサービス経済、そして知識経済まで、それぞれの時代の要請に応え、新たな都市空間の展開を可能にした。東京大都市圏の空間上の大きな特徴の一つは、埋め立て地にこうした展開を求めたことである。

（3）広域インフラ整備によるセンター機能の拡大

　他の都市ないしは世界につながる港、空港、新幹線、高速道路など広域インフラ設備は、東京のセンター機能効果を高めた。

　戦後、日本は広域インフラ整備の推進を通して、飛躍的成長を実現させた。1964年の東京オリンピックをきっかけに、日本は広域インフラ整備を加速させた。

　新幹線を例にすると、この高速旅客専用鉄道のコンセプトは日本が発明したものである。過去、世界各国の旅客列車は貨物列車も通る同一線路の上を走っていた。ゆえにスピードには限界があった。1964年、東京オリンピック開催前夜、日本は世界初の新幹線を開通させた。東京から名古屋、大阪までの三大都市圏を貫く新幹線は、大小都市を緊密に結び、太平洋メガロポリス（東海道メガロポリスとも言う）を形作った。

　特に注目に値するのは、太平洋メガロポリスの三大都市圏を連結する高速大動脈が、まず新幹線であったことである。三大都市圏を貫く高速道路は、東京オリンピック開催5年後の1969年にようやく開通した。これに対して、ボストン、ニューヨーク、フィラデルフィア、ボルチモア、ワシントンD.C.からなるアメリカ北東部大西洋沿岸メガロポリスはいまだに高速道路に依存している。

　オリンピック後も広域インフラ整備はさらに続いた。1965年には日本全国の高速道路はわずか190㎞で、新幹線も515㎞しかなかった。2,000ｍ以上の滑走路を持つ空港はたった5つに過ぎなかった。それに対して今日では、高速道路と新幹線はそれぞれ10,492㎞と2,624㎞に達した。2,000ｍ以上の滑走路を持つ空港は全国66カ所に増えた。

　こうした大規模な広域インフラ整備は、日本国土を高速で便利なネットワークで結んだ。その結果、東京のセンター機能は一層強化された。

　再び新幹線を例にとると、東京駅、東京都内の新幹線駅（3駅）、および東京大都市圏内（7駅）での乗降客数は、全国新幹線乗降客総数に占める割合が各々24.2%、30.5%、39%に達している。つまり、全国新幹線乗降客数の8割近くが、東京大都市圏とその他都市とを往来する客で占められている。これは新幹線の最も重要な役割が、東京大都市圏とその他の都市との往来であることを意味する。言い換えれば、新幹線は地方都市の人々が東京のセンター機能を利用す

るにあたり大きな利便性を提供している。

　新幹線が航空輸送と最も異なることは、各都市の中心部を直接つないでいる点にある。これは大変に重視すべき特徴である。東京駅を例にすると、5路線の新幹線に毎日平均17.5万人が乗り降りしている。東京駅をつなぐ15路線の電車や地下鉄を、毎日平均83.2万人もの乗降客が利用している。

　このような新幹線と都市鉄道のスムーズな連結が東京と地方の移動の利便性をさらに高め、両者の人的往来を促した。結果、当然、東京のセンター機能が強化され、人口と経済とがなお一層東京に集中した。

　新幹線開通の翌年1965年には、東京大都市圏の人口は2,102万人になり、当時、全国の人口とGDPに占める割合はそれぞれ21.2％、28％となった。半世紀後の2015年、東京大都市圏の人口は3,800万人に達し、全国の人口とGDPに占める割合は、29.9％と32.3％に達した。1972年に田中角栄首相が提唱した「列島改造論」に代表されるように、日本政府は数十年来、国を挙げて地方経済を盛り立て、人口と経済の東京集中阻止を図ろうとした。にもかかわらず、結果として、東京の一極集中現象はますます進んだ。新幹線の影響もそのことの一因だったと思われる。

　新幹線に続いて、日本は目下、東京と名古屋そして近畿三大都市圏をつなぐリニア中央新幹線を建設している[7]。時速500㎞の超高速大動脈は日本のメガロポリスを時空上でさらに緊密に結び、世界の人材、資金、企業にとって、より魅力的な空間が形成される。超高速大動脈は、東京大都市圏の巨大なセンター機能を一層強化するであろう。

（4）高密度発展の成功

　密度は、都市問題を議論する際の重要な焦点の一つである。本レポートでは、5,000人/㎢以上の地域をDID(Densely Inhabited District：人口集中地区)と定義し、人口密度に関する有効な分析を試みた。

　雲河都市研究院の研究によると現在、東京都のDID人口比率は87.3％に達し、東京大都市圏のDID人口比率も58.8％に至っている。それは、同都市圏の大半の住民が人口密集地で生活していることを意味する。

　さらに全国と東京大都市圏の人口比率から見ると、日本全人口の29.9％が東京大都市圏に住んでいることに対して、全国DID人口の55.2％が同都市圏にいる。両者の間の差は25.3％ポイントもある。要するに同大都市圏においてDID率は全国平均をはるかに上回り、2,336万人のDID人口を抱えている。

　本レポートは日本各都道府県のDID人口規模と第三次産業付加価値額、R&D内経費支出と

---

[7] リニア中央新幹線は2027年に東京−名古屋間、2037年には名古屋−大阪間が開設される予定である。

の相関関係について分析した[8]。結果は、DID人口規模と第三次産業付加価値額との相関係数は0.92と「完全な相関」にあり、DID人口規模とサービス経済との間には、極めて強い相関関係が認められた。また、DID人口規模とR&D内経費支出との相関係数も0.8と高まり、DID人口規模と知識経済との間も「非常に強い相関」関係が確認された。

まさに膨大なDID人口が東京大都市圏のサービス産業と知識経済産業の発展を支えた。結果、同都市圏には日本の58.2%の上場企業が集中し、60.6%の特許申請受理数を誇っている。

良質なDIDは、現代経済発展の根本である。図5-14が示すように、日本のDIDは東京、名古屋、近畿の三大都市圏に高度に集中している。三大都市圏で構成される太平洋メガロポリスは、全国の86.3%のDID人口と83.8%のDID面積を持ち、GDPの63.7%を稼ぎ出している。

現在、日本のDID面積は、すでに3,761㎢に達し、国土面積の10%に当たる。DID人口も4,229万人に上り、全人口の33.3%を占める。なかでも東京大都市圏は日本のDID人口の半分以上を有している。

以上の分析からわかるように、半数以上のDID人口が各種センター機能が集中する東京大都市圏で暮らしていることが日本経済の強みである。

しかし、中国では都市の人口密度に関するネガティブな認識が根強い。高い人口密度が交通渋滞を招き、環境汚染を引き起こし、生活の不便をもたらす大都市病の原因だと考えられている。近年、北京などでは一部の地方から来た低所得者を強制的に追い出す動きに出て、物議を醸した。実際は、インフラ整備水準の貧弱さや都市マネジメント能力の欠如こそ、こうした都市病の元凶である。

他方、大規模なDID人口は、サービス経済と知識経済に不可欠な土壌である。一定の人口規模と人口密度がなければ、数多くの新しい産業は生まれないからだ。

東京大都市圏の経験はマネジメント能力の向上とインフラの充実とで、都市の積載力を高められることを実証した。こうした経験に真摯に向き合い、中国の為政者は、人口密度に関するネガティブな考えを改めるべきである。

8　相関分析は、2つの要素の相互関連性の強弱を分析する手法である。「正」の相関係数は0－1の間で、係数が1に近いほど2つの要素の間の関連性が強い。なかでも0.9－1の間は「完全な相関」、0.8－0.9は「非常に強い相関」、0.6－0.8は「強い相関」とする。

図5-14　全国DID分析図

出典：雲河都市研究院「アジア都市総合発展指標2017」より作成。

3. 中心都市指数の意義と構造

　世界が大都市、メガシティの時代に入った時期は、ちょうど中国の改革開放期と重なった。この間、中国は「アンチ都市化政策」から、「小城鎮[1]発展政策」へ、そしてメガロポリスを基本形態とする「新型都市化政策」へと政策をシフトさせた。中国も大都市化、メガシティ化の過程をたどり始めた。

　1980年から2015年、中国の都市人口は3.8億人増加し、同時期の世界都市人口増加総数の30%を占めた。上述したように1980年から2015年、全世界で都市人口が100万人以上増えた都市は274都市にも達し、それら都市で7.8億人もの人口が増えた。それに対して、同時期中国で都市人口が100万人以上増えた都市は72都市にのぼり、その数は世界の26.3%に達した。さらにこれら中国の都市で増えた2.3億人の人口は世界での上記274都市の人口増加分の29.5%に当たった。

　同時期250万人以上増えた都市に絞って見ると、世界全体では92都市あるうち、中国は30都市に達し、その数は世界の3分の1を超えた。中国の同30都市での人口は合わせて1.7億人増え、世界同92都市の人口増加総数の33.4%をも占めた。

　さらに同時期、世界で都市人口が1,000万人以上増えた都市は11都市あり、そのうち中国は半分近くの5都市あった。

　上述した分析で明らかになったのは、中国の急速な都市化、大都市化、メガシティ化と世界の趨勢とが合致していることである。

　さらに注目すべきは、中国で都市人口が250万人以上増加した30都市はすべて直轄市、省都と沿海都市に集中していることである（図5-15を参照）。上述の大都市化と中心都市、沿海都市との関係の分析および推論に完全に一致している。

　これは世界の他の大都市の発展と同じメカニズムが、中国の大都市の発展をもたらしたことを意味する。中国の都市の大発展は、グローバリゼーションの産物である。

　今日、上述した中国30都市の常住人口総数と戸籍人口総数との差は、7,022万人に達した。言い換えれば、今なお7,000万人を超える外来人口が、この30都市に住んでいる。大量の人口を吸収したこの30都市は、中国全国のGDP、貨物輸出総額、海外旅行客数、特許取得数それぞれに占める割合が、39.2%、67.0%、58.1%、56.4%と極めて高い。また、中国全国の上場企業（メインボード）の66.3%も同30都市に集中していた。まさにこの30都市が改革開放以来の中国社会経済の発展を主導したことが見て取れる。

　大都市化、メガシティ化の本質は中心都市間の国際競争にある。地域的で国家的かつ世界的なセンター機能の強化を通じて、人材、資本、企業の吸引力を高めることが、中心都市競争の肝腎要である。

　従って、都市のセンター機能をいかに正確に評価し、強化するかが、極めて重要となってくる。

---

[1] 小城鎮とは、郷鎮企業の発展によって自然発生し、大きいものは県および郷鎮の政府所在地に形成された数万人から十数万人の集積を指す。郷鎮企業とは、農村で村や郷鎮が所有する「集団企業」である。

こうした認識に立ち、雲河都市研究院は〈中国都市総合発展指標〉を基礎に「中国中心都市指数」を研究開発し、中国都市の主要なセンター機能を評価する手法を確立した。

　「中国中心都市指数」は〈中国都市総合発展指標〉の中で、センター機能評価に比較的関連が強い指標を抽出し、新たに「都市地位」「都市実力」「輻射能力」「広域中枢機能」「開放交流」「ビジネス環境」「イノベーション・起業」「生態環境」「生活品質」「文化教育」の10大項目に組み直した。さらに、この10大項目ごとに3つの中項目を置き、各中項目指標をいくつかの指標データで支え、中心都市を評価する指標体系を作った（図5-16を参照）。

　本レポートは「中国中心都市指数」を用いて、中国全国の地級市以上297都市について、各センター機能のランキング分析を試みた。

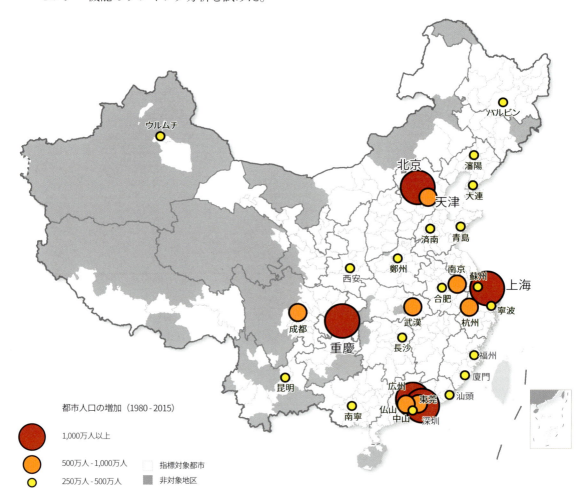

図5-15　都市人口が250万人以上増加した中国の都市（1980－2015年）

出典：国連経済社会局編『世界都市化予測2014（World Urbanization Prospects: The 2014 Revision）』および『世界人口予測2015改訂版（World Population Prospects: 2015 Revision）』より作成。

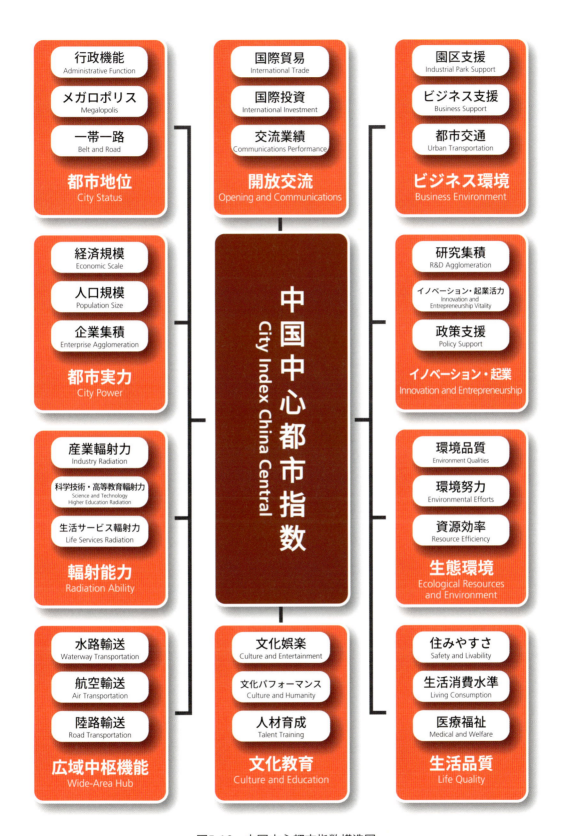

図5-16　中国中心都市指数構造図

4. 中国中心都市指数総合ランキング

　図5-17、5-18で示した通り、「中国中心都市指数」の総合ランキング上位37都市に、すべての直轄市、省都および計画単列市がランキング入りした。また、こうした「肩書き」を一切持たない蘇州もこれに加わった。
　首都たる北京が、中心都市指数の総合ランキングでトップを飾るのは当然であろう。10大項目指標のうち、北京市は「都市地位」「都市実力」「輻射能力」「ビジネス環境」「イノベーション・起業」「生活品質」「文化教育」の７大項目で首位に立った。「開放交流」大項目指標ランキングでは、北京は上海にやや遜色を見せて第２位となった。内陸で港を持たないため、「広域中枢機能」大項目指標ランキングでは第３位に甘んじた。大気汚染問題や水資源欠乏などの制約で、「生態環境」大項目指標ランキングも第３位であった。総じて、北京は、中国の最も重要な中心都市であり、また京津冀メガロポリスの中核であり、巨大な影響力を持つ世界都市でもある。
　長江デルタメガロポリスの中心都市として、上海は、中心都市指数の総合ランキングで第２位となった。10大項目指標では、「広域中枢機能」「開放交流」「生態環境」の３大項目で第１位であった。「都市地位」「都市実力」「輻射能力」「ビジネス環境」「イノベーション・起業」「生活品質」「文化教育」の７大項目指標では第２位につけた。上海は中国を代表する中心都市で、世界経済においても重要なグローバルシティである。
　珠江デルタメガロポリスの中心都市の広州は、中心都市指数の総合ランキング第３位であった。10大項目指標で広州は、「広域中枢機能」大項目で第２位に、「都市地位」「ビジネス環境」「生活品質」「文化教育」４大項目では第３位だった。「輻射能力」大項目は第５位。広東省の省都として広州はこれらの大項目で珠江デルタメガロポリスの他都市に先駆けた。しかし、第４位となった「都市実力」「生態環境」の両大項目と、第５位となった「イノベーション・起業」大項目、第６位となった「開放交流」大項目が、同メガロポリス内の深圳市に一本取られた。
　深圳は、直轄市でも省都でもないものの、経済特区の優位性を活かし、中心都市指数で総合ランキング第４位に躍進した典型的な新生臨海メガシティである。10大項目指標で深圳が第２位を獲得したのは「生態環境」であった。「都市実力」「開放交流」「イノベーション・起業」の３大項目では第３位を勝ち取った。「広域中枢機能」「ビジネス環境」の両大項目で第４位、「生活品質」大項目で第８位であった。広州、深圳は珠江デルタメガロポリスの双星として、中国を代表する中心都市であり、また世界で注目される臨海グローバルシティである。
　中心都市指数総合ランキング第５位から第10位の都市は、天津、重慶、杭州、成都、武漢、南京である。これらの都市の偏差値は非常に高く、さまざまな点でまさっており、中国を代表する地域的な中心都市であることが見て取れる。
　特筆すべきは、総合ランキング第13位に上り詰めた蘇州である。蘇州は中心都市ランキングトップ37都市の中で、唯一、省都でもない計画単列市でもない、いわゆる普通の都市である。10大項目指標の中で、「開放交流」「イノベーション・起業」の両大項目はランキング第４位で、「ビジネス環境」は第５位、「都市実力」と「生態環境」は第７位と、成績優秀であった。

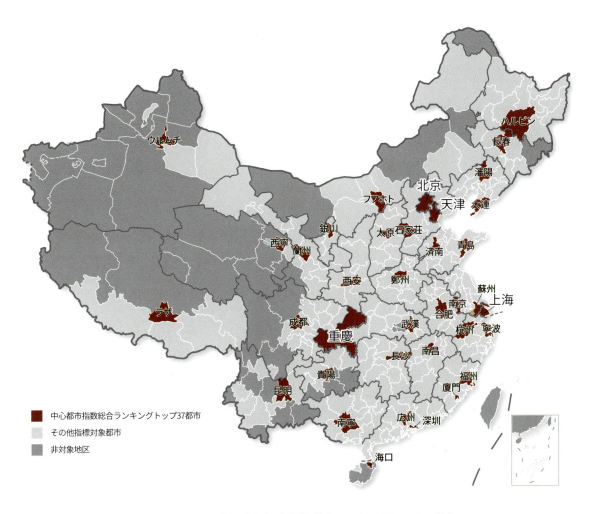

図5-17　中国中心都市指数総合ランキングトップ30都市

　この他に取り上げておきたいのは、昆明、ウルムチ両都市である。両都市が総合ランキング上位20都市に入ったのは、主に辺境における中心都市という地政学上の重要性が評価されたゆえである。

　中心都市ランキングトップ37位の都市は、中国のGDPの40.7%、特許取得件数の54.4%、貨物輸出の59.9%、海外旅行客数の55.3%を占めている。さらにこの37都市には、現在合わせて6,338万人の非戸籍人口が生活している。37都市は、全国の25.4%の人口を持つだけでなく、全国の42.7%のDID人口も持つ。膨大で高密度の人口と強大な中心機能が、巨大な創造力を醸成した。この37都市に全国72.4%の上場企業（メインボード）が集まり、中国社会経済発展を力強く引っ張っている。

図5-18　中国中心都市指数総合ランキング

5. 中国中心都市指数総合ランキングトップ20都市分析

　本レポートでは、中国中心都市指数総合ランキングトップ20都市について「中国中心都市指数」を用いて、各大項目のより詳細な分析を試みた。

（1）「都市地位」大項目

　中国中心都市指数の第一の大項目は、「都市地位」である。中心都市として最重要の中枢機能は、政治行政機能である。同項目では、都市の行政階層だけでなく、外交と国際組織の拠点も重視する。

　「メガロポリスを基本形態とする新型都市化」を推し進めるために、中心都市指数は、メガロポリスの中心的地位としての都市の評価に配慮する。同時に、「一帯一路」「長江経済ベルト」「京津冀協調発展」といった中国三大国家戦略における位置付けとパフォーマンスにも注目する。

　このため、「都市地位」大項目の下に「行政機能」「メガロポリス」「一帯一路」の3つの中項目指標を置く。さらにこれらの中項目を「行政階層」「大使館・領事館」「国際組織」「メガロポリス階層」「中核都市階層」「一帯一路指数」「歴史的地位」の7指標データで支える。

　「都市地位」ランキングのトップ10都市は北京、上海、広州、天津、重慶、南京、杭州、武漢、成都、西安だった。

①「行政機能」中項目

　「行政機能」中項目の中で、北京、上海、広州はトップから順に3位までを占めている。これらの都市は首都、直轄市、省都といった行政中心都市であると同時に、大使館・領事館、国際組織などが中国で最も多く置かれている都市である。

②「メガロポリス」中項目

　「メガロポリス」中項目で、北京、上海、広州は第1位で並んだ。これは京津冀、長江デルタ、珠江デルタの三大メガロポリスの中心都市が占めたゆえである。深圳、天津、南京、杭州も各々置かれているメガロポリスでの地位が評価され、第4位で並んだ。

③「一帯一路」中項目

　「一帯一路」中項目中、北京、上海、深圳、広州、南京、天津、西安、ウルムチ、杭州、昆明が順に第1位から10位までを占めた。同中項目指標は、都市の歴史的地位を評価する指数と一帯一路における位置付けとパフォーマンスを評価する指数とで構成される。後者は地政学上の重要性、貿易、投資および人的往来を評価する指標である。

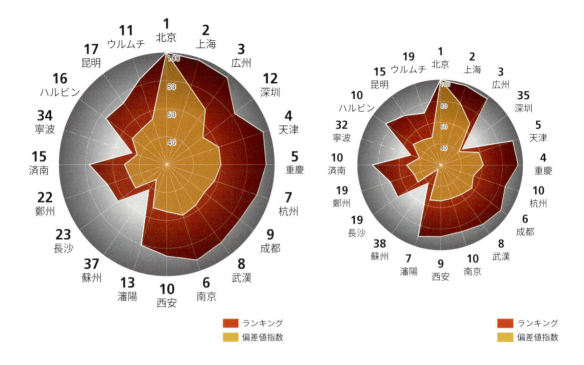

図5-19 「都市地位」大項目　　　　　　　図5-20 「行政機能」中項目

注：ここで取り上げたものは、中国中心都市指数総合ランキングトップ20都市である。

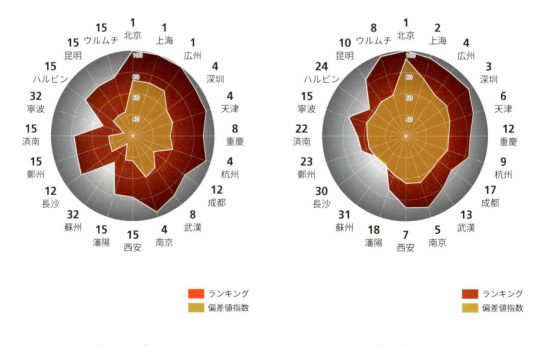

図5-21 「メガロポリス」中項目　　　　　図5-22 「一帯一路」中項目

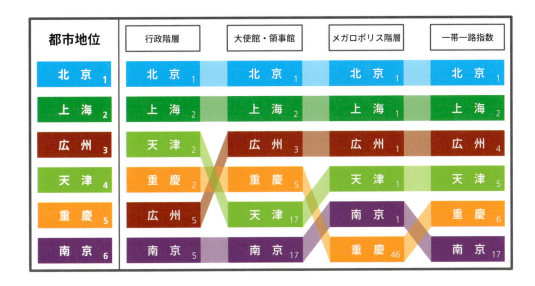

図5-23　中心都市重要指標「都市地位」ランキングトップ6都市

注：横軸は、大項目および同項目中の一部の重要な指標である。縦軸は、都市の該当項目および指標における全国ランキングである。

④ 重要指標のパフォーマンス

図5-23は「都市地位」大項目のトップ6都市の重要指標におけるパフォーマンスを表している。これら都市の「行政階層」ランキングから見てとれるのは、四大直轄市が優勢を誇っていることである。

外交と国際組織の拠点に関して言えば、首都の北京に最も集中している。そのほか上海、広州、重慶、天津、南京の順に、大使館・領事館や国際組織が集まっている。

メガロポリスの階層から見て、同列第1位に並んだ5都市は、すべて京津冀、長江デルタ、珠江デルタの3大メガロポリスに属している。

「一帯一路指数」で見ると、北京、上海の地位は突出しており、広州、天津、重慶、南京は投資と人的往来規模によって、それぞれ第4位、第5位、第6位、第17位になった。

（2）「都市実力」大項目

「都市実力」は、中心都市を評価する最も基本的な指標の一つである。同大項目では都市の経済と人口規模を評価するだけでなく、本社機能も測る。よって、同大項目は「経済規模」「人口規模」「企業集積」の3つの中項目指標を置く。さらにこれらの中項目は、「GDP規模」「税収規模」「固定資産投資規模」「電力消費量」「常住人口」「DID人口」「常住人口増加率指数」「人口流動」

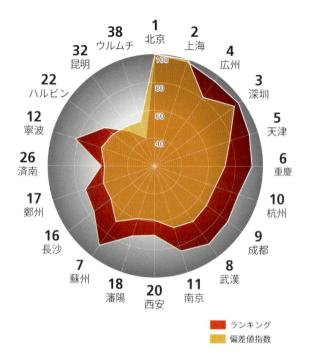

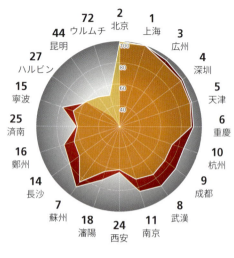

図5-24 「都市実力」大項目

図5-25 「経済規模」中項目

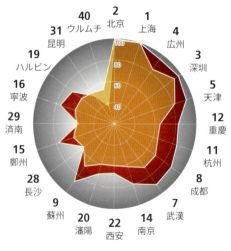

図5-26 「人口規模」中項目

図5-27 「企業集積」中項目

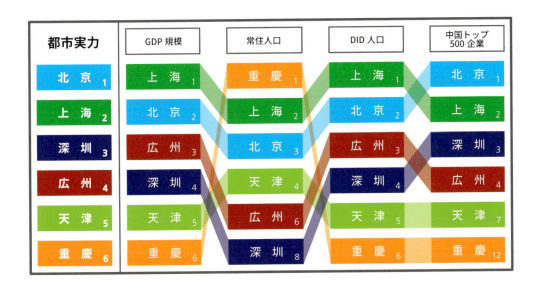

図5-28　中心都市重要指標「都市実力」ランキングトップ6都市

「フォーチュントップ500中国企業」「中国トップ500企業」「上場企業（メインボード）指数」の11指標データで支える。

「都市実力」大項目ランキング第1位から10位までの都市は、北京、上海、深圳、広州、天津、重慶、蘇州、武漢、成都、杭州である。

① 「経済規模」中項目

「経済規模」中項目でランキングトップ10に入ったのは、上海、北京、広州、深圳、天津、重慶、蘇州、武漢、成都、杭州である。この中で省都でも計画単列市でもない蘇州が、第7位にランクインした。同中項目の中で、四大直轄市は優勢で、同時に広州、深圳、蘇州などの都市の実力も、直轄市と互角に争えるレベルにまで上がってきた。省都でありながら昆明、ウルムチは、各々第44位、第72位に甘んじた。

② 「人口規模」中項目

「人口規模」の中項目で、上海、北京、深圳は第1位から第3位までを独占した。3都市は全国累計で外来人口を最も多く受け入れる都市である。DID人口規模からすると、全国で最大規模を誇る第1位から第4位までを、上海、北京、広州、深圳が占めている。

中心都市指数総合ランキング上位37都市のうち、重慶と南寧は人口の純流出都市で、とりわけ重慶の人口流出規模は、全国的にも周口に次いで多かった。よって重慶の常住人口規模は全国一でありながら（図5-28を参照）、「人口規模」中項目指標ランキングでは第12位であった。

③「企業集積」中項目

　「企業集積」中項目で北京、上海、深圳は第1位から第3位までを占めた。しかもその偏差値は極めて高く、同3都市に集積する企業本社の規模の大きさを物語っている。上海、深圳、香港のメインボードに上場する企業で見ると、上海、北京、深圳が順に上位3位を占めた。しかし、「フォーチュントップ500」および「中国トップ500企業」で見ると、上位3位の順位は北京、上海、深圳となる。上海、深圳に比べ北京にはより多くの世界トップ企業および中国トップ企業の本社が集積している。

④ 重要指標のパフォーマンス

　図5-28は、「都市実力」大項目のトップ6都市の重要指標におけるパフォーマンスを表している。

　「GDP規模」から見ると、上海、北京、広州、深圳、天津、重慶は経済規模が最も大きい6都市である。広州、深圳はそこに這い上がり、すでに四大直轄市と競える経済力をつけている。

　重慶、上海、北京、天津の四大直轄市は「常住人口」ランキングで上位4位を占めた。しかし、「常住人口」ランキング第1位の重慶は、「DID人口」ランキングでは第6位に甘んじている。これは重慶の都市化水準が相対的に低いことを示している。これに相反して、「常住人口」ランキング第6位の広州と第8位の深圳は、「DID人口」ランキングはそれぞれ第3位、第4位となっており、両都市の都市化水準の高さを物語っている。

　「中国トップ500企業」ランキングから見ると、上位4都市は順に北京、上海、深圳、広州である。直轄市の天津は第7位で、重慶は第12位に過ぎない。

（3）「輻射能力」大項目

　中心都市が「中心都市」たる所以は、周辺ひいては全国に対して輻射力を持つことにある。よって都市の輻射能力は中心都市評価の一つの鍵となる。

　「輻射能力」大項目は、まさに中心都市が全国に及ぼす輻射能力の強弱を、指標で測るものである。同大項目は都市が産業、科学技術、高等教育などの領域で持つ輻射能力だけではなく、生活サービス産業の輻射力も対象としている。

　同大項目では「産業輻射力」「科学技術・高等教育輻射力」「生活サービス輻射力」の3つの中項目を立てる。これらの中項目を「製造業輻射力」「IT産業輻射力」「金融業輻射力」「科学技術輻射力」「高等教育輻射力」「文化・スポーツ・娯楽輻射力」「医療輻射力」「卸売・小売輻射力」「飲食・ホテル輻射力」の9指標データで支える。

　「輻射能力」大項目のトップ10都市は、順に北京、上海、成都、重慶、広州、杭州、武漢、天津、西安、南京となった。

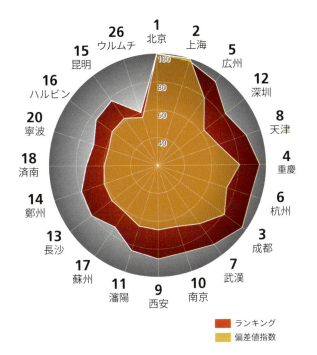

図5-29 「輻射能力」大項目

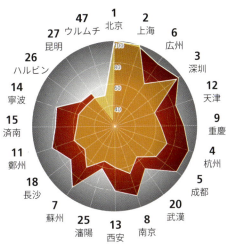

図5-30 「産業輻射力」中項目

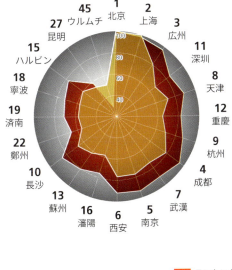

図5-31 「科学技術・高等教育輻射力」中項目

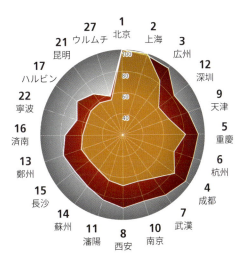

図5-32 「生活サービス輻射力」中項目

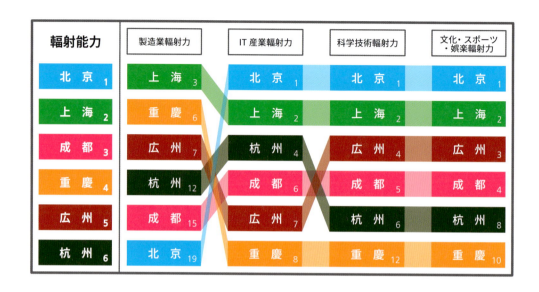

図5-33　中心都市重要指標「輻射能力」ランキングトップ6都市

①「産業輻射力」中項目

「産業輻射力」中項目の上位10都市は北京、上海、深圳、杭州、成都、広州、蘇州、南京、重慶、大連であった。かつ、北京、上海、深圳3都市の偏差値は極めて高い。

各指標データで見ると、「製造業輻射力」ランキング上位10都市は、深圳、蘇州、上海、東莞、仏山、重慶、広州、寧波、天津、廈門である。これら10都市の輸出は全国の5割を占める。10都市は「世界の工場」の中国の中でも正真正銘の「輸出工場」であった。注目すべきは、これら製造業の強い都市は、重慶を除いてすべて沿海地域の都市であることだ。

「IT産業輻射力」ランキング上位10都市は北京、上海、深圳、杭州、南京、成都、広州、重慶、西安、福州である。これらの都市は今日、中国のIT経済発展を先導している。

「金融業輻射力」ランキング上位10都市は、上海、北京、深圳、広州、大連、鄭州、杭州、天津、成都、重慶である。上海と深圳には証券取引所があり、北京には多くの金融機関の本社が集積している。

②「科学技術・高等教育輻射力」中項目

「科学技術・高等教育輻射力」中項目ランキングトップ10都市は、北京、上海、広州、成都、南京、西安、武漢、天津、杭州、長沙である。偏差値から見ると、北京と上海両都市の同輻射力が著しい。

各指標データで見ると、「科学技術輻射力」ランキング上位10都市は北京、上海、深圳、広州、成都、杭州、蘇州、天津、西安、南京である。

「高等教育輻射力」ランキング上位10都市は、北京、上海、南京、武漢、西安、広州、成都、長沙、天津、ハルビンである。

③「生活サービス輻射力」中項目
　「生活サービス輻射力」ランキングトップ10都市は、北京、上海、広州、成都、重慶、杭州、武漢、西安、天津、南京である。偏差値で見ると、北京、上海両都市の輻射力が、極めて高い。
　各指標データで見ると、「文化・スポーツ・娯楽輻射力」ランキング上位10都市は北京、上海、広州、成都、武漢、深圳、南京、杭州、西安、重慶である。
　「医療輻射力」ランキング上位10都市は北京、上海、広州、成都、杭州、瀋陽、天津、西安、武漢、重慶である。
　「卸売・小売輻射力」ランキング上位10都市は上海、北京、成都、重慶、広州、杭州、天津、深圳、南京、武漢である。
　「飲食・ホテル輻射力」ランキング上位10都市は上海、北京、重慶、蘇州、広州、深圳、成都、杭州、武漢、三亜である。

④ 重要指標のパフォーマンス
　図5-33は「輻射能力」大項目のトップ6都市の重要指標におけるパフォーマンスを表している。北京は、「製造業輻射力」で全国第19位に甘んじているものの、IT産業、科学技術、文化・スポーツ・娯楽の輻射力はすべて第1位に君臨している。北京はこれらの領域で揺るぎない優勢を保っている。
　上海は、IT産業、科学技術、文化・スポーツ・娯楽の輻射力ですべて第2位であり、「製造業輻射力」も全国第3位を勝ち取った。上海はこれらの領域で強大な輻射力を持っている。
　広州は、「文化・スポーツ・娯楽輻射力」で全国第3位、「科学技術輻射力」で第4位、製造業とIT産業の両輻射力でも第7位を勝ち取った。広州は製造業、IT産業、金融、科学技術などの輻射力では僅差で深圳に及ばなかったものの、高等教育、文化・スポーツ・娯楽、医療、卸売・小売、飲食・ホテルの諸輻射力では深圳にまさった。
　成都は、製造業と飲食・ホテルの両輻射力が重慶にやや劣るものの、IT産業、金融、科学技術、高等教育、文化・スポーツ・娯楽、医療、卸売・小売の輻射力がすべて重慶にまさった。

（4）「広域中枢機能」大項目
　「広域中枢機能」は中心都市の重要な機能であり、またその他センター機能が成り立つ土台である。
　「広域中枢機能」は都市の水運、陸運、空運のインフラ水準、そして輸送量を測る大項目である。このため、「広域中枢機能」大項目は、「水路輸送」「航空輸送」「陸路輸送」の三つの中項目を

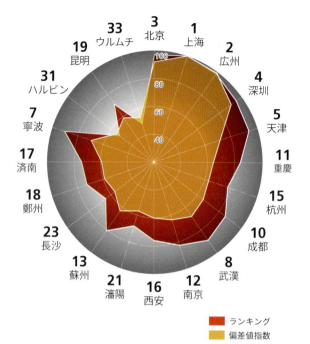

図5-34 「広域中枢機能」大項目

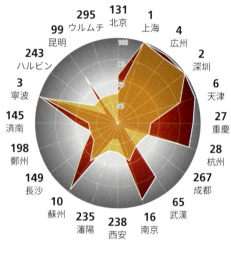

図5-35 「水路輸送」中項目

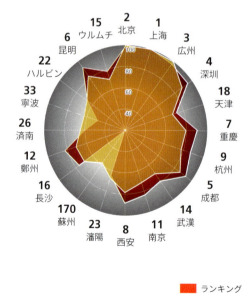

図5-36 「航空輸送」中項目

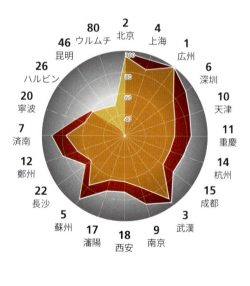

図5-37 「陸路輸送」中項目

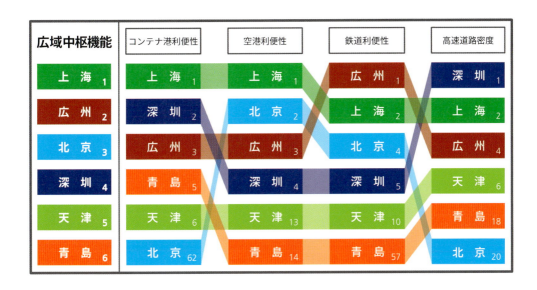

図5-38　中心都市重要指標「広域中枢機能」ランキングトップ6都市

設ける。これらの中項目は、「コンテナ港利便性」「コンテナ取扱量」「水運輸送指数」「空港利便性」「航空輸送指数」「鉄道利便性」「鉄道輸送指数」「鉄道密度」「高速道路密度」「国道・省道密度」「道路輸送指数」の11指標データで支える。

「広域中枢機能」大項目ランキングトップ10都市は上海、広州、北京、深圳、天津、青島、寧波、武漢、厦門、成都である。上海、広州両都市は同時に水陸空において優勢で、その広域中枢機能は突出して高かった。

①「水路輸送」中項目

海運と河川輸送を含む「水路輸送」中項目からすると、臨海の上海、深圳、寧波、広州、青島、天津、厦門、大連の８都市のコンテナ港の優位性は際立つ。これに対して、内陸都市は極端に不利である。長江そしてその流域の支流航路を活用し、蘇州、南京、合肥、重慶、武漢などの５都市は、水運も良いパフォーマンスを見せている。

②「航空輸送」中項目

「航空輸送」中項目から見ると、上海、北京、広州３都市はランキング上位１、２、３位を占め、中国最大の航空輸送中枢都市である。西南と西北地域の航空輸送需要を受け、成都、昆明、重慶、西安、ウルムチは同項目ランキングでほぼ上位につけ、各々第５位、第６位、第７位、第８位、第15位となっている。

③「陸上輸送」中項目

　道路、鉄道（高速鉄道を含む）の「陸路輸送」中項目から見ると、広州、北京、武漢、上海、蘇州、深圳がランキング上位6都市である。偏差値から見ると、広州、北京、武漢の3都市の陸上交通中枢の地位がずば抜けて高い。これに対して、昆明、ウルムチといった辺境都市のランキングはそれぞれ第46位、第80位とかなり下位である。

　各指標データで見ると、高速鉄道、一般旅客列車を含む「鉄道利便性」ランキングの上位10都市は、広州、上海、南京、北京、深圳、蘇州、武漢、杭州、鄭州、天津であり、これらの都市はすでに高速鉄道の中枢都市となっている。

④ 重要指標のパフォーマンス

　図5-38は「広域中枢機能」大項目のトップ6都市の重要指標におけるパフォーマンスを表している。

　上海は「広域中枢機能」大項目で首位となっており、「コンテナ港利便性」と「空港利便性」で第1位である。「鉄道利便性」と「高速道路密度」は第2位で、陸海空広域中枢が完備された中枢都市の代表格である。

　諸条件が上海と似ている広州も、また陸海空広域中枢が完備された中枢都市で、なかでも「鉄道利便性」では第1位であり、「コンテナ港利便性」と「空港利便性」で第3位、「高速道路密度」では第4位となった。

　首都北京は、港湾がないため「広域中枢機能」大項目では第3位にとどまった。全国最大の航空中枢の一つとして、北京の「空港利便性」は全国第2位で、「鉄道利便性」も第4位であった。ただし、「高速道路密度」は第20位にとどまった。

（5）「開放交流」大項目

　「開放交流」はグローバリゼーションを背景に、都市と世界との人、資本、物流など交流交易を図る重要指標である。この大項目には「国際貿易」「国際投資」「交流業績」の3つの中項目を置く。これらの中項目は、「貨物輸出」「貨物輸入」「実行ベース外資導入額」「対外直接投資」「海外旅行客」「国内旅行客」「国際旅行外貨収入」「国内旅行収入」「世界観光都市認定指数」「国際会議」「展示会業発展指数」の11指標データで支える。

　「開放交流」ランキングトップ10都市は、上から順に上海、北京、深圳、蘇州、天津、広州、重慶、東莞、杭州、成都であった。

① 「国際貿易」中項目

　「国際貿易」中項目ランキング上位10都市は、上海、深圳、北京、蘇州、東莞、広州、天津、

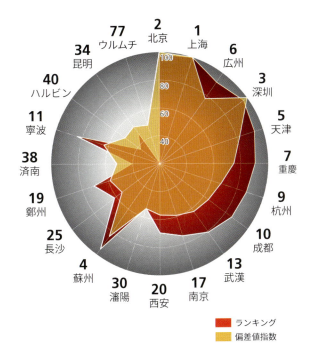

図5-39 「開放交流」大項目

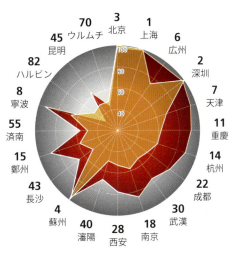

図5-40 「国際貿易」中項目

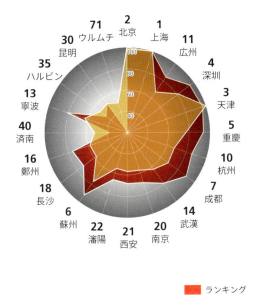

図5-41 「国際投資」中項目

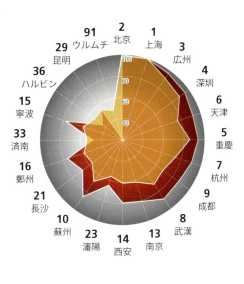

図5-42 「交流業績」中項目

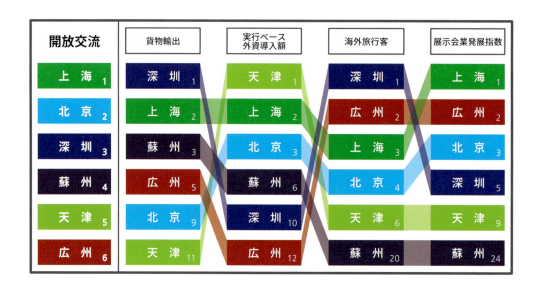

図5-43　中心都市重要指標「開放交流」ランキングトップ6都市

寧波、佛山、廈門であった。

　各指標データで見ると、「貨物輸出」ランキング上位10都市は深圳、上海、蘇州、東莞、広州、寧波、佛山、重慶、北京、廈門で、すべて中国輸出工業が最も発展した都市である。

　「貨物輸入」ランキング上位10都市は北京、上海、深圳、蘇州、東莞、天津、広州、廈門、大連、寧波である。巨大な輸入は一方で、これら都市の産業に必要な原材料、部品を提供し、その輸出工業を支えている。輸入の拡大は他方、都市住民の日増しに旺盛になる食糧から高級品に至る消費に応えている。中国都市住民の消費もまさにグローバル化している。

②「国際投資」中項目

　「国際投資」中項目ランキング上位10都市は上海、北京、天津、深圳、重慶、蘇州、成都、大連、東莞、杭州である。

　各指標データで見ると、「実行ベース外資導入額」ランキング上位10都市は天津、上海、北京、重慶、成都、蘇州、大連、杭州、武漢、深圳である。「実行ベース外資導入額」のランキングは、各年度の個別大型投資案件により、やや上下するものの、これら上位都市は中国で目下、外資にとって最も魅力的な都市であるに違いない。

　「対外直接投資」ランキング上位10都市は上海、北京、深圳、蘇州、東莞、天津、寧波、広州、佛山、杭州である。わずか数十年で、中国は資本が極端に欠乏していた国から、巨大な海外投資能力を持つ国へと成長した。これらランキング上位の都市には、まさに中国対外投資の先兵企業が集積している。

③「交流業績」中項目

　「交流業績」中項目ランキング上位10都市は上海、北京、広州、深圳、重慶、天津、杭州、武漢、成都、蘇州である。

　各指標データで見ると、「海外旅行客」ランキング上位10都市は、深圳、広州、上海、北京、杭州、天津、珠海、重慶、廈門、東莞である。この指標に香港、マカオ、台湾の諸地域からの渡航客はかなり貢献しているゆえ、それらの地域に隣接した都市が上位につけている。

　「国際旅行外貨収入」のランキングでは上海が首位に立ち、ランキング上位10都市は上海、広州、深圳、北京、天津、杭州、廈門、蘇州、東莞、重慶である。

　「国内旅行客」ランキング上位10都市は重慶、上海、北京、武漢、成都、天津、杭州、西安、蘇州、九江である。しかし「国内旅行収入」ランキング上位10都市は北京、上海、天津、広州、武漢、重慶、杭州、蘇州、成都、南京である。旅客数を比較すると、各輻射力に優れた都市ほど国内旅行収入が高くなる傾向にある。旅客収入と都市の輻射力には密接な関係があるようだ。

　「国際会議」ランキング上位3都市は上海、北京、深圳で、「展示会業発展指数」ランキング上位3都市は上海、広州、北京である。上海、北京、広州、深圳は、中国を代表するコンベンション都市である。

④ 重要指標のパフォーマンス

　図5-43は「開放交流」大項目のトップ6都市の重要指標におけるパフォーマンスを表している。

　上海は同大項目で首位となり、「貨物輸出」「貨物輸入」「実行ベース外資導入額」の3指標では第2位、「対外直接投資」で第1位だった。「国内旅行客」は第2位、「海外旅行客」は第3位で、「国際会議」および「展示会業発展指数」は双方ともに第1位であった。

　北京は「貨物輸出」で第9位だが、「貨物輸入」では第1位となり、「国際貿易」中項目で第3位につけた。北京はまた、「実行ベース外資導入額」では第3位であるものの、「対外直接投資」では第2位となり、「国際投資」中項目で第2位となった。同時に、北京は全国第3位の「国内旅行客」と第4位の「海外旅行客」を誇るだけでなく、中国で最も活発なコンベンション都市の一つである。ゆえに北京は「開放交流」大項目で第2位を勝ち取った。

　深圳は「開放交流」大項目第3位の都市として、貨物輸出で第1位、貨物輸入で第3位であった。「実行ベース外資導入額」で第10位であったのに対して、「対外直接投資」は第3位となった。香港に隣接することも手伝い、「海外旅行客」では堂々第1位、「国際会議」が第3位、「展示会業発展指数」は第5位となった。

　特記したいのは、省都でも単列市でもない蘇州が、「開放交流」大項目で第4位を飾ったことである。「貨物輸出」と「貨物輸入」で各々第3位、第4位という高い国際貿易の実力を持つ。「実行ベース外資導入額」で第6位、「対外直接投資」で第4位の国際投資力を誇っている。

（6）「ビジネス環境」大項目

　交流交易経済を花開かせるには、相応の「ビジネス環境」が必要である。「ビジネス環境」大項目は、事業へのビジネスサポート水準を測ったのみならず、都市の政策支援も評価した。特筆すべきは、同大項目指標で市内交通をビジネス環境の重要な判断材料の一つとしたことである。
　よって、同大項目は「園区支援」「ビジネス支援」「都市交通」の3つの中項目を置く。これらの中項目は「国家園区指数」「自由貿易区指数」「平均賃金」「事業所向けサービス業従業員数」「ハイクラスホテル指数」「トップクラスレストラン指数」「1万人当たり公共バス利用客数」「都市軌道交通距離」「都市歩道・自転車道路密度指数」の9指標データで支える。
　「ビジネス環境」ランキングトップ10都市は、北京、上海、広州、深圳、蘇州、天津、南京、重慶、廈門、武漢である。

①「園区支援」中項目
　「園区支援」は中国に特徴的な改革開放措置である。中国では経済特区、国家新区、国家級経済技術開発区、国家級ハイテク産業園区など国家級の特区、新区、園区が設置されている。同時に、国家級自由貿易区、国家級総合保税区、国家級保税区、国家級保税港区、国家級保税物流センター、輸出加工区など国際貿易と投資を促進する「自由貿易園区」をも設けた。「園区支援」ランキング上位10都市は、上海、深圳、廈門、珠海、蘇州、天津、重慶、広州、西安、大連であった。注目すべきは、西安以外の都市がすべて沿海地区に立地している点である。

②「ビジネス支援」中項目
　「平均賃金」「事業所向けサービス業従業員数」「ハイクラスホテル指数」「トップクラスレストラン指数」などの指標からなる「ビジネス支援」中項目では、ランキング上位10都市は北京、上海、広州、蘇州、深圳、重慶、成都、杭州、天津、南京となっている。これら都市はすべて長江デルタ、珠江デルタ、京津冀、成渝の4つのメガロポリスのいずれかに属している。

③「都市交通」中項目
　「都市交通」中項目では、ランキング上位10都市は北京、上海、広州、深圳、武漢、南京、ウルムチ、昆明、廈門、大連である。
　各指標データで見ると、「都市軌道交通距離」ランキング上位10都市は北京、上海、広州、武漢、深圳、南京、昆明、天津、大連、合肥であった。
　「1万人当たり公共バス利用客数」ランキング上位10都市はウルムチ、廈門、珠海、深圳、蘭州、広州、北京、西安、杭州、本渓であった。
　「都市歩道・自転車道路密度指数」ランキング上位10都市は深圳、上海、廈門、三亜、広州、東

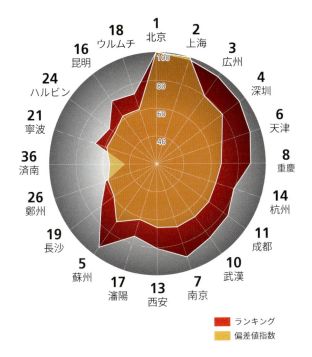

図5-44 「ビジネス環境」大項目

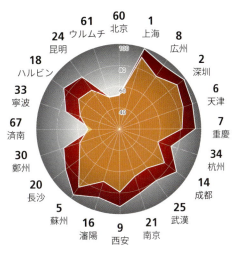

図5-45 「園区支援」中項目

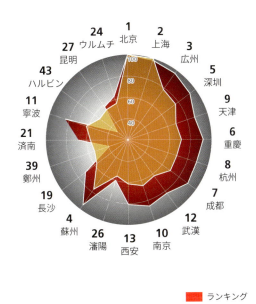

図5-46 「ビジネス支援」中項目

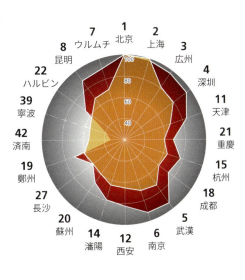

図5-47 「都市交通」中項目

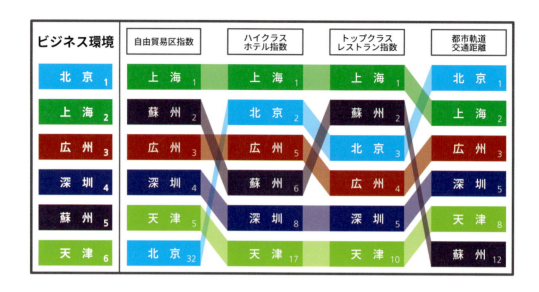

図5-48　中心都市重要指標「ビジネス環境」ランキングトップ6都市

莞、包頭、汕頭、武漢、北京であった。

④ 重要指標のパフォーマンス

図5-48は「ビジネス環境」大項目のトップ6都市の重要指標におけるパフォーマンスを表している。

北京は同大項目で首位に立ち、「平均賃金」「事業所向けサービス業従業員数」「都市起動交通距離」で全国第1位になっている。「ハイクラスホテル指数」と「トップクラスレストラン指数」では、それぞれ第2位と第3位についた。

上海は同大項目第2位の都市として、各項目指標のほとんどで優秀な成績を収めた。例えば、「自由貿易区指数」「ハイクラスホテル指数」「トップクラスレストラン指数」はおしなべて全国第1位、「都市軌道交通距離」は第2位であった。

同大項目第3位の広州は、「ビジネス支援」と「都市交通」の両中項目で第3位となっており、「園区支援」は第8位である。

同大項目で第4位の深圳は、ビジネス環境に関係する各指標で優れ、「園区支援」中項目で全国第2位、「都市交通」中項目で第4位、また、「ビジネス支援」中項目で第5位の成績を上げた。

（7）「イノベーション・起業」大項目

「イノベーション・起業」は交流交易経済の融合、再編の重要な手段であり、中心都市発展の

主な原動力でもある。

　従って、「イノベーション・起業」大項目は研究開発への投入だけでなく、その結果も重視した。また起業の活力を見据え、さらに政策支援も評価した。

　同大項目では「研究集積」「イノベーション・起業活力」「政策支援」の３つの中項目を置く。これらの中項目は、「R&D内部経費支出」「地方財政科学技術支出指数」「R&D要員」「中国科学院・中国工程院院士指数」「創業板・新三板上場企業指数」「特許取得数指数」「国家改革試験区指数」「国家イノベーション模範都市認定指数」「情報・知識産業都市認定指数」「国家重点研究所・工学研究センター指数」の10指標データで支える。

　「イノベーション・起業」大項目ランキングトップ10都市は北京、上海、深圳、蘇州、広州、杭州、天津、南京、成都、武漢であった。

① 「研究集積」中項目

　「研究集積」中項目ランキング上位10都市は北京、上海、深圳、天津、南京、広州、杭州、西安、蘇州、武漢である。偏差値から見ると、北京、上海、深圳のパフォーマンスはその他都市に秀でており、３都市が研究開発経費支出と研究開発要員の面で、他の都市を大きく引き離している。

　各指標データで見ると、「R&D内部経費支出」上位10都市は、北京、上海、深圳、天津、蘇州、広州、西安、杭州、南京、武漢である。「地方財政科学技術支出指数」ランキング上位10都市は北京、上海、深圳、天津、蘇州、広州、珠海、杭州、武漢、南京である。

　「R&D要員」ランキング上位10都市は北京、上海、深圳、天津、西安、南京、常州、杭州、広州、重慶である。「中国科学院・中国工程院院士指数」ランキング上位10都市は北京、上海、南京、西安、武漢、天津、長春、杭州、成都（杭州、成都は同順位）、瀋陽である。

② 「イノベーション・起業活力」中項目

　「イノベーション・起業活力」中項目ランキングトップ10都市は北京、深圳、上海、蘇州、広州、杭州、成都、紹興、寧波、無錫である。特に北京、上海、深圳、蘇州、広州のトップ5都市の偏差値は、他の都市と比べて抜きん出ている。この５都市は、中国でのイノベーションおよび起業を牽引している。

　各指標データで見ると、「創業板・新三板上場企業指数」で上位10都市は、北京、深圳、上海、蘇州、杭州、広州、成都、紹興、台州、南京である。

　「特許取得数指数」ランキング上位10都市は、北京、深圳、上海、広州、蘇州、東莞、杭州、寧波、成都、中山である。

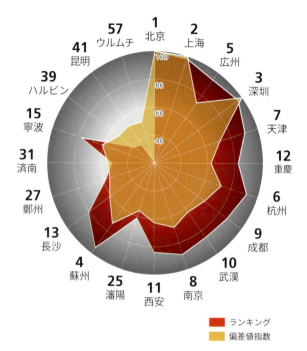

図5-49 「イノベーション・起業」大項目

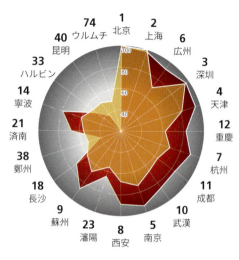

図5-50 「研究集積」中項目

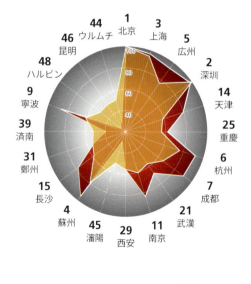

図5-51 「イノベーション・起業活力」中項目

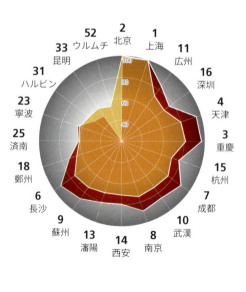

図5-52 「政策支援」中項目

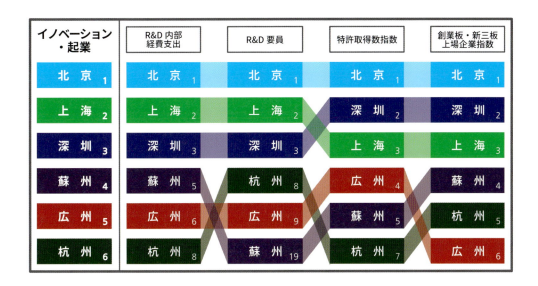

図5-53　中心都市重要指標「イノベーション・起業」ランキングトップ6都市

③「政策支援」中項目

「政策支援」中項目ランキングトップ10都市は上海、北京、重慶、天津、合肥、長沙、成都、南京、蘇州、武漢である。イノベーションや創業に関する国の政策的な後押しがこれらの都市に傾斜している。

④ 重要指標のパフォーマンス

図5-53は「イノベーション・起業」大項目のトップ6都市の重要指標におけるパフォーマンスを表している。

北京は同大項目で首位に立ち、「研究集積」中項目と「イノベーション・起業活力」中項目でいずれも全国最上位であった。具体的なデータで見ると、「R&D内部経費支出」「地方財政科学技術支出指数」「R&D要員」「中国科学院・中国工程院院士指数」「特許取得数指数」「創業板・新三板上場企業指数」がすべてランキング第1位、北京は厚みのある科学技術資源と膨大な投資を持つだけでなく、研究成果の事業化も進んでいる。

「イノベーション・起業」大項目第2位につけたのは上海である。上海は「研究集積」中項目で第2位で、「イノベーション・起業活力」中項目で第3位となっている。

同大項目で第3位の都市は深圳である。深圳は「研究集積」中項目で第3位で、「イノベーション起業活力」中項目で第2位。

各指標データで見ると、「R&D内部経費支出」「地方財政科学技術支出指数」「R&D要員」など指標のパフォーマンスでは、上海がすべて第2位を勝ち取り、深圳は同指標すべてで第3位につ

けている。それに対して「特許取得数指数」「創業板・新三板上場企業指数」などの指標のパフォーマンスでは、深圳がともに第２位で、上海は同指標で第３位である。こうした指標からうかがえるのは、研究開発資源と投入においては、深圳が上海にやや劣るものの、研究開発の効率や研究成果の事業化では、深圳が上海より秀でている。

（８）「生態環境」大項目

都市にとって生態環境の品質や資源利用の効率はますます重要になってきている。「生態環境」大項目は環境品質と資源効率に注目すると同時に、環境努力への評価も考慮する。

同大項目では「環境品質」「環境努力」「資源効率」の３つの中項目を置く。これらの中項目は、「気候快適度」「空気質指数」「１人当たり水資源量」「森林面積」「自然災害による直接的経済損失指数」「地質災害による直接的経済損失指数」「災害警報」「公園緑地面積」「環境努力指数」「環境配慮型建築設計評価認定項目」「国家環境保護都市認定指数」「循環経済都市認定指数」「DID人口指数」「GDP当たりエネルギー消費量」「建成区土地産出率」など15指標データで支える。

「生態環境」大項目ランキングトップ10都市は、上海、深圳、北京、広州、重慶、天津、東莞、蘇州、杭州、三亜である。

①「環境品質」中項目

中心都市は「環境品質」中項目のパフォーマンスで、大半が振るわなかった。中心都市上位37都市の上位６都市ですら「環境品質」中項目ランキングにおいて、海口第９位、深圳第24位、昆明第28位、福州第37位、廈門第39位、広州第53位に過ぎなかった。これまでの都市発展が環境品質を犠牲にしていた結果であろう。

②「環境努力」中項目

豊かな財力と比較的高い環境意識により、中心都市は「環境努力」中項目でのパフォーマンスは優れていた。同中項目ランキング上位10都市は上海、北京、重慶、深圳、広州、天津、蘇州、杭州、南京、長沙である。

③「資源効率」中項目

「資源効率」中項目でランキングトップ10都市は上海、北京、深圳、広州、天津、武漢、東莞、温州、福州、成都である。

「資源効率」中項目は「GDP当たりエネルギー消費量」「建成区土地産出率」「DID人口指数」の３つのデータで構成する。特に取り上げたいのは、DID人口比率の高い都市は、インフラ効率、交通効率、エネルギー効率、生活利便性などの指標で総じてより良い成績を収めたことである。

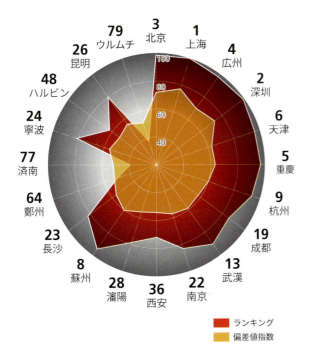

図5-54 「生態環境」大項目

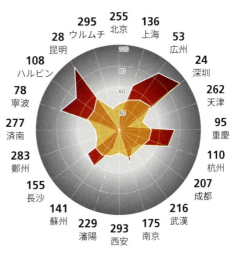

図5-55 「環境品質」中項目

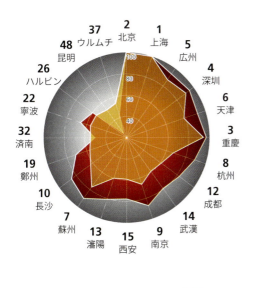

図5-56 「環境努力」中項目

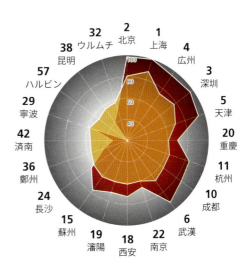

図5-57 「資源効率」中項目

第5章 メインレポート｜中心都市発展戦略　215

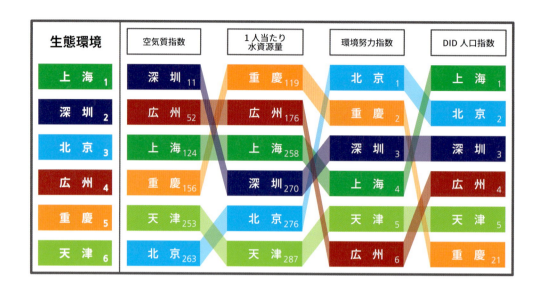

図5-58　中心都市重要指標「生態環境」ランキングトップ6都市

④ 重要指標のパフォーマンス

図5-58は「生態環境」大項目のトップ6都市の重要指標におけるパフォーマンスを表している。

上海は、「環境努力」と「資源効率」の両中項目で第1位の成績を収め、同大項目で首位に立った。しかし、「空気質指数」「1人当たり水資源量」などの指標ではパフォーマンスは振わず、「環境品質」中項目で上海は第136位に屈した。

同大項目ランキング第2位につけた深圳は、「1人当たり水資源量」ランキングが下位であるなど問題もあるものの、相対的に各中項目指標はおおむね優良であった。深圳は、「環境品質」中項目で第24位、「資源効率」で第3位、「環境努力」で第4位であった。

北京は「環境品質」中項目では第255位で大いに遅れを取ったが、「環境努力」と「資源効率」両中項目では第2位の好成績を収め、同大項目のランキングは第3位まで追いついた。

（9）「生活品質」大項目

ハイクオリティな生活は都市を評価する最重要ポイントの一つである。と同時に生活を支えるサービス産業は、都市発展の柱でもある。また、都市の住みやすさや安全性も「生活品質」大項目の関心事である。さらに、同大項目は生活消費水準の評価を重視し、都市の医療福祉水準にも焦点を当てている。

よって、「生活品質」大項目は、「住みやすさ」「生活消費水準」「医療福祉」の3つの中項目を置く。これらの中項目は、「住みやすい都市認定指数」「文明衛生都市認定指数」「安心安全都市

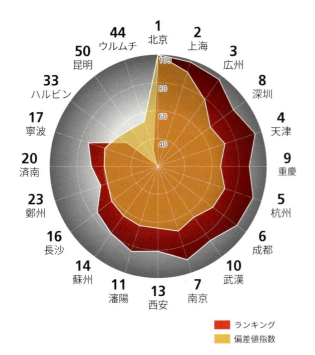

図5-59 「生活品質」大項目

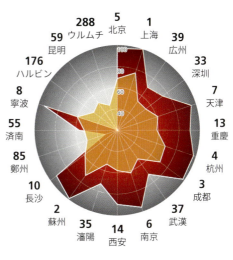

図5-60 「住みやすさ」中項目

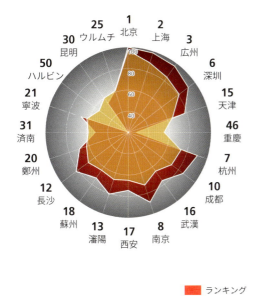

図5-61 「生活消費水準」中項目

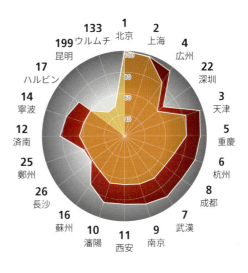

図5-62 「医療福祉」中項目

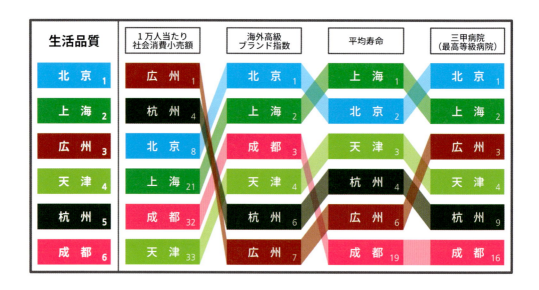

図5-63　中心都市重要指標「生活品質」ランキングトップ6都市

認定指数」「中国幸福感都市認定指数」「交通安全指数」「社会安全指数」「１万人当たり社会消費財小売消費額」「海外高級ブランド指数」「１万人当たりホテル飲食業営業収入額」「１万人当たり通信費額」「１万人当たり住民生活用水量」「平均寿命」「開業医師数」「三甲病院（最高等級病院）」「高齢者福祉施設ベッド数」の15指標データで支える。

「生活品質」ランキングトップ10都市は、北京、上海、広州、天津、杭州、成都、南京、深圳、重慶、武漢である。

①「住みやすさ」中項目

「住みやすさ」中項目ランキング上位10都市は、上海、蘇州、成都、杭州、北京、南京、天津、寧波、無錫、長沙である。

各指標データで見ると、「中国幸福感都市認定指数」ランキング上位10都市は成都、杭州、長沙、長春、寧波、北京、南京（北京、南京は同順位）、上海、西安、天津（上海、西安、天津は同順位）である。

「文明衛生都市認定指数」ランキング上位10都市は上海、北京、天津、重慶、杭州、成都、蘇州、無錫、昆明、西安である。

②「生活消費水準」中項目

「生活消費水準」中項目ランキング上位３都市は、北京、上海、広州である。第４位から第10位までは珠海、三亜、深圳、杭州、南京、厦門、成都である。

各指標データで見ると、「１万人当たり社会消費財小売消費額」ランキング上位10都市は、広州、珠海、南京、杭州、長沙、武漢、済南、北京、瀋陽、威海である。「１万人当たりホテル飲食業営業収入」ランキング上位10都市は、三亜、珠海、北京、深圳、広州、上海、杭州、衢州、厦門、南京である。この二つの指標は都市生活消費水準を反映しているだけでなく、同時に旅行客による消費も反映し、三亜、珠海、厦門、衢州など観光都市が上位に付けた所以である。

　「海外高級ブランド指数」ランキング上位10都市は、北京、上海、成都、天津、瀋陽、杭州、広州、南京、深圳（広州、南京、深圳は同順位）、西安である。

③「医療福祉」中項目

　「医療福祉」中項目ランキングトップ10都市は北京、上海、天津、広州、重慶、杭州、武漢、成都、南京、瀋陽である。

　具体的なデータで見ると、「平均寿命」ランキング上位６都市は上海、北京、天津、杭州、南京、広州である。いずれも医療水準の高い都市である。

　「三甲病院」ランキング上位10都市は北京、上海、広州、天津、西安、武漢、瀋陽、南京、重慶、杭州（重慶、杭州は同順位）である。

④ 重要指標のパフォーマンス

　図5-63は「生活品質」大項目のトップ６都市の重要指標におけるパフォーマンスを表している。

　北京は「生活消費水準」と「医療福祉」の両中項目で第１位を勝ち取り、同大項目で首位となった。具体的なデータで見ると、「海外高級ブランド指数」「１万人当たり通信費額」「開業医師数」「三甲病院」「高齢者福祉施設ベッド数」の諸指標で、北京がことごとく全国第１位を記録した。

　同大項目第２位の都市は上海で、「住みやすさ」中項目で第１位となった。「生活消費水準」と「医療福祉」の両中項目で第２位であった。具体的なデータで見ると、「文明衛生都市認定指数」「安心安全都市認定指数」「平均寿命」など諸指標では、上海は全国第１位に輝いた。

　同大項目で第３位の広州は、「生活消費水準」中項目で第３位、「医療福祉」中項目で第４位の成績を上げた。交通事故の多さと治安問題に影響され、「住みやすさ」中項目は第39位にとどまった。

(10)「文化教育」大項目

　文化と教育は都市の精神の拠り所である。「文化教育」大項目では、都市の文化娯楽の場と、関連する消費に着目しただけでなく、同時にその国際的、全国的なパフォーマンスや、さらに教育投資と人材育成についても評価した。

　「文化教育」大項目は「文化娯楽」「文化パフォーマンス」「人材育成」の３つの中項目を置く。

これら中項目は、「映画館消費指数」「博物館・美術館」「スタジアム指数」「動物園・植物園・水族館」「公共図書館蔵書量」「世界トップ大学指数」「傑出文化人指数」「オリンピック金メダリスト指数」「地方財政教育支出指数」「1万人当たり幼稚園在園児童数」「インターナショナルスクール」「高等教育指数」「傑出人物輩出指数」の13指標データで支える。

「文化教育」大項目ランキングトップ10都市は北京、上海、広州、武漢、南京、天津、成都、西安、杭州、重慶となった。

①「文化娯楽」中項目

「文化娯楽」中項目ランキング上位10都市は北京、上海、広州、重慶、深圳、武漢、成都、杭州、南京、天津であった。この中で、北京、上海の偏差値は他の都市を大きく引き離し、両都市の文化娯楽における揺るぎない地位が確認できた。

各指標データで見ると、「映画館消費指数」ランキング上位10都市は北京、上海、深圳、武漢、広州、杭州、成都、重慶、南京、西安であった。

「博物館・美術館」ランキング上位10都市は北京、上海、西安、成都、武漢、重慶、ハルビン、広州、杭州、寧波である。

「スタジアム指数」ランキング上位10都市は北京、上海、重慶、天津、広州、南京、青島、徐州、済寧、烟台である。

「動物園・植物園・水族館」ランキング上位10都市は、北京、上海、重慶、広州、瀋陽、天津、烟台、貴陽、昆明、南京である。

「公共図書館蔵書量」ランキング上位10都市は上海、北京、深圳、成都、広州、杭州、蘇州、天津、南京、大連であった。

②「文化パフォーマンス」中項目

「文化パフォーマンス」中項目ランキング上位10都市は、北京、上海、南京、武漢、広州、天津、成都、西安、長沙、済南である。この中で北京、上海の偏差値は他都市に比べてはるかに高く、両都市が文化パフォーマンスにおいて桁はずれの地位にあることを示している。これに対して、深圳、ウルムチ、寧波などの都市は、それぞれ第71位、第87位、第140位に甘んじている。

具体的なデータで見ると、「世界トップ大学指数」ランキング上位10都市は北京、上海、南京、武漢、広州、西安、成都、天津（成都、天津は同順位）、長沙、ハルビンである。

「傑出文化人指数」ランキング上位10都市は北京、上海、広州、西安、南京、鄭州、天津、成都、済南、武漢であった。

「オリンピック金メダリスト指数」ランキング上位10都市は、北京、上海、武漢、広州、杭州、瀋陽、南通、長沙、鞍山、南京であった。

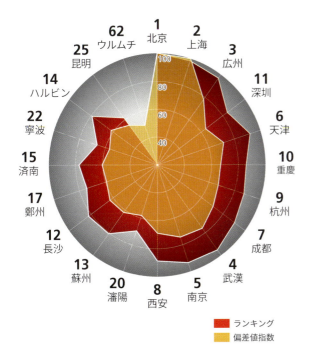

図5-64 「文化教育」大項目

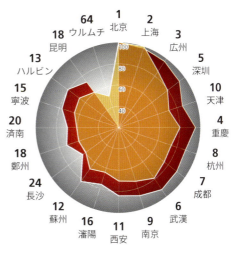

図5-65 「文化娯楽」中項目

図5-66 「文化パフォーマンス」中項目

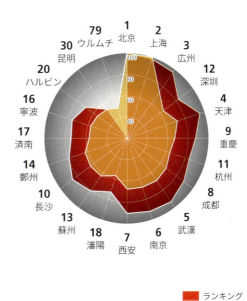

図5-67 「人材育成」中項目

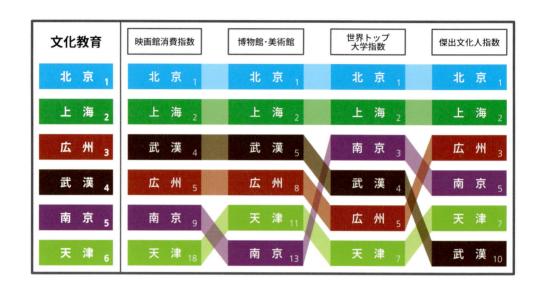

図5-68　中心都市重要指標「文化教育」ランキングトップ6都市

③「人材育成」中項目

「人材育成」中項目指標ランキング上位10都市は北京、上海、広州、天津、武漢、南京、西安、成都、重慶、長沙である。北京、上海の偏差値はその他都市を大きく引き離し、中国の教育資源が両都市に傾斜していることを示している。

各指標データで見ると、「インターナショナルスクール」ランキング上位10都市は上海、北京、深圳、広州、蘇州、鄭州、武漢、成都、西安、長沙である。

「傑出人物輩出指数」ランキング上位10都市は北京、上海、天津、南京、杭州、西安、広州、成都、武漢、蘇州である。

④ 重要指標のパフォーマンス

図5-68は「文化教育」大項目のトップ6都市の重要指標におけるパフォーマンスを表している。

北京は「文化娯楽」「文化パフォーマンス」「人材育成」の3つの中項目ですべて第1位である。各指標データで見ると、「映画館消費指数」「博物館・美術館」「動物園・植物園・水族館」「世界トップ大学指数」「高等教育指数」「傑出文化人指数」「オリンピック金メダリスト指数」「傑出人物輩出指数」「地方財政教育支出指数」などの指標で、ことごとく北京が全国第1位を記録し、文化教育都市の名に恥じないトップランナーであった。

上海は「文化娯楽」「文化パフォーマンス」「人材育成」の3つの中項目ですべて第2位の成績をさらい、同大項目で第2位となった。「公共図書館蔵書量」と「インターナショナルスクール」の両指標では、上海が全国トップの座を仕留めた。

同大項目第3位の広州は、「文化娯楽」と「人材育成」両中項目で第3位となり、「文化パフォーマンス」中項目で第5位であった。

　現在、世界における大都市化、メガシティ化が進むなか、中国でも急速に都市化が進行し、瞬く間に数多くの都市が巨大化した。そのような背景のなか、中国では「中心都市」熱が非常に高まってきている。各大都市は「我が都市こそが中心都市である」と主張し、ポジション取りに血眼になっている。さらに中央政府の異なる部署が中心都市に関して異なる都市名を挙げる事態まで起こり、混乱を極めている。
　中心都市とは、何か？
　1939年のマーク・ジェファーソンの「プライメイトシティ」[1]、1976年のステファン・ハイマーの「地球都市論」[2]、1986年のジョン・フリードマンの「世界都市仮説」[3]、1991年のサスキア・サッセンの世界都市に関する定義[4]、そして2007年から毎年出版される財団法人森記念財団都市戦略研究所の『Global Power City Index』[5]などは、ある意味では中心都市という存在を問う研究であった。
　こうした先行研究を土台に、IT革命とグローバリゼーションが世界経済のパラダイムシフト、そして都市発展メカニズムの大変革を引き起こしていることを踏まえて、本レポートは中心都市の機能を、「都市地位」「都市実力」「輻射能力」「広域中枢機能」「開放交流」「文化教育」「ビジネス環境」「イノベーション・起業」「生態環境」「生活品質」の10項目に分けて、中国の中心都市評価を試みた。
　世界で最も多くの人口を抱え、また最も多くの大都市を有する中国で、このような研究、検証を行うことは、中心都市に関する議論に一石を投じるであろう。
　また、今回の中心都市評価は、都市がいかに国際的な交流を行ったか、そしていかに国際的な役割を果たしたかに、かなり焦点を当てた。中国の中心都市たるものの交流交易経済での成長が浮かび上がってきた。
　今後、こうした中心都市の評価対象を日本を含むアジアに広げ、都市の国際的なセンター機能をさらに明白に評価できるような研究を進めたい。

1　Jefferson, M. *The law of the primate city*. Geographical Review vol. 29. 1939.
2　Stephen, H. *The International Operations of National Firms*. MIT Press. 1976.
3　Friedmann, J. *The World City Hypothesis*. Development and Change vol.17. 1986.
4　Sassen, S. *The Global City: New York, London, Tokyo*. Princeton University Press. 1991.
5　財団法人森記念財団都市戦略研究所『世界の都市総合力ランキング　Global Power City Index YEARBOOK』。

6 | 専門家レビュー

集中化かそれとも分散化か？

張仲梁

Zhang Zhongliang
中国国家統計局社会科学技術文化産業司司長
経済学博士

1

　田園都市運動の創始者、エベネザー・ハワード氏は1898年にある予言をした。それは、当時660万居住民を抱えていた英国ロンドンの人口が20%にまで縮小し、残りの80%がロンドン郊外のニュータウンに移住するというものであった。

　予言は予言に帰し、現実は現実に帰する。ロンドン人口はハワードが述べたような軌跡を辿らずに増大の一途を辿り、1939年には860万人へと膨れ上がった。

　人口の持続的な増大の一方で、「都市病」は日増しに悪化し、これに対応するため、イギリス政府は1940年、ロンドン市人口問題を預かる「パル委員会」による「パル報告」を発表、ロンドン中心地区の工業および人口の分散を主張した。イギリス政府は1946年、「新都市法」を発布し、ロンドン周辺で8つのニューシティ建設を主体とする新都市運動を立ち上げた。50年間の人口の流出を経て1988年に、ロンドンの人口はついに637万人になった。

　何事もメリット、デメリットの両面性を持つものだ。新都市運動はロンドンを過密から「解放」したと同時に、「衰退」もさせた。「衰退」はロンドンにとって不都合であった。ロンドンは新都市運動を終結させ、復興運動を起こした。これは当然の帰結であろう。新都市運動は都市人口を分散させるのに対して、復興運動は人口の都市への回帰を促し、都市の活力を増大させた。人口データがこの効果を示している。2015年末になって、ロンドンの人口は854万人に達し、さらに、これを通勤圏人口規模にすると1,031万人に上った。

2

　コースは違っても行きつく先は同じである。

　ニューヨークでも私たちはこれに似た状況を見ることができる。

　過去100年間、ニューヨークの人口は3つの段階を経てきた。まず、人口が穏やかに増えた第一段階である。人口と経済活動は持続的に集積され、1950年には789万人まで膨張した。次は、人口増が人口減へと転換した第2段階である。「都市病」の激化に伴い、都市機能拡散計画が実施され、人口は周辺都市へ移動した。1980年には707万人まで人口は縮小した。1980年代を起点とする第3段階では、都市計画の見直しと産業の高度化により、人口が回帰し、2015年には855万人にまで増えた。ニューヨーク大都市圏の人口規模から見ると、1950年はすでに1,000万人を超えており、今日はさらに1,859万人に達した。

東京も似たような葛藤を経験した。

　第二次世界大戦後、日本は都市化がハイスピードで進んだ。大量の農村人口が大都市、特に東京へ集中した。東京都内の人口は1965年に889万人になった。1960年代、蔓延し続ける「都市病」に対応し、東京の「過密」問題を解消するために多摩ニュータウン、港北ニュータウン、千葉ニュータウン、さらには筑波学園都市などの新都市が、東京周辺地域に次々とつくられ、製造業の地方移転と人口の郊外居住化が同時に進んだ。1995年になって、東京都の人口は797万人まで減った。

　1990年代中後期、人口の郊外居住化が終焉を迎え、「都心回帰」が始まった。都市再生計画の実施や都市インフラの整備により、東京都市部の人口は再び増大した。2015年、東京都の人口は1,353万人を超え、東京大都市圏の人口規模は3,800万人に達した。

3

　ハワードの予言に戻る。

　都市圏の視点からすると、大都市人口と経済活動の中心部への集中・集約が「集中化（Centralization）」であり、周辺地域への分散を「分散化（De centralization）」と称するなら、ハワードの予言は「分散化」志向であった。

　しかし、世界の都市の進化の過程で明らかになったのは、集中化と分散化は実際には、都市の進化の表裏であり、時には集中化は分散化を圧倒し、時には集中化はまた分散化に圧倒される。また時には双方伯仲し強弱つけ難い状況になる。しかし、総じて集中化の力がより強い。

　事実上、ロンドン、ニューヨーク、東京などのメガシティでは、ほとんど集中化から分散化に進み、再び集中化に戻ってくる過程を辿った。

　都市は集積効果によって発展し、集中化の現象が起こる。しかしその人口と経済活動の集積がある「極限」に達すると、「規模の不経済性」が芽を出し、分散化の力量が働く。

　その結果、人口と経済活動は周辺地域へ移り始める。

　しかしながら、分散化が起こる時、往々にして集中化のパワーはなりを潜める。一定の時期が過ぎて、集中化の力は再び分散化を圧倒し、さらに新しい集積を引き寄せる。

　集中化と分散化の増減の背後には「効率」がある。効率を決定づけるのは交通インフラ水準であり、技術水準であり、都市の智力水準である。

　交通インフラ水準を整備し、技術水準と都市の智力水準が向上すると、集積に対する都市の積載力を高められる。「大都市病」は、都市の過大さゆえに起こったのではない。その交通インフラ水準、技術水準、都市の智力水準が都市の「大きさ」に耐えられなかったため起こったのである。

　50年前に東京都の人口が889万人だった頃、「都市病」が蔓延しているとの焦燥感に悩まされた。しかし今は、東京の人口はすでに1,300万人を超えているにもかかわらず、「過密」だとの

訴えは聞かない。

　何故なら、現在、東京の交通インフラ水準、技術水準、都市智力水準が以前と比較できない程向上し、都市の積載力も格段に上がったからである。

　都市の積載力は固定的なものではない。時間と空間の変化によって異なってくる。同様の時期でも都市ごとに積載力には大きな違いが生じる場合もある。同じ都市でも時期ごとに積載力は異なってくる。総じて、交通インフラ水準、技術水準、都市智力水準に応じて都市の積載力は増していく。

4

　国の視点で見ると、大多数の国の都市化が、集中化から分散化、そして集中化に再度戻る過程を辿っている。

　人口流動を参考にした世界主要国家の都市化過程は、4つの段階に分けられる。第1段階は、中小都市化段階である。人口が農村から都市へ流れ、都市化の主体は中小都市である。

　第2段階は、大都市化段階である。都市化率が50％前後になった後、人口流動の主要形態は中小都市から大都市へと流れる。農村人口は中小都市に流れる場合もあり、また大都市に直接流れ込む場合もある。

　第3段階は、大都市の郊外化段階である。都市化率が70％前後に達し、人口が大都市の市街地から郊外へ流れる段階である。

　第4段階は、大都市圏とメガロポリス段階である。郊外は中小都市へと進化し、大都市の中心市街地とタイアップして大都市圏を形成する。さらに複数の大都市圏が連携を緊密にすることでメガロポリスが形成される。

　第1段階と第2段階が集中化である。第3段階は分散化で、第4段階は再集中化である。

　都市発展のこうしたS字型曲線は中国の都市化で検証できる。

　改革開放以来、中国の都市化は先進国が100～200年間かかった道のりを、たった40年間で走り抜けた。

　1978年、中国の人口都市化率はたった17.9％に過ぎなかった。しかし2016年には57.4％にまで急上昇した。

　1980年代、郷鎮企業[1]の急速発展に伴い、小城鎮[2]が中国各地に出来上がり、中国都市化率は急速に向上した。その意味では1980年代は中小都市の時代である。

　1990年代は、大都市の時代である。大量の労働人口が農村や小城鎮から大都市へ流れた。政

---

[1] 郷鎮企業とは、農村で村や郷鎮が所有する「集団企業」である。
[2] 小城鎮とは、郷鎮企業の発展によって自然発生した集積である。県および郷鎮の政府所在地で十数万人から数十万人の人口規模になることもある。

策上では、1980年代にも「都市病」への憂慮から「大都市の抑制」が高らかに掲げられた。しかし実際には、集積効果が威力を発揮し、大都市化は急速に進み、中国の大都市がことごとく工事現場化した。

西暦2000年、中国の都市化率は36.2％台になった。「大都市の抑制」も政策から外した。

この頃はまた、上海、北京を代表する大都市が中心市街地の「過密」の解消に乗り出し、郊外化を発動した。例えば、上海では嘉定、松江、青浦、南橋、臨港の５つのニューシティが建てられた。これらのニューシティは一定の人口を受け入れたものの、人口密度の高い集積地には至らなかった。

40年の道のりを振り返ると、中国の都市化と世界主要国の都市化の過程は、本質的に似通っている。

ただ、中国の国土が巨大なゆえに地域ごとに発展段階が大きく異なり、例えば西部地域はまだ第２段階にある。そして珠江デルタ、長江デルタ地域はすでに第３段階、第４段階に突入している。

ノーベル経済学賞を受賞したジョセフ・E・スティグリッツ氏は、中国の都市化はアメリカのハイテクの発展と並び、21世紀の人類社会に影響を与える二大ファクターであると言う。中国改革開放後の40年の都市急速発展は、長江デルタ、珠江デルタ、京津冀などメガロポリスを誕生させ、人口と経済活動を大都市へと集約させた。この過程において、分散化の力学も働いたものの、やはり、集中化の力学が圧倒的であった。

5

中国では、都市化政策において、中小都市を主体とする分散型都市化と、大都市を主とする集中型都市化という二つの主張が従来より戦いを繰り広げてきた。

これからの中国の都市化は集中化で進むのか、分散化で進むのか？

筆者は４つの理由で集中化を進めるべきだと考える。

第一に、都市規模が大きくなればなるほど、産業の集積が大きくなり、就業機会と収入も多くなり、生産コストと交易費用は低くなる。インフラ整備と公共サービスコストの分担も減る。

これと反対に、都市規模が小さくなればなるほど、規模の経済性は実現しにくくなり、インフラの効率も悪くなる。

世界銀行の研究では、人口規模が15万人以下の都市では、規模の経済性は実現し難いという。

これに対して、「中国では多くの中小都市が素晴らしいパフォーマンスを見せている」との意見が出るかもしれない。

実は、中国でパフォーマンスの良い中小都市の殆どは、大都市の周辺に位置している。中国のもっとも末端の都市単位の「鎮」で見ると、経済ランキングトップ100の「鎮」のうちの90％が、ことごとく長江デルタか珠江デルタの中心エリアにある。こうした中小都市の繁栄は、両

デルタ地域の巨大都市に依存していることが明らかである。

これは都市化のメカニズムがもたらした現象である。政策はメカニズムに反することをしてはならない。

第二に、都市化の第2段階は、国際経験的に都市化率が50％から70％に向かう段階である。この段階では人口が主に大都市へと向かう。アメリカでは、人口500万人以上の大都市の、全国での人口ウエイトが、1950年に12.2％だったのに対して、2010年にはその倍の24.6％に達した。日本では東京、大阪、名古屋三大都市圏の、全国での人口ウエイトが、1920年に35.8％だったのに対して、2015年にはほぼ1.5倍の53.6％に達した。

2011年から2015年の間で、中国で常住人口増加が最も進んだ都市は、北京、上海、広州、深圳、天津の5都市で、これらは中国で「一線都市」[3]と呼ばれ、この間、年平均1.9％で人口が増えた。また、省政府所在地である省会都市など「二線都市」と呼ばれる都市には、二つのグループがある。一つのグループは9つの都市で、この間、年平均1.2％で人口が増えてきた。もう一つのグループは19都市で、この間年平均0.9％で人口が増加している。ところが、43ある「三線都市」は、この間、年平均人口増加率はたったの0.4％でしかなかった。この間、中国の人口自然増加率が0.5％であることに鑑み、「三線都市」はすでに人口純流出状況にある。

大都市ほど人口に対する吸引力があることは、潮流であり、政策は潮流に逆らってはいけない。

第三に、中国では大都市の「過密」を理由に、中小都市の発展を推し進めるべきとの政策主張がある。

しかし、先進国と比べ、中国の大都市への人口の集約はまだ低く、大都市における人口密度も決して高くはない。上海は中国最大の都市であるが、その人口規模は、全国における比率が僅か3％に満たない。これに対して、イタリアの半分の人口が8％の国土に暮らしている。アメリカの郡の数は3,000カ所にのぼるが、全国人口の半分は、244カ所の郡に片寄っている。東京都の面積は日本の国土面積のたった0.6％に過ぎないが、日本の10％の人口を抱えている。

実際に、中国の都市を悩ませているのは人口の規模ではなく、交通インフラ水準、技術水準、そして都市の智力の水準が、先進国と比べまだ低いことである。

大都市へ人口が集中していくことはすでに世界的な常識であり、政策は常識に反することはしてはいけない。

第四に、そこにやって来た人には、住み続ける磁力を与えることが大都市の腕前であろう。2015年以前は、中国では「北京、上海、広州から逃げる」というフレーズがあった。しかし実際はそれに反して、中国の人口は一貫してこれらの大都市に流れていった。

---

3 中国では慣例的に国内都市を5つのランクに分けて「〇線都市」と呼称する。「一線都市」は、中国を代表する北京、上海、広州、天津、深圳の5都市。「二線都市」は省都や沿海大都市など。「三線都市」は「二線」に次いで経済規模が大きい地方都市。

大都市ではより多くの就業機会、より高い給料、より多彩な刺激、より様々な娯楽があり、レストランでもより多くのメニューが並んでいる。中小都市は、真似ることができない。

　人は永遠に利に乗じて害を避けようとする。人々は、どこにチャンスが多いか、どこの収入が高いか、どこの生活がもっと快適で、より刺激的かを求め、流れる。もちろん、一つ大前提がある。それは、人々が自分の住処を自由に選択できるという前提である。

　より良い生活を求めて移動する、これこそが人間の本能であり、政策は人間の本能を押さえ込んではいけない。

6

　中国共産党第19回大会の報告で中国都市化の新しい進路が提出された。これは「メガロポリスを主体として大中小都市の協調発展を進める」ことである。

　「メガロポリスを主体とする」のは、正確かつ現実的な選択であろう。

　今日の国際経済競争はすでにメガロポリスを主体とする競争へとシフトしている。一国の経済発展も、すでにメガロポリスの発展に関わっている。アメリカでは大ニューヨーク地帯、大ロサンゼルス地帯、五大湖一帯の三大メガロポリスが、全国GDPの67％を稼ぎ出している。日本では東京、阪神、名古屋で構成する太平洋メガロポリスが全国GDPの64％を担っている。

　中国ではすでに省を単位とする行政区経済が、メガロポリス経済へとシフトし始めている。京津冀、長江デルタ、珠江デルタの三大メガロポリスを合わせた中国国土面積の5.2％にあたる地域が、全国GDPの40％を稼いだ。

　ところで、メガロポリスは、どこが主体となっているのか？

　答えは中心都市である。

　実際、都市の輻射力の強弱によって国際都市、全国的な中心都市、地域的に異なった様々なレベルの中心都市が作られている。これら中心都市をコアに、メガロポリスが形成されている。

　中心都市には、「集積が集積を呼ぶ」循環が働くゆえに発展する。中心都市の輻射力の強弱もまた集積の規模と強く関係している。

　しかし現在、中国では北京、上海のような大都市で外来人口の移住に対して厳しい抑制政策を取っている。憂慮すべきである。

7

　大自然には、「大樹の下に草は生えない」という現象がある。大樹の発達した根が、周囲の水分および各種養分をことごとく絡め取るだけではなく、嵩のある樹冠が陽光を遮り、足元に野草すら生えなくする。

　中心都市がもし周辺に恩恵を与えず、養分を吸い取るばかりであるなら、それを中心都市と呼ぶことはできない。

中心都市たるものは、輻射力をもってメガロポリス、さらに世界へと恩恵を与える存在であるべきである。

　シリコンバレー創業の父、ポール・グラハム氏は、一国の中には総じて１つか２つの都市が若者の視線を集め、そこでは、国の躍動感が得られると語った。

　それはまさに日本にとっての東京であり、イギリスにとってのロンドンであり、アメリカにとってのニューヨークであり、フランスにとってのパリである。

　中国にとっては北京、上海、広州、深圳がこうした都市である。しかし、それだけではもう足りない。中国は少なくとも10カ所以上のそうした輝かしい中心都市が必要なのであろう。

プロフィール
張仲梁（Zhang Zhongliang）
1962年生まれ。中国管理科学研究中心副研究員、日本科学技術政策研究所研究員、CAST経済評価中心執行主任、中国経済景気観測中心主任、中国国家統計局統計教育中心主任、中国国家統計局財務司司長を歴任、2018年から現職。中華全国青年連合会委員、PECC金融市場発展中国委員会秘書長、中国経済景気月報雑誌社社長、中国国情国力雑誌社社長など兼務を経て、現在、中国市場信息調査業協会副会長を兼任。

中心都市の「移動」戦略

横山禎徳
Yokoyama Yoshinori
東京大学EMP特任教授
元マッキンゼー東京支社長

　ロシアのプーチン大統領が、かつてサンクトペテルブルグの副市長で、まだ無名であった時、初めて日本に来た。彼は日本の新聞記者にいつものありきたりの質問、すなわち、日本の印象はどうかと聞かれて、「都市に切れ目がない」と答えた。それを聞いてとても新鮮に感じたことを覚えている。たぶん、東海道新幹線の車窓から外を眺めての感想であろう。

　確かにロシアでは都市と都市の間はうっそうとした森林であることが多い。しかし、日本では、俗に言う東海道メガロポリスという国土の10％に満たない地域に約半分の人口が住んでいる。人工衛星からとった夜の日本列島の写真を見ると、東京‐名古屋‐大阪間の地域がひときわ煌々と輝いているのが見て取れる。

　また、筆者は1時間程度の通勤圏をGTMA(Greater Tokyo Metropolitan Area)と定義しているが、そこには日本の人口の3割程度が住み、日本のGDPとPFA(Personal Financial Asset：個人金融資産)の4割程度が集中している。都市化が世界中で進んでいるというのは周知の事実だ。しかし、これほどの巨大な都市圏が出現するとはだれも想像していなかったかもしれない。

　東海道メガロポリスとGTMAの形成を促進したのは交通システムの貢献が大きいであろう。20世紀の初頭、それまでの折衷主義のアンチテーゼとして機能主義が主張された。様式よりも機能を重視すべきだという主張である。その際、都市の機能は「住む」「働く」「遊ぶ」という考えが提示された。しかし、オーストラリアの首都キャンベラなどの経験をもとに、この3つでは魅力的な都市はデザインできないということが明白になった。その問題に答える模索が行われた。20世紀の半ば頃、都市の機能はもっとあるのではないかということが言われ、日本では磯崎新が「出会う」、黒川紀章が「移動する」を都市の機能に加えるべきだと主張した。その後、「出会う」は大阪万博の「出会いの広場」で見事に失敗した。一つのパビリオンから次のパビリオンに急ぐ多くの入園者はその広場を対角線に突っ切るだけで、人と人は出会わなかったのである。

　しかし、黒川紀章の主張した「移動する」は確かに都市の重要な機能であるかもしれない。東海道メガロポリスでは東海道新幹線、GTMAではJR山手線がその機能を担っているのではないだろうか。東海道新幹線は汽車ではなく、それまでに世界に存在していなかった、すべての車両にモーターが付いている高速電車システムという技術革新であったが、JR山手線はとりわけ新しい技術ではなかった。しかし、哲学的と言ってもいい発想の転換であった。すなわち、CBD（Central Business District）という都市活動の中核を「点」から「円」に拡大したので

ある。それによって、東京は物理的なサイズがそれほど大きくないにもかかわらず、都市の活動の多様性と密度が拡大したのである。その意味で、世界の都市デザインにおける成功例の一つであろう。

　東京のCBDは明治以降、東京駅と皇居の間の丸の内地区であった。その後、郊外に拡大していく通勤客を対象にした私鉄が勃興した際、すべての私鉄は東京駅に乗り入れることを望んだのである。それに対して、当時の鉄道省は、お雇い外国人であったドイツ人技師が提案し、お蔵入りになっていた、皇居の周りにある東京駅、東北本線の上野駅、中央本線の新宿駅、東海道本線の品川駅という当時の既存の駅を環状に結んだ山手線の案を思い出し、私鉄各社に、東京駅ではなく、この環状線のどこかに接続するように命じたのである。それによって、既存の駅に加えて、新たに池袋、渋谷、大崎などの駅が追加のモーダルチェンジ・ポイント、すなわち、国鉄と私鉄との乗換駅として出現した。そして、それらの駅の周辺が経済活動密度の高い拠点となったのである。すなわち、普通は都市に一つしかないCBDが沢山できたことになった。

　山手線は一周が１時間である。ということは目的の駅まで30分以内に行けるということであり、心理的に許容できる範囲である。しかも環状であるから終点がなく、乗降客数も確保しやすい。ちなみにボストンは20世紀初頭には最高の地下鉄網を持っていたが、その後1960年代まで衰退を続けていた。末端の支線の乗降客が確保できなくなり廃止になるとその先につながっている本線の客も減るという悪循環に陥っていたのだ。その後回復基調にあったが、井桁状にCBDで交差する４つのラインのうち、ハーバード・スクエアを終点としていたレッド・ラインを延長し、環状線とした。自動車中心の都市化を進めてきたアメリカの都市としては珍しい展開だ。しかし、東京のようなモーダルチェンジ・ポイントとしての機能はないという意味で都市の展開は違うようだ。

　このような「移動する」という機能の大発展が都市にもたらしているのが大気汚染である。これはどこの大都市でも大問題だ。東京に比較的その問題が少ないのは、1970年代に排ガス規制を進めたこともあるが、基本的にはモーダル・チェンジがうまく機能するマス・トランスポーテーションが発達していることの貢献度が高いからだろう。しかし、ドア・トゥ・ドアの便利さはなく、通勤地獄の抜本的解消もむつかしい。しかも、今の規模のGTMAにとっては環状線が円ではなく点に近くなっているという制約が出てきている。

　今後は都市の大気汚染の対策として電気自動車を推進するのであろうが、「電気自動車」ではなく、からEPMS（Electric People Mover System）ととらえるべきであろう。自動車の概念にとらわれた、現在の自動車中心の交通システムにおける道路網を前提にするのではなく、もっと自由なライト・オブ・ウェイを活用する交通システムになるであろう。それによって、ドア・トゥ・ドアの利点と、マス・トランスポーテーションの便利さとを連結し、しかも、排気ガスのない都市内、都市間交通網が出来上がってくるであろう。新たなモーダルチェンジ・ポイントも出現し、そこで出来上がる都市の活動ミックスも大きく変わるかもしれない。そのような

ことを組み込んだ都市デザインの革新が求められている。

　モータリゼーションがかつてアメリカにおいてCBDの衰退とドーナツ現象を引き起こしたことは記憶に新しい。ここで言うEPMSはそれを避けることができるのであり、そのようにEPMSの展開をもとに都市の中心部であるCBDの変革をデザインし、それらの多くのCBDが東京の環状線とは異なった形態の拡大可能なネットワークを組むように発展を続けていくように仕組むことで、広域経済活動の健全な拡大を進めることができるであろう。

プロフィール
横山禎徳（よこやま よしのり）
1942年生まれ。東京大学工学部建築学科卒業、ハーバード大学デザイン大学院修了、マサチューセッツ工科大学経営大学院修了。前川國男建築設計事務所を経て、1975年マッキンゼー・アンド・カンパニーに入社し、同社東京支社長を歴任。経済産業研究所上席研究員、産業再生機構非常勤監査役、一橋大学大学院国際企業戦略研究科客員教授等を歴任し、2014年より現職。

コンパクトシティとスマートシティ

森本章倫

Morimoto Akinori
早稲田大学教授
工学博士

1. 未来都市の形

　未来都市とはどのような都市像を思い描くであろうか。エベネザー・ハワードは1898年に理想的な都市として、住宅が公園や森に囲まれた緑豊かな田園都市を提唱した。また、ル・コルビジェは「輝く都市」（1930年）の中で、林立する超高層ビル群とそれによって生み出されたオープンスペースによる都市像を示した。全く異なる都市像ではあるが、どちらも当時の急激な都市化によって生じた都市問題を解決する手法として提案された。それから１世紀近くが経過し、当時提唱された都市像は、現在の大都市の都心部や郊外都市などでその片鱗をうかがうことができる。

　20世紀の都市では、産業革命以降の様々な科学技術の進歩が都市の生産性を大幅に向上させ、急激な人口増加や都市部への人口流入が続いた。特に自動車の出現は、人々の日常生活を大きく変化させ、緑豊かな郊外に向けての住宅開発が豊かな都市生活を実現させた。しかし、一方で郊外への無秩序なスプロールは、都市構造にも大きな影響を与えた。過度に自動車に依存した都市では、道路渋滞や交通事故などの交通問題が大きな社会問題として捉えられ、現在でもその解決策が講じられ続けている。その対策はかなり早い段階で議論され、例えば近隣住区論（1924年）では、自動車を前提とした安全な居住地区の整備が提案された。その後も自動車と居住環境の望ましい関係を模索する様々な都市像が提案され、世界各地で多くのモデル地区が出現している。

　21世紀に入り、我が国の人口増加はピークに達し、人口減少時代を迎えている。また、環境問題が地球規模で議論されるようになり、理想的な都市像にも変化が見られる。特に、現在の都市政策に大きな影響を与えているのは、1987年に国連のブルントラント報告のなかで推奨された持続可能な開発の都市モデルである。過度な自動車社会から脱却し、魅力的な都心を形成し、公共交通や徒歩で暮らすことができるコンパクトなまちづくりが進行している。

2. コンパクトシティ政策

　コンパクトシティは行き過ぎた自動車社会に対して、人と環境にやさしい歩いて暮らせる持続可能な都市モデルとして注目を集めている。その定義は様々であるが、総じて以下のような要素を含んだ都市を示す。

（密度）一定以上の人口密度を保ち、市街地の効率性を高める。
（空間）一定エリアに機能集約させ、街中の賑わいを創出する。
（移動）公共交通を活用して、歩いて暮らせる街をつくる。
（資源）既存の資源を上手に活用し、歴史やコミュニティを大切にする。

　一方で、日本におけるコンパクトシティは少し異なる文脈のなかで必要性が語られている。その一つは急激に訪れる人口減少社会への対応である。2050年までに総人口の23％が減少すると予測されており、20世紀の人口増加期に拡大した市街地を上手に縮退させて持続可能にすることが、都市行政として急務とされている。超高齢化社会で生産年齢人口が減少し、都市インフラの維持管理に関する財政負担は予想以上に大きい。

3．スマートシティ

　一方で、科学技術を活用した新しいまちづくりも模索されている。その一つがスマートシティであり、ICT等の新技術を活用しつつ、全体最適化が図られる持続可能な都市または地区と定義できる。

国内

エネルギー
けいはんなエコシティ
北九州スマートコミュニティ
横浜スマートシティプロジェクト
パナホームスマートシティ
愛知県豊田市
島嶼スマートコミュニティ

防災
長野県塩尻市

レクレーション
石川県金沢市

複数分野横断
スマートシティ会津若松
柏の葉キャンパスシティ
Fujisawa SST
スマイル松山プロジェクト
スマートひかりタウン熊本
Tsunashima SST

個別分野　→　横断分野　→　広域・広分野

海外

エネルギー
マスダールシティプロジェクト（UAE・マスダール）
天津エコシティ（中国・天津）
大連ベストシティ（中国・大連）
スコルコボスマートシティ（ロシア・モスクワ）

医療・健康
Lae Nona MedicalCity（アメリカ・レイクノナ）
メディコンバレー（デンマーク　スウェーデン）

複数分野横断
Copenhagen Connecting（デンマーク・コペンハーゲン）
City Verve（イギリス・マンチェスター）
SF Open Data（アメリカ・サンフランシスコ）
イスカンダルスマートシティ（マレーシア・イスカンダル）

国家取組
Smart Nation Singapore（シンガポール）
雄安新区（中国）
Smart City Challenge（アメリカ）

官民連携
Sidewalk Toronto（カナダ・トロント）
アメリカ・サンディエゴ

図6-1　スマートシティの系譜と事例

出典：著者作成。

もともとスマートシティの概念は、電力の流れを最適化するスマートグリッドのように、エネルギーの効率利用の視点から、2010年頃から民間企業を中心に広がり始めた。特定の分野特化型の取り組みからスタートしたが、近年では環境、交通、エネルギー、通信など分野横断型の取り組みが増えている。国家主導の「Smart Nation Singapore」や、官民連携としてカナダ・トロントの都市開発プロジェクト「Sidewalk Toronto」など多くの事例が出現している。

　スマートシティとコンパクトシティは何が異なるのか？　2つの都市モデルを多様な視点から比べてみるとその特徴が見えてくる。まず、コンパクトシティは都市空間を対象としているのに対して、スマートシティは主として情報を対象としている。前者は現実空間に実在するため見ることができるが、後者は仮想空間での情報の動きなので目に見えない。コンパクトシティは計画・マネジメントを通して都市空間の縮退を目指すのに対して、スマートシティは情報技術（Connected Technology）を駆使して、市場の拡張がベースとなっている。どちらも持続可能な社会を目指す点では一致するが、その方法等は大きく異なっている。

表6-1　コンパクトシティとスマートシティの比較表

都市像	対象	視認性	原理	手法
コンパクトシティ	空間	可視	縮退	計画・マネジメント
スマートシティ	情報	不可視	拡張	情報統合技術

出典：著者作成。

4．新しい都市像に向けて

　コンパクトシティもスマートシティにも共通する指標として「シェア」がある。市街地を一定のエリアに集約して、都市空間を上手に共有（シェア）するのがコンパクトシティである。人口密度を一定のレベルに保つことは、居住空間の効率的な利用を促していると解釈できる。また、道路空間も私的なマイカーが占有するのでなく、バスや路面電車などの公共交通を利用することで移動空間を効率的にシェアすることになる。つまり、コンパクトシティではシェアによって居住や移動など様々な都市活動の効率性を高めている。

　スマートシティでは情報を対象に、ICT技術を活用して情報をシェアすることで、都市活動の効率性を上げる。エリアレベルでのエネルギーの相互利用や分野横断的な取り組みも、異なる業態の情報シェアがカギとなっている。例えば、移動時の情報シェアはMaaS（Mobility as a Service）のような統合型交通サービスを可能とする。

換言すると空間シェアをすすめるコンパクトシティと、情報シェアをすすめるスマートシティの融合が、新しい都市像を生み出していく。歩いて暮らせる範囲にコンパクトな都市空間が形作られ、その空間は定時性を確保した魅力的な公共交通がつないでいく。集約エリアの周辺には緑豊かな市街地や田園風景が広がり、自動運転車がエリアの拠点までの足となる。移動は統合的な交通サービスの中で行われ、様々な交通手段を上手にシェアすることで、交通インフラ全体の効率化と環境負荷低減に寄与する。平常時も非常時もシームレスな情報ネットワークで、都市生活の安全性と快適性を確保する。こんな未来都市の実現がもう近くまで来ているのかもしれない。

プロフィール
森本章倫（もりもと あきのり）
1964年生まれ。早稲田大学大学院卒業後、早稲田大学助手、宇都宮大学助手、助教授、教授、マサチューセッツ工科大学（MIT）研究員などを経て、2014年より早稲田大学教授。現在、日本都市計画学会常務理事、日本交通政策研究会常務理事なども務める。博士（工学）、技術士（建設部門）。

「集中化」と「分散化」のバランスを如何に

李　昕
Li Xin
中国人民政治協商会議北京市委員会副秘書長
中国科学院研究員（教授）
経済学博士

　初めて都市計画に関わったのは、10数年前のことであった。筆者はカナダから帰国し、北京市環境局に入局、当時中国国家建設部（省）大臣であった汪光燾先生が指揮した「北京都市計画と気象条件および大気汚染との関連性に関する調査」に加わった。その後、「北京および周辺五都市における2008年オリンピック大気質量保障措置の研究と制定」を取りまとめた。

　工業化と都市化の急速な進展により、北京では人口が激増し、交通渋滞、水資源の枯渇、公共サービス供給不足と治安問題の頻発などで「都市病」が露呈した。2013年以来、$PM_{2.5}$によるスモッグの頻発は、人びとの日常生活に一層甚大な被害を与えた。友人の中には汚染問題で国外に移住していった者もいた。

　このとき、北京市門頭溝区の副区長を務めていた筆者は、都市大気汚染低減のため、再び都市計画に取り組むこととなった。エコシティの国際的な事例を参考に、北京市門頭溝区のために、経済発展、社会進歩、生活レベル、資源負荷、環境保護の５つの角度から、34項目の年度発展審査指標を作り、生態優先型経済発展を推し進める総合評価体系を制定した。

　2014年末にはドイツを研究訪問し、都市計画専門家との交流セミナーで、彼等が詳しく述べていた「分散化」のドイツの都市発展モデルに、深い印象を受けた。これは、少数のメガロポリスに人口と経済活動が集中する中国の発展モデルとは明らかに異なっていた。

　2016年に偶然の巡り合いで、幸運にも〈中国都市総合発展指標2016〉の出版発表会に参加し、著者の周牧之教授、徐林司長、そして各項目担当の専門家等と知り合った。その後続けて彼らに教えを受け、師としてまたよき友として、お付き合い頂いている。

　周牧之教授は、工業化後発国は都市化において往々にして大都市発展モデルを歩む傾向があるとし、特に第二次世界大戦後、それが世界の趨勢となっていると、述べている。都市の集積効果は、経済発展効率を高め、豊富な都市生活をもたらす。とりわけ、メガロポリスのような大規模高密度の人口集積が、異なる知識と文化を背景とする人々の交流の利便性を高め、知識経済とサービス経済の生産効率を上げる。

　都市病は「過密」がもたらしたものであるとされるのに対して、周牧之教授は「過密」の本質こそが問われるべきだと問題提起している。いわゆる「過密」の原因は都市インフラとマネジメント力の不足にあると言う。

　周牧之教授は東京大都市圏を事例に「過密」問題を解説した。戦後、東京大都市圏が過密問題によりもたらされた大都市病に難儀し、いまの北京と近い発想で、工業や大学などの機能を

制限した。しかしインフラ整備を進めた結果、都市圏の人口規模は拡大したにもかかわらず、いわゆる「都市病」は殆ど問題にされなくなった。これは北京の将来を考える際に非常に大切な示唆である。

　周牧之教授は４年以上の時間をかけて、内外の専門家を集め、各国の都市化発展の経験と教訓とをもとに、都市発展を評価する指標作りを試みた。議論を重ね、環境、経済、社会の３つの軸から、〈中国都市総合発展指標〉を作り上げた。同指標体系は開放的で、時代の要求に応え、進化可能なシステムである。指標の数は2016年の133項目から、2017年には175項目へと増加した。

　さらに、統計データだけではなく、最新の技術を駆使して衛星リモートセンシングデータやビックデータを大量に取り入れ、GIS技術を活用し、中国の地級市以上の全297都市の分析を行った。このような取り組みは中国では初めてのことである。よって中国の都市は、初めて環境、経済、社会の３つの軸で診断ができるようになった。様々な指標で都市のパフォーマンスが明らかになったことで、都市の課題と潜在力を浮かび上がらせ、より戦略的に都市の発展方向性を定められる。おそらくこれによって中国の都市計画レベルを一気に向上させることができるだろう。

　〈中国都市総合発展指標〉から地域ごとの発展も評価できる。これによって、中国の東部、中部、西部地域の都市化進展の違いが確認できた。さらに同指標の2016年のメインレポート（『中国都市ランキング』第5章）では珠江デルタ、長江デルタ、京津冀、成渝の４つのメガロポリスの発展特徴を分析し、その将来性を予見した。同指標を活用し、中国の地域政策も大きく進化するだろう。

　〈中国都市総合発展指標2017〉において北京は首都の優位性で連続２年総合ランキングの首位に立った。北京と天津２つのメガシティを中心に、京津冀というメガロポリスも形成された。

　しかし京津冀は、その高密度人口集積に必要なインフラ整備、公共サービス、マネジメント力に欠け、水資源の不足、大気汚染や交通渋滞など都市病の困惑の中にある。

　これに対して北京は、副都心建設を推進し、一部の行政機能などを通州などの周辺地域に移し、過密問題緩和を図ろうとしている。また、雄安新区の設立も、「分散化」の一環としてとらえられるだろう。

　しかし、北京そして京津冀メガロポリスの発展にとっては、中心機能の強化も極めて大切である。「集中化」と「分散化」のバランスを如何に図るかが肝要である。そのために〈中国都市総合発展指標〉を活用し、これらの取り組みを常に評価し、軌道修正していくことが必要である。

プロフィール
李　昕（Li Xin）
1968年生まれ。中国社会科学院大気物理所副研究員、研究員（教授）を経て、2004年北京市環境保護局に入局、副総技術師兼科学技術国際協力部部長、環境観測部部長、大気環境管理部部長を歴任。2010年北京市門頭溝区副区長、2017年中国人民政治協商会議北京市委員会副秘書長に就任。中国科学院大気物理所研究員（教授）、北京大学環境科学工程学院教授を兼任。

巻末資料 | 指標項目詳細

1. 環境

表6-1　指標解説：環境

大項目	中項目	小項目	ID	指標	使用データ名	データソース
環境	自然生態	水土賦存	1	1万人当たり利用可能国土面積	利用可能国土面積（km²）、常住人口（万人）	衛星リモートセンシングデータ、各省統計年鑑、各都市統計年鑑、各都市国民経済和社会発展公報等
			2	森林面積	森林面積（km²）	衛星リモートセンシングデータ
			3	耕作面積	耕作面積（km²）	衛星リモートセンシングデータ
			4	牧草地面積	牧草地面積（km²）	衛星リモートセンシングデータ
			5	水面面積	水面面積（km²）	衛星リモートセンシングデータ
			6	1人当たり水資源量	水資源総量（m³）、常住人口（万人）	各省統計年鑑、各都市統計年鑑、各都市国民経済和社会発展公報等
			7	国家公園・保護区・景観区指数	国家森林都市（箇所）、国家地質公園（箇所）、国家湿地公園（箇所）、国家公園試行地区（箇所）、国家自然保護区（箇所）、国家湿地保護区（箇所）、国家海洋保護区（箇所）、A級景観区（箇所）、国家風景名所（箇所）、国家園林都市（箇所）、国家森林都市（箇所）	中国国務院、中国国土資源部、中国環境保護部、中国国家観光局、中国国家林業局データ
		気候条件	8	気候快適度	10℃-28℃年日数	インターネットデータ
			9	降雨量	降水量（mm）	各省統計年鑑、各都市統計年鑑、各都市国民経済和社会発展公報等
		自然災害	10	自然災害による直接的経済損失指数	自然災害による直接的経済損失額（万元）	中国民政部データ
			11	地質災害による直接的経済損失指数	地質災害による直接的経済損失額（万元）	中国民政部データ
			12	災害警報	災害警報（回）	中国国家緊急放送データ
	環境品質	汚染負荷	13	空気質指数（AQI）	AQI 平均値	インターネットデータ
			14	$PM_{2.5}$ 指数	$PM_{2.5}$ 平均値	インターネットデータ
			15	GDP 当たり CO_2 排出量	GDP 当たり CO_2 排出量（トン CO_2/万元）	各省統計年鑑、各都市統計年鑑、各都市国民経済和社会発展公報等
			16	工業二酸化硫黄排出量	工業二酸化硫黄排出量（トン）	中国都市統計年鑑
			17	工業ばいじん（粉じん）排出量	工業ばいじん（粉じん）排出量（トン）	中国都市統計年鑑
			18	国定、省定断面三類以上水質達成率	水質レベル	中国環境保護部データ
			19	地域環境等価騒音レベル	地域環境等価騒音レベル (dB(A))	中国統計年鑑
			20	空気吸収線量率	空気吸収線量率（nGy/h）	中国環境保護部データ
		環境努力	21	環境努力指数	環境保護投資額（万元）、地方公共財政収入（万元）	各省統計年鑑、各都市統計年鑑、各都市国民経済和社会発展公報等
			22	節水努力指数	総配水量（万トン）、水資源総量（m³）、常住人口（万人）	各省統計年鑑、各都市統計年鑑、各都市国民経済和社会発展公報等
			23	生態環境社会団体	生態環境社会団体数（団体）	中国民政統計年鑑

図6-2 指標解説：環境

大項目	中項目	小項目	ID	指標	使用データ名	データソース
環境	環境品質	資源努力	24	国家環境保護都市認定指数	国家生態模範区（箇所）、国家環境保護模範都市（都市）、国家生態文明建設模範区（箇所）、全国緑化模範年（都市）、全国都市環境総合整備優秀都市（都市）、生態復元・都市修復モデル都市（都市）	中国環境保護部データ
			25	国家生態環境評価指数	国家生態都市、区、県（箇所）、国家生態郷鎮（箇所）	中国環境保護部データ
		資源効率	26	建成区土地産出率	第二次産業GDP（万元）、第三次産業GDP（万元）、建成区面積（km^2）	衛星リモートセンシングデータ、中国都市統計年鑑
			27	農林牧草水面土地産出率	第一次産業GDP（万元）、農林牧草水面土地面積（km^2）	衛星リモートセンシングデータ、中国都市統計年鑑
			28	GDP当たりエネルギー消費量	GDP当たりエネルギー消費量（標準石炭換算t/万元）	各省統計年鑑、各都市統計年鑑、各都市国民経済和社会発展公報等
			29	環境配慮型建築設計評価認証項目	環境配慮型建築設計評価標記星級項目（項目）	中国住宅和都市農村建設部データ
			30	工業固体廃棄物総合利用率	一般工業固体廃棄物総合利用率（%）	中国都市統計年鑑
			31	循環経済都市認定指数	国家循環経済モデル都市（都市）、国家省エネ・排出削減財政政策総合模範都市（都市）	中国国家発展改革委員会データ
	空間構造	コンパクトシティ	32	人口集中地区（DID）人口	DID人口（万人）	衛星リモートセンシングデータ
			33	人口集中地区（DID）面積	DID面積（km^2）	衛星リモートセンシングデータ
			34	人口集中地区（DID）人口比率	DID人口（万人）、常住人口（万人）	衛星リモートセンシングデータ、各省統計年鑑、各都市統計年鑑、各都市国民経済和社会発展公報等
			35	人口集中地区（DID）面積比率	DID面積（km^2）、行政区面積（km^2）	衛星リモートセンシングデータ
			36	超人口集中地区（超DID）人口	超DID人口（万人）	衛星リモートセンシングデータ
			37	超人口集中地区（超DID）面積	超DID面積（km^2）	衛星リモートセンシングデータ
			38	超人口集中地区（超DID）人口比率	超DID人口（万人）、常住人口（万人）	衛星リモートセンシングデータ、各省統計年鑑、各都市統計年鑑、各都市国民経済和社会発展公報等
			39	超人口集中地区（超DID）面積比率	超DID面積（km^2）、行政区面積（km^2）	衛星リモートセンシングデータ
		交通ネットワーク	40	都市軌道交通密度指数	都市軌道交通総延長距離（km）、行政区面積（km^2）、人口集中地区（DID）人口比率（%）	衛星リモートセンシングデータ、各省統計年鑑、各都市統計年鑑、各都市国民経済和社会発展公報等
			41	都市幹線道路密度指数	都市幹線道路総延長距離（km）、行政区面積（km^2）、人口集中地区（DID）人口比率（%）	衛星リモートセンシングデータ、各省統計年鑑、各都市統計年鑑、各都市国民経済和社会発展公報等
			42	都市生活道路密度指数	都市生活道路総延長距離（km）、行政区面積（km^2）、人口集中地区（DID）人口比率（%）	衛星リモートセンシングデータ、各省統計年鑑、各都市統計年鑑、各都市国民経済和社会発展公報等
			43	都市歩道・自転車道路密度指数	都市歩道総延長距離（km）、自転車道路総延長距離（km）、行政区面積（km^2）、人口集中地区（DID）人口比率（%）	衛星リモートセンシングデータ、各省統計年鑑、各都市統計年鑑、各都市国民経済和社会発展公報等
			44	都市軌道交通距離	都市軌道交通総延長距離（km）	衛星リモートセンシングデータ
			45	1万人当たり公共バス乗降客数	通年公共バス総乗降客数（万人）、常住人口（万人）	中国都市統計年鑑、各省統計年鑑、各都市統計年鑑、各都市国民経済和社会発展公報等
			46	1万人当たり公共バス保有量	公共バス運行台数（台）、常住人口（万人）	中国都市統計年鑑、各省統計年鑑、各都市統計年鑑、各都市国民経済和社会発展公報等
			47	1万人当たり自家用車保有量	自家用車保有台数（万台）、常住人口（万人）	各省統計年鑑、各都市統計年鑑、各都市国民経済和社会発展公報等

図6-3　指標解説：環境

大項目	中項目	小項目	ID	指標	使用データ名	データソース
環境	空間構造	交通ネットワーク	48	1万人当たりタクシー保有量	タクシー保有台数（台）、常住人口（万人）	中国都市統計年鑑、各省統計年鑑、各都市統計年鑑、各都市国民経済和社会発展公報等
			49	ピーク時渋滞遅延指数	ピーク時渋滞遅延指数	高徳地図データ
		都市インフラ	50	固定資産投資規模指数	固定資産投資（万元）、常住人口（万人）	中国都市統計年鑑
			51	公園緑地面積	公園緑地面積（ha）	中国都市統計年鑑
			52	建成区緑地カバー率	建成区緑地カバー率（%）	中国都市建設統計年鑑
			53	建成区上水道管密度	建成区上水道管密度（km/km^2）	中国都市建設統計年鑑
			54	建成区下水道管密度	建成区下水道管密度（km/km^2）	中国都市建設統計年鑑
			55	都市ガス普及率	都市ガス普及率（%）	中国都市建設統計年鑑
			56	都市地下インフラ指数	共同溝モデル都市（都市）、海綿（スポンジ）都市モデル都市（都市）	中国財政部、中国住宅和都市農村建設部データ

2. 社会

表6-4　指標解説：社会

大項目	中項目	小項目	ID	指標	使用データ名	データソース
社会	ステータス・ガバナンス	都市地位	57	行政階層	直轄市、省都、計画単列市、地級市行政階層	中国都市統計年鑑
			58	メガロポリス階層	メガロポリス階層評価	中国都市統計年鑑等
			59	核心都市階層	核心都市階層評価	中国都市統計年鑑等
			60	大使館・領事館	大使館・領事館（箇所）	中国外交部データ
			61	国際組織	国際組織（組織）	インターネットデータ
			62	一帯一路指数	貨物輸出偏差値、貨物輸入偏差値、実行ベース外資導入指数偏差値、海外直接投資額偏差値、海外旅行客数偏差値	中国都市統計年鑑、各省統計年鑑、各都市統計年鑑、各都市国民経済和社会発展公報等
		人口資質	63	人口自然増加率指数	人口自然増加率（‰）	中国都市統計年鑑
			64	人口社会増加率指数	人口自然増加率（‰）、常住人口（万人）	中国都市統計年鑑、各省統計年鑑、各都市統計年鑑、各都市国民経済和社会発展公報等
			65	人口構造指数	0-14歳人口（万人）、15-64歳人口（万人）、65歳以上人口（万人）、常住人口（万人）	第六次全国人口センサスデータ、各省統計年鑑、各都市統計年鑑、各都市国民経済和社会発展公報等
			66	人口教育構造指数	大学（専門学校）程度の卒業者人口（万人）、高等学校（中等専門学校を含む）程度の卒業者人口（万人）、中学校程度の卒業者人口（万人）、常住人口（万人）	第六次全国人口センサスデータ、各省統計年鑑、各都市統計年鑑、各都市国民経済和社会発展公報等
			67	高等教育指数	高等学校学生数（万人）、専門学校学生数（万人）、高等学校常勤教師数（万人）	中国都市統計年鑑
			68	傑出人物輩出指数	中国国家一級俳優（人）、中国国家一級アーティスト（人）、五輪金メダリスト（人）、中国国家級運動健将（人）、中国科学院・中国工程院院士（人）、中国茅盾文学賞受賞作家（人）	中国国家体育総局データ、インターネットデータ
			69	地方財政教育支出指数	地方公共財政教育支出（万元）、常住人口（万人）	中国都市統計年鑑、各省統計年鑑、各都市統計年鑑、各都市国民経済和社会発展公報等
		社会マネジメント	70	社会サービス指数	社会サービスボランティア数（人）、社会福祉ボランティア数（人）、社会サービス年末従業員数（万人）、社会福祉従業員数（万人）、献血先進都市（都市）、全国双拥模範都市指数（都市）	中国民政部、中国人民解放軍総政治部、中国国家衛生和家族計画委員会データ、中国民政統計年鑑
			71	安心安全都市認定指数	全国社会治安総合統治優秀都市（都市）、全国品質先進模範都市（都市）、全国法治宣伝教育先進都市（都市）、全国創建社会信用体系建設模範都市（都市）、中国国家食品安全模範都市（都市）	中国国務院、人力資源社会保障部、共産党中央社会治安総合治理委員会データ
			72	交通安全指数	交通事故損害額（万元）、交通事故死亡者数（万人）	各省統計年鑑、各都市統計年鑑、各都市国民経済和社会発展公報等
			73	社会安全指数	火災事故損害額（万元）、火災事故死亡者数（万人）	中国消防統計年鑑
			74	社会団体	社会団体数（団体）	中国民政統計年鑑
			75	文明衛生都市認定指標	全国衛生都市（都市）、全国文明都市（都市）、全国コミュニティモデル衛生センター（箇所）	中国国家衛生和家族計画委員会データ
			76	政府ホームページパフォーマンス	中国政府ウェブサイトパフォーマンス評価	中国ソフトウェア評価センターデータ

図6-5　指標解説：社会

大項目	中項目	小項目	ID	指標	使用データ名	データソース
社会	伝承・交流	歴史遺産	77	歴史的地位	歴代王朝存続年数（年）、貿易開放年数（年）	インターネットデータ
			78	世界遺産	世界遺産数（箇所）	国際連合教育科学文化機関データ
			79	歴史文化名城	歴史文化名城数（箇所）	中国国家文物局データ
			80	無形文化財	無形文化財数（個）	国際連合教育科学文化機関、中国国務院データ
			81	重要文化財	重要文化財数（個）	中国国家文物局データ
		文化娯楽	82	映画館消費指数	映画館（軒）、興行収入（万元） 観客動員数（人）	インターネットデータ
			83	博物館・美術館	博物館（館）、美術館（館）	インターネットデータ
			84	スタジアム指数	スタジアム数（箇所）、 スタジアムグラウンド面積（万m²）	インターネットデータ
			85	動物園・植物園・水族館	動物園（園）、植物園（園）、水族館（館）	インターネットデータ
			86	公共図書館蔵書量	公共図書館蔵書量（万冊）	中国都市統計年鑑
			87	傑出文化人指数	中国国家一級俳優（人）、 中国国家一級アーティスト（人）、 中国茅盾文学賞受賞作家（人）	インターネットデータ
			88	オリンピック金メダリスト指数	オリンピック金メダリスト（人）、 中国国家級運動健将（人）	中国国家体育総局データ
			89	全国文化先進組織認定指数	全国文化先進組織（組織）	中国文化部データ
		人的交流	90	海外旅行客	海外旅行客数（万人）	各省統計年鑑、各都市統計年鑑、各都市国民経済和社会発展公報等
			91	国内旅行客	国内旅行客数（万人）	各省統計年鑑、各都市統計年鑑、各都市国民経済和社会発展公報等
			92	国際旅行外貨収入	国際旅行外貨収入（万ドル）	各省統計年鑑、各都市統計年鑑、各都市国民経済和社会発展公報等
			93	国内旅行収入	国内旅行収入（億元）	各省統計年鑑、各都市統計年鑑、各都市国民経済和社会発展公報等
			94	国際会議	国際会議開催件数（回）	インターネットデータ
			95	展示会業発展指数	展覧業発展指数	中国展覧データ統計報告
			96	世界観光都市認定指数	Travel+Leisure（箇所）、Mastercard（箇所）、Tripadvisor観光地ベストテン（箇所）、Euromonitor International（箇所）、中国優秀観光都市一覧（箇所）、全域観光模範区（箇所）、世界優秀観光地都市（都市）、全国観光標準化模範都市（都市）	インターネットデータ
	生活品質	居住環境	97	平均寿命	平均寿命（歳）	中国人口和就業統計年鑑
			98	医療保険・養老保険加入指数	都市農村従業員基本医療保険加入者数（万人）、都市農村従業員基本養老保険加入者数（万人）、常住人口（万人）	中国都市統計年鑑、各省統計年鑑、各都市統計年鑑、各都市国民経済和社会発展公報等

表6-6　指標解説：社会

大項目	中項目	小項目	ID	指標	使用データ名	データソース
社会	生活品質	居住環境	99	住宅価格収入比率	住宅価格（元）、従業員平均賃金（元）、世帯収入（元）	各省統計年鑑、各都市統計年鑑、各都市国民経済和社会発展公報等
			100	住みやすい都市認定指数	中国人間住居環境賞都市（都市）、国連ハビタット・スクロール名誉賞都市（都市）	中国建設部データ
			101	中国幸福感都市認定指数	中国幸福都市（都市）	中国国家統計局、中央電子台国家統計局、CCTV、新華社データ
		消費水準	102	1万人当たり社会消費財小売消費額	社会消費財小売消費額（万元）、常住人口（万人）	中国都市統計年鑑、各省統計年鑑、各都市統計年鑑、各都市国民経済和社会発展公報等
			103	1万人当たりホテル飲食業営業収入額	ホテル飲食業営業収入額（万元）、常住人口（万人）	中国都市統計年鑑、各省統計年鑑、各都市統計年鑑、各都市国民経済和社会発展公報等
			104	1万人当たり通信費額	通信業務収入（万元）、常住人口（万人）	中国都市統計年鑑、各省統計年鑑、各都市統計年鑑、各都市国民経済和社会発展公報等
			105	1万人当たり住民生活用水量	住民生活用水量（万トン）、常住人口（万人）	中国都市統計年鑑、各省統計年鑑、各都市統計年鑑、各都市国民経済和社会発展公報等
			106	海外高級ブランド指数	海外高級ブランド店（店舗）	インターネットデータ
		生活サービス	107	1万人当たり幼稚園在園児童数	幼稚園在園児童（人）、常住人口（万人）	各省統計年鑑、各都市統計年鑑、各都市国民経済和社会発展公報等
			108	高齢者福祉施設ベッド数	高齢者福祉施設ベッド数（床）	中国民政統計年
			109	開業医師数	開業医師数（人）	中国都市統計年鑑
			110	病院ベッド数	病院ベッド数（床）	中国都市統計年鑑
			111	三甲病院（最高等級病院）	三甲病院（軒）	中国国家衛生和家族計画委員会データ

3. 経済

表6-7 指標解説：経済

大項目	中項目	小項目	ID	指標	使用データ名	データソース
経済	経済品質	経済規模	112	GDP 規模	GDP（万元）	中国都市統計年鑑
			113	常住人口規模	常住人口（万人）	各省統計年鑑、各都市統計年鑑、各都市国民経済和社会発展公報等
			114	税収規模	税収収入（万元）	各省統計年鑑、各都市統計年鑑、各都市国民経済和社会発展公報等
			115	電力消費量	全国電力消費量（kWh）	中国都市統計年鑑
		経済構造	116	産業構造指数	第一次産業 GDP（万元）、第二次産業 GDP（万元）、第三次産業 GDP（万元）	中国都市統計年鑑
			117	メインボード上場企業	メインボード上場企業（社）	上海証券取引所、深圳証券取引所、香港取引所データ
			118	フォーチュントップ 500 中国企業	フォーチュントップ 500 中国企業（社）	Fortune Magazine（アメリカ）データ
			119	中国トップ 500 企業	中国トップ 500 企業（社）	中国企業連合会、中国企業家協会データ
			120	中国民営企業トップ 500	中国民営企業トップ 500（社）	中華全国工商業連合会データ
			121	規模以上工業産出額	規模以上工業産出額（万元）	中国都市統計年鑑
		経済効率	122	GDP 成長率指数	GDP（万元）	中国都市統計年鑑
			123	1 万人当たり GDP	GDP（万元）、常住人口（万人）	中国都市統計年鑑、各省統計年鑑、各都市統計年鑑、各都市国民経済和社会発展公報等
			124	1 万人当たり財政収入	地方公共財政収入（万元）、常住人口（万人）	中国都市統計年鑑、各省統計年鑑、各都市統計年鑑、各都市国民経済和社会発展公報等
			125	被扶養人口指数	0–14 歳人口（万人）、65 歳以上人口（万人）、常住人口（万人）	第六次全国人口センサスデータ、各省統計年鑑、各都市統計年鑑、各都市国民経済和社会発展公報等
			126	城投企業有利子債券規模と債務比率	地方財政一般予算収入（万元）、城投企業有利子債券規模（万元）	中国都市統計年鑑、インターネットデータ
			127	1 万人当たり失業者数	登録失業者数（万人）、常住人口（万人）	中国都市統計年鑑、各省統計年鑑、各都市統計年鑑、各都市国民経済和社会発展公報等
	発展活力	ビジネス環境	128	平均賃金	従業員平均賃金（元）	各省統計年鑑、各都市統計年鑑、各都市国民経済和社会発展公報等
			129	事業所向けサービス業従業員数	事業所向けサービス業（金融、不動産、賃貸、商業サービス、科学研究）従業員（万人）	中国都市統計年鑑
			130	ハイクラスホテル指数	一つ星ホテル（軒）、二つ星ホテル（軒）、三つ星ホテル（軒）、四つ星ホテル（軒）、五つ星ホテル（軒）	中国国家観光局、各省観光インターネットデータ
			131	トップクラスレストラン指数	The Asias 50 Best Restaurants（軒）、Tripadvisor Restaurants（軒）、ミシュランガイド（軒）	インターネットデータ
			132	国家園区指数	経済特区（箇所）、国家級新区（箇所）、国家級経済技術開発区（箇所）、国家級ハイテク産業開発区（箇所）、国家級国境経済協力区（箇所）	中国国家発展改革委員会、中国商務部、中国科学技術部データ
		開放度	133	人口流動	常住人口（万人）、戸籍人口（万人）	中国都市統計年鑑、各省統計年鑑、各都市統計年鑑、各都市国民経済和社会発展公報等
			134	貨物輸出・輸入	貨物輸出額（万米ドル）、貨物輸入額（万米ドル）	各省統計年鑑、各都市統計年鑑、各都市国民経済和社会発展公報等

図6-8　指標解説：経済

大項目	中項目	小項目	ID	指標	使用データ名	データソース
経済	発展活力	開放度	135	実行ベース外資導入額	実行ベース外資導入額（万ドル）	中国都市統計年鑑
			136	対外直接投資	対外直接投資額（万ドル）、貨物輸出額（万ドル）	中国都市統計年鑑、各省統計年鑑、各都市統計年鑑、各都市国民経済和社会発展公報等
			137	規模以上外資系企業工業産出額	規模以上外資系企業工業産出額（万元）	中国都市統計年鑑
			138	インターナショナルスクール	インターナショナルスクール（校）	インターネットデータ
		イノベーション・起業	139	自由貿易区指数	国家級自由貿易区（箇所）、輸出加工区（箇所）、国家級総合保税区（箇所）、保税区（箇所）、保税物流センター（箇所）、国家級保税港湾区（箇所）、全国加工貿易段階移転重点受入都市（都市）、中国対外貿易上位100都市（都市）、国家サービス貿易革新発展モデル都市（都市）	中国国家発展改革委員会、中国商務部、税関総署データ
			140	世界トップ大学指数	Academic Ranking of World Universities（校）、THE World University Rankings（校）、QS World University Rankings（校）、Ranking Web of World Universities（校）、985大学（校）、211大学（校）	中国教育部データ、インターネットデータ
			141	R&D支出指数	R&D内部経費支出（万元）、地方財政科学技術支出（万元）	中国統計年鑑、各省統計年鑑、各都市統計年鑑、各省市R&D資源調査主要データ公報等
			142	R&D要員	R&D要員（人）	中国統計年鑑、各省統計年鑑、各都市統計年鑑、各省市R&D資源調査主要データ公報等
			143	創業板・新三板上場企業指数	創業板上場企業（社）、新三板上場企業（社）	深圳証券取引所データ
			144	特許取得数指数	PCT取得件数（件）、国内特許取得数（件）	各省知的財産局、科学技術情報庁データ、各地区国民経済社会発展広報
			145	商標登録指数	商標登録件数（件）	中国国家工商行政管理総局データ
			146	中国科学院・中国工程院院士指数	中国科学院・中国工程院院士（人）	中国科学院、中国社会科学院データ
			147	国家改革試験区指数	国家総合改革試験区（箇所）、国家級文化産業模範（試験）園区（箇所）、国家新型都市化総合モデル区（箇所）、特色小鎮指数、海洋経済革新発展模範都市（都市）、中国製造2025モデル模範都市（都市）、公立医院改革国家関連モデル都市（都市）	中国国家発展改革委員会、中国工信部、中国衛生部データ
			148	国家イノベーション模範都市認定指数	全国科学技術先進都市（都市）、国家自主革新模範区（箇所）、総合性国家科学センター（箇所）、国家革新型モデル都市（都市）、国家高技術産業拠点（箇所）	中国国家発展改革委員会、中国科学技術部、中国工信部データ
			149	情報・知識産業都市認定指数	国家知的財産模範都市（都市）、インターネット＋指数、全国著作権模範都市（都市）、クラウド革新サービスモデル都市（都市）、デジタル都市管理モデル都市（都市）、国家スマートシティモデル区（箇所）、国家情報消費モデル都市（都市）、国家通信・放送・インターネットネットワーク融合モデル都市（都市）、国家工業化情報化融合実験区（箇所）、国家電子商務模範都市（都市）、「寛帯中国」模範都市（都市）	中国国家発展改革委員会、中国国家情報センター、中国商務部、中国工信部、中国国家知的財産局データ

表6-9　指標解説：経済

大項目	中項目	小項目	ID	指標	使用データ名	データソース
経済	都市影響	都市農村共生	150	国家重点研究所・工学研究センター指数	国家重点研究所（箇所）、国家工学技術研究センター（箇所）、国家工学研究センター（箇所）	中国国務院、中国科学技術部データ
			151	都市・農村住民収入比	都市住民1人当たりの可処分所得（元）、農村住民1人当たりの純収入（元）、世帯収入（元）	各省知的財産局、科学技術情報庁データ、各地区国民経済社会発展広報
			152	小学校程度教育の人口比率	小学校程度教育の人口（万人）、常住人口（万人）	第六次全国人口センサスデータ、各省統計年鑑、各都市統計年鑑、各都市国民経済和社会発展公報等
			153	文盲率	文盲人口（万人）、常住人口（万人）	第六次全国人口センサスデータ、各省統計年鑑、各都市統計年鑑、各都市国民経済和社会発展公報等
			154	義務教育発展均衡都市認定指数	義務教育発展均衡指数、全国「両基」活動先進地区（箇所）、国家幼児教育改革発展実験区（箇所）	中国教育部データ
		広域中枢機能	155	空港利便性	旅客乗降数（万人）、郵便貨物取扱量（万t）、フライト数（便）、フライト定時運航率（%）、滑走路総延長（m）、滑走路（本）、都心から空港までの距離（km）	衛星リモートセンシングデータ、中国民用航空局データ、インターネットデータ
			156	航空輸送指数	旅客乗降数（万人）、郵便貨物取扱量（万t）	中国民用航空局データ
			157	コンテナ港利便性	コンテナ取扱量（万TEU）、都心から港までの距離（km）	衛星リモートセンシングデータ、中国交通運輸部データ
			158	コンテナ取扱量	主要コンテナ取扱量（万TEU）	中国交通運輸部データ
			159	水運輸送指数	旅客輸送量（万人）、貨物輸送量（万t）	中国都市統計年鑑
			160	鉄道利便性	高速鉄道（G）便数（便）、準高速鉄道（D）便数（便）、普通列車便数（便）	中国鉄道部データ、インターネットデータ
			161	鉄道輸送指数	旅客輸送量（万人）、貨物輸送量（万t）	中国都市統計年鑑
			162	鉄道密度	都市鉄道路線総延長距離（km）、行政区面積（km²）	衛星リモートセンシングデータ、中国都市統計年鑑
			163	道路輸送指数	旅客輸送量（万人）、貨物輸送量（万t）	中国都市統計年鑑
			164	高速道路密度	高速道路総延長距離（km）、行政区面積（km²）	衛星リモートセンシングデータ、中国都市統計年鑑
			165	国道・省道密度	国道・省道総延長距離（km）、行政区面積（km²）	衛星リモートセンシングデータ、中国都市統計年鑑
			166	流通都市認定指数	総合運輸サービス模範都市（都市）、中国物流拠点都市（都市）、中国サービス業務委託模範都市（都市）、全国流通領域現代物流模範都市（都市）、都市共同配送・現代サービス業総合モデル区（箇所）	中国商務部、中国交通運輸部データ、インターネットデータ
		広域輻射力	167	高等教育輻射力	高等教育業従業者数（当該都市、全国）（万人）、Academic Ranking of World Universities（校）、THE World University Rankings（校）、QS World University Rankings（校）、Ranking Web of World Universities（校）、985大学（校）、211大学（校）	中国教育部データ、中国都市統計年鑑、インターネットデータ
			168	科学技術輻射力	科学技術業従業者数（当該都市、全国）（万人）、特許取得数（件）	各省知的財産局、科学技術情報庁データ、中国都市統計年鑑、各地区国民経済社会発展広報
			169	IT産業輻射力	情報通信・コンピュータサービス・ソフトウェア業従業者数（当該都市、全国）（万人）、IT系企業上場企業数（社）	中国都市統計年鑑、インターネットデータ

図6-10　指標解説：経済

大項目	中項目	小項目	ID	指標	使用データ名	データソース
経済	都市影響	広域輻射力	170	文化・スポーツ・娯楽輻射力	文化・スポーツ・娯楽業従業者数（当該都市、全国）（万人）、劇場・映画館数（軒）興行収入（万元）、観客動員数（人）、中国国家一級俳優（人）、中国国家一級アーティスト（人）、中国茅盾文学賞受賞作家（人）	中国都市統計年鑑、インターネットデータ
			171	金融業輻射力	金融業従業者数（当該都市、全国）（万人）、証券および先物取引所（箇所）、年末金融機関人民元各項預金残高（万元）、年末金融機関各項貸付金残高（万元）	中国都市統計年鑑、インターネットデータ
			172	製造業輻射力	製造業従業者数（当該都市、全国）（万人）、貨物輸出額（万ドル）	中国都市統計年鑑、各省統計年鑑、各都市統計年鑑、各都市国民経済和社会発展公報
			173	医療輻射力	医療業従業者数（当該都市、全国）（万人）、三甲病院（軒）	中国国家衛生和家族計画委員会データ、中国都市統計年鑑
			174	卸売・小売輻射力	卸売・小売業従業者数（当該都市、全国）（万人）、社会消費小売総額（万元）、海外高級ブランド店舗（店舗）	中国都市統計年鑑、インターネットデータ
			175	飲食・ホテル輻射力	飲食・ホテル業従業者数（当該都市、全国）（万人）、一つ星ホテル（軒）、二つ星ホテル（軒）、三つ星ホテル（軒）、四つ星ホテル（軒）、五つ星ホテル（軒）、The Asias 50 Best Restaurants（軒）、Tripadvisor Restaurants（軒）、ミシュランガイド（軒）	中国都市統計年鑑、インターネットデータ

著者・編者・訳者紹介

中国国家発展改革委員会発展計画司〔局〕

中国の経済・社会政策全般の立案から指導までの責任を負う国務院（中央政府）の中核組織。政策立案および計画策定を担うと同時に、各産業の管理監督、インフラなど公共事業の許認可にも強い権限を持つ。国の経済政策を一手に握る職務的重要性から「小国務院」とも呼ばれ、同委員会の長（主任）は、国務院副総理や国務委員が兼任することも多い。同委員会の発展計画司は中国の「五カ年計画」の策定および都市化政策を主管する部署である。

雲河都市研究院

雲河都市研究院は日本と中国双方に拠点を置く、都市を専門とする国際シンクタンクである。シンポジウムやセミナーの企画・開催を通して国際交流を推進し、調査研究、都市計画および産業計画をも手がける。

編著者／訳者

周牧之（東京経済大学教授／経済学博士）

1963年生まれ。中国機械工業部〔省〕、（財）日本開発構想研究所研究員、（財）国際開発センター主任研究員、東京経済大学助教授を経て、2007年より現職。財務省財務総合政策研究所客員研究員、ハーバード大学客員研究員、マサチューセッツ工科大学（MIT）客員教授、中国科学院特任教授を歴任。〔中国〕対外経済貿易大学客員教授、（一財）日本環境衛生センター客員研究員を兼任。

著書：『歩入雲時代』（2010年、人民出版社〔中国〕）、『中国経済論——崛起的机制与課題』（2008年、人民出版社〔中国〕）、『中国経済論——高度成長のメカニズムと課題』（2007年、日本経済評論社）、『メカトロニクス革命と新国際分業——現代世界経済におけるアジア工業化』（1997年、ミネルヴァ書房、第13回日本テレコム社会科学賞奨励賞を受賞）、『鼎——托起中国的大城市群』（2004年、世界知識出版社〔中国〕）。

編書：『環境・社会・経済　中国都市ランキング——中国都市総合発展指標』（2018年、NTT出版、徐林と共編著）、『中国城市総合発展指標2016』（2016年、人民出版社〔中国〕、徐林と共編著）、『中国未来三十年』（2011年、三聯書店〔香港〕、楊偉民と共編著）『第三個三十年——再度大転型的中国』（2010年、人民出版社〔中国〕、楊偉民と共編著）、『大転折——解読城市化与中国経済発展模式』（2005年、世界知識出版社〔中国〕）、『城市化——中国現代化的主旋律』（2001年、湖南人民出版社〔中国〕）。

編著者

陳亜軍（中国国家発展改革委員会発展計画司司長／管理学博士）

1965年生まれ。国家産業政策や中長期計画制定に長年携わり、第10次五カ年計画、第11次五カ年計画、第12次五カ年計画を立案する主要メンバーである。また「成渝メガロポリス発展計画」などのメガロポリス発展計画を立案するメンバーでもある。

編著者

徐林（中米グリーンファンド会長／元中国城市和小城鎮改革発展センター主任／元中国国家発展改革委員会発展計画司司長／経済学修士／公共管理学修士）

1962年生まれ。南開大学大学院卒業後、中国国家計画委員会長期計画司に入省。アメリカン大学、シンガポール国立大学、ハーバード・ケネディスクールに留学した。中国国家発展改革委員会財政金融司司長、同発展計画司司長を歴任。2018年より現職。中国「五カ年計画」の策定担当部門長を務め、地域発展計画と国家新型都市化計画、国家産業政策および財政金融関連の重要改革法案の策定に参加、ならびに資本市場とくに債券市場の管理監督法案策定にも携わった。また、中国証券監督管理委員会発行審査委員会の委員に三度選ばれた。中国の世界貿易機関加盟にあたって産業政策と工業助成の交渉に参加した。

編書：『環境・社会・経済　中国都市ランキング――中国都市総合発展指標』（2018年、NTT出版、周牧之と共編著）、『中国城市総合発展指標2016』（2016年、人民出版社〔中国〕、周牧之と共編著）。

本書は『中国城市綜合发展指标2017』(人民出版社、2018年2月刊)の日本語版である。
本書の図表・地図は、原著掲載図版を用いた。

環境・社会・経済　中国都市ランキング2017 ── 〈中心都市発展戦略〉

2018年12月26日　初版第1刷発行

編　者	中国国家発展改革委員会発展計画司＋雲河都市研究院
編著者	周牧之＋陳亜軍＋徐林
訳　者	周牧之
発行者	長谷部敏治
発行所	NTT出版株式会社
	〒141-8654　東京都品川区上大崎3-1-1　JR東急目黒ビル
	営業担当 TEL 03（5434）1010／FAX 03（5434）1008
	編集担当 TEL 03（5434）1001
	URL　http://www.nttpub.co.jp
装丁	岩瀬聡
印刷・製本	シナノ印刷株式会社

© Zhou Muzhi　2018　Printed in Japan
ISBN 978-4-7571-2375-5 C0033

乱丁・落丁はお取り替えいたします。定価はカバーに表示してあります。